民國文化與文學研究文叢

二 編

李 怡 主編

第 13 冊

三十年代民國喜劇論稿(下)

張 健 著

國家圖書館出版品預行編目資料

三十年代民國喜劇論稿（下）／張健 著 — 初版 — 新北市：
花木蘭文化出版社，2013〔民 102〕
目 2+198 面；19×26 公分
（民國文化與文學研究文叢 二編：第 13 冊）
ISBN：978-986-322-316-0（精裝）
1. 喜劇　2. 劇評
541.26208　　　　　　　　　　　　　　　102012324

ISBN-978-986-322-316-0

9 789863 223160

民國文化與文學研究文叢
二　編　第十三冊　　　　　　　ISBN：978-986-322-316-0

三十年代民國喜劇論稿（下）

作　　者　張健
主　　編　李怡
企　　劃　四川大學現代中國文化與文學研究中心
　　　　　民國文學與海外漢學研究中心（籌）
　　　　　北京師範大學民國歷史文化與文學研究中心
總 編 輯　杜潔祥
印　　刷　普羅文化出版廣告事業
出　　版　花木蘭文化出版社
發 行 人　高小娟
聯絡地址　235 新北市中和區中安街七二號十三樓
　　　　　電話：02-2923-1455／傳真：02-2923-1452
網　　址　http://www.huamulan.tw 信箱 sut81518@gmail.com
初　　版　2013 年 9 月
定　　價　二編 22 冊（精裝）新台幣 38,000 元　　　版權所有‧請勿翻印

三十年代民國喜劇論稿(下)

張　健　著

目

次

第 7 章　李健吾的喜劇

　　七十多年以前，一位美國人在一篇研究中國現代文學運動的專論中，曾將李健吾視爲中國 20 世紀 30 年代的重要劇作家之一。〔註1〕四十多年之後，一位英國人在一篇研究中國現代戲劇的論文中，曾將李健吾譽爲現代中國少數幾位具有才華的戲劇家之一，並且爲他的戲劇作品、尤其是喜劇作品的久被忽視表示了由衷的惋惜。〔註2〕與此適成對照，中國的學術界對李健吾 1949 年以前的戲劇創作長時間保持著一種近乎冷淡的低調評價，直到這位老作家辭世。或許是這位具有一顆「黃金般的心」〔註3〕的劇作家的猝然仙逝，給了學術界以某種意外的刺激，愈來愈多的人開始注意到他那些「在寂寞之中過掉的」〔註4〕現代戲劇作品。在追念逝者的潮頭過後，對於李健吾現代戲劇創作的全面研究終於蹣跚起步。1989 年，我國第一部正式出版的中國現代戲劇史建立專節探討了李健吾對於中國現代戲劇的貢獻，無疑標誌著李健吾戲劇研究中的可喜收穫。〔註5〕當然，這僅僅是一個令人感奮的開始。

　　在民國話史上，李健吾是極富藝術意識與才華的重要作家之一。他的喜劇作品更是風格獨具，是現代喜劇的重要成果。就此觀之，來自英倫三島的

〔註1〕 參見〔美〕妮姆・威爾斯：《現代中國文學運動》，〔美〕埃德加・斯諾編：《活的中國》，長沙：湖南人民出版社 1983 年版。妮姆・威爾斯即斯諾夫人。
〔註2〕 參見〔英〕卜立德：《李健吾與中國現代戲劇》，《倫敦大學東方和非洲研究所公報》第 39 卷第 2 期，1979 年英文版。
〔註3〕 巴金：《病中》，《人民日報》1983 年 9 月 20 日。
〔註4〕 《李健吾創作評論選集》，北京：人民文學出版社 1984 年版，第 3 頁。
〔註5〕 參見陳白塵、董健主編：《中國現代戲劇史稿》，北京：中國戲劇出版社 1989 年版，第 4 章第 3 節。

惋惜或許不無道理，我們沒有理由忽視這位辛勤筆耕 60 年的老作家對於中國喜劇史和中國話劇史的積極影響與貢獻。

藝術幻象與喜劇世界

李健吾的劇作生涯始於 1923 年，但直到 1934 年春以前卻未曾創作出一部喜劇作品。在這十多年的時間裏，李健吾所創作的，幾乎無一例外，都是一些具有明顯悲劇色彩的戲劇作品。在這些劇本中，作家表現出對於下層人民苦難生活的深切同情和對於人類力圖上達的靈魂掙扎的誠摯關注。儘管上述劇作或多或少也曾暗示出某種光明的存在，但給人的總體感受顯然是暗淡和悲涼的。

1934 年春天，李健吾創作了《這不過是春天》。這不僅是他的名世之作，而且也是他平生的第一部喜劇作品。有人把它說成是悲劇〔註6〕，我不便苟同。這種悲劇之說顯然過分誇大了劇本原有的悲哀成分，準確地說，這不完全是一種悲哀，而是一種感傷。然而，一部真正的喜劇並非是與悲哀或感傷水火不容的。至少我們在 1934 年《文學季刊》最初發表的劇本中不難領會到：悲哀或感傷的成分在這裏得到了有效的控制。與後來的版本相比，《文學季刊》本中的男女主人公的分別並未被理解為一種悲劇式的永訣，在落幕前的舞臺說明裏亦無「噙著眼淚」、「說不下去」等字樣。〔註7〕送走了昔日的情人、今日的革命者，對於警察廳長夫人來說固然是一種失落，但同時又是一種復得，一種美好人性的勝利的回復，從而代表了一個「更新期待的開始」〔註8〕。對於悲劇來說，那種巨大的矛盾跌宕和極度痛苦的渲染往往是不可缺少的。《這不過是春天》固然也曾描寫了廳長夫人在明白馮允平真實身份後的痛苦，但她那種喜怒無常的性格特徵無疑弱化了那種痛苦的深度和力度。因此，這種以相對輕捷方式表現出來的人性復歸的主題，再加上遍及全劇的機智俏皮的

〔註 6〕 參見王衛東、祁忠：《試論李健吾三十年代的悲劇創作》，《中國現代文學研究叢刊》1984 年第 1 期。

〔註 7〕 《這不過是春天》的最初發表本見於《文學季刊》1934 年第 1 卷第 3 期。後來的版本可見於商務印書館 1937 年版的劇作集《這不過是春天》、文化生活出版社 1940 年版的《這不過是春天》、中國戲劇出版社 1982 年版的《李健吾劇作選》等。

〔註 8〕 李健吾：《〈這不過是春天〉跋》，《這不過是春天》，上海：文化生活出版社 1940 年版。

對白，則構成了這部作品中的喜劇性眞髓。誠然，劇中確實存在著某種悲哀或感傷的成分，但這並不足以證明它在總體上的悲劇性質，這種成分所能證明的只是一點：《這不過是春天》實際上是作家在缺乏充分喜劇自覺情況下所創作的一部喜劇作品〔註9〕，是一種不期而然，在這種不期而然之中體現出來的是一種由悲劇性世界走向喜劇性世界的過渡轉換。

在《這不過是春天》之後不久，作家很快又寫出了兩部典型的喜劇作品——《新學究》和《以身作則》。

《以身作則》於 1936 年 1 月由文化生活出版社出版，其《後記》的簽署日期爲當年的 1 月 10 日，我們由此不難推定：《以身作則》實際的寫作時間當在此之前，其最大的可能性是在 1935 年。關於這部作品的寫作背景，我們知之甚少，作家本人幾乎沒有爲我們留下任何說明性的文字，在他 1981 年親筆寫下的《自傳》中甚至沒有提到它的名字。〔註10〕《新學究》於 1937 年 4 月正式出版，因此，徐士瑚先生完全有理由將它的寫作時間確定爲 1937 年 1 月。〔註11〕然而，王衛東、祁忠撰寫的李健吾評傳卻給了人們另外一種啓示。他們說：由於《新學究》引起清華某位教授的猜忌，它的作者失去了重回母校任教的機會，遂舉家南遷。〔註12〕李健吾離京赴滬是 1935 年夏的事情。也就是說，《新學究》的寫作當在此之前，換言之，亦在《以身作則》之前。如果這一假設可以成立，那也就意味著《新學究》則是作家第一部自覺的喜劇之作，不再是那種喜劇精神在不期而然當中的體現。也正因爲是初次的有意識的喜劇之作，劇本在文體上或多或少留下了某種摹仿的痕記：它不僅分幕而且分場。而在這以後的《以身作則》和《青春》中，我們發現李健吾的喜劇是只分幕不分場的。這或許可以作爲《新學究》實際寫於《以身作則》之前的另一種佐證。

從 1934 年春天開始，直到 1944 年寫出喜劇《青春》——這也是作者在

〔註 9〕作家在 1936 年曾委婉地表示過，該劇實際是齣「喜劇」，是獻給自己妻子的生日禮物。參見張澤賢：《中國現代文學戲劇版本聞見錄 1912～1949》，上海：上海遠東出版社 2009 年版，第 223～224 頁。

〔註 10〕參見《李健吾自傳》，《山西師院學報》1981 年第 4 期。

〔註 11〕參見徐士瑚：《李健吾的一生》，《新文學史料》1983 年第 3 期。

〔註 12〕參見王衛東等：《他在驕陽與巨浪之間——李健吾的戲劇生涯》，《中國話劇藝術家傳》第 3 輯，北京：文化藝術出版社 1986 年版，第 165～166 頁。作者在寫作之前曾採訪過作家本人。鑒於李健吾先生在公開場合對於《新學究》的緘默，此段材料值得重視。這裏的「清華某位教授」，實際指的是吳宓先生。

1949 年以前最後的一部創作劇本——爲止，李健吾大體生活在他自己營造的喜劇世界中。當然，這並不是說，作家在這個世界裏只有快樂沒有痛苦。這十餘年，對於他本人和他生身的祖國都是一段難捱的歲月。從他此期的評論和散文中，我們可以看出他的痛苦、悲傷、矛盾和自責，然而，或許惟其如此，他才更需要喜劇精靈的統領。這也並不是說，在此期間，李健吾創作的都是喜劇，但是他畢竟再未寫出過一部悲劇。《十三年》不是悲劇，儘管在 1937年本和 1939 年本當中都有黃天利自殺的結局。〔註 13〕無論在內在精神還是在戲劇情調上，它都與《這不過是春天》大同小異，只要變動一下結局，全劇立時就可能變成喜劇。事實的發展正是如此。在《十三年》1982 年本裏，儘管標明的寫作時間爲 1936 年 5 月，但結局卻已經將自殺改換爲被縛。〔註 14〕柯靈對此似乎不以爲然〔註 15〕，但我倒覺得在 45 年後面對世人的這種變動更能體現劇本內在風格的一致。生命是美好的，我們的劇作家在經過了將近半個世紀的思索之後終於讓被縛的黃天利帶著被淨化了的人性存在了下去。同一喜劇精靈在《黃花》中爲那位愛國軍人的遺孀指出了一條生路，豈但是生路，那是一條通向光明的路。還是這個喜劇的精靈，不僅爲《販馬記》接生下一個喜劇的孩子〔註 16〕，而且用高振義的求索，用他「我會回來的」允諾結束了這個永遠沒有完結的故事。據作家自己的解釋，故事不能完結的原因在於上海的全部淪陷使他失去了創作所必需的心境，但是，他既然能在 1944年寫出《青春》，卻爲何不可以在這之前或之後完成《販馬記》的下部呢？按照原來的計劃，下部將寫到主人公在求索的道路上「處處落空」；回到家鄉又遭到已成寡婦的舊情人的拒絕；後來來到了北京大學，參加了各種運動，最後與李大釗一起死在絞刑架下。〔註 17〕毫無疑問，這是一個悲劇的構想。問

〔註 13〕 王衛東等將此劇視爲悲劇，見《試論李健吾三十年代的悲劇創作》，《中國現代文學研究叢刊》1984 年第 1 期。1937 年本指發表於《文學雜誌》1937 年第 1 卷第 1 期上的《一個沒有登記的同志》；1939 年本指由文化生活出版社 1939年出版的《十三年》。

〔註 14〕 1982 年本指收入中國戲劇出版社 1982 年版《李健吾劇作選》內的《十三年》。

〔註 15〕 參見柯靈：《〈李健吾劇作選〉序言》，《李健吾劇作選》，北京：中國戲劇出版社 1982 年版，第 5 頁。

〔註 16〕 據《〈青春〉跋》：《青春》係由《販馬記》原第 1 幕擴展而成，見《青春》（文化生活出版社 1948 年版）的第 161 頁。

〔註 17〕 以上參見《李健吾創作評論選集》，北京：人民文學出版社 1984 年版，第 438～439 頁。

題的癥結會不會正在於此？《販馬記》之永無了結的眞正原因或許並不在戰事的變化，而在它的作者最終無法賦予這樣一種悲劇的材料以喜劇的形體。我們可能永遠得不出確切的答案，我們能夠確切把握的只是一個事實：作爲悲喜劇的《販馬記》和它的喜劇之了《青春》將會長存人間，而那部作爲悲劇的《販馬記》下部卻只能長眠於地下。

　　究竟是什麼推動了作家，使他從一個悲劇性的世界，義無反顧地走進了另一個喜劇性的世界？李健吾何以會在 1934 年前後發生了如此明顯的變化？

　　我以爲，最根本的原因在於其文藝思想的變化和喜劇觀念的形成。

　　李健吾的文藝思想濫觴於 20 世紀 20 年代。我們可以用「爲人生」三個字概括作家這一時期對於文藝的基本看法。但「爲人生而文藝」畢竟是一種籠統而樸素的觀念，其中顯然包含著多向發展的可能性。青少年時代的底層生活，使他對下層人民的苦難有著切身的體會，他本能地希望在作品中反映出自己對於這種生活的觀察與體驗。與此同時，童年傳奇般的經歷和過早承受的人生跌宕又爲他塑造了一顆內向而早熟的心靈，他又本能地希望在作品中抒發自己內心的淒涼和孤寂。作家此期文藝思想的樸素性，使他不大可能充分意識到這兩種不同取向之間潛在的矛盾性，加之中國早期話劇界對於西方現代戲劇寫實特徵膚淺而眞誠的關注，李健吾 20 年代的戲劇創作基本上是向寫實的方向發展的。即便是像《母親的夢》那樣深受象徵主義影響的作品，在主題、風格和技巧諸方面也並未超出寫實主義的框架。對於下層人民悲慘生活的眞實摹寫，加上對於作家內心悽楚的眞實抒寫，最終決定了這些寫實性作品的悲劇色彩。

　　1925 年，李健吾進入清華大學，此後一直到抗戰前，他大體上過的是一種學院式的生活。正是由於這種科班道路，再加上他對法國文學的青睞，終於使李健吾的文藝思想在 1934 年前後出現了一個由自在向自爲，由樸素向系統化和理論化的飛躍。而他的喜劇創作時期恰恰由此開始。

　　在文藝與人生的關係問題上，李健吾的早期文藝思想關注的是後者，作家在這種關注的基礎上強調了兩者的一致性。「藝術是社會的反映」，「文學是人生的寫照」，「藝術和人生雖二猶一」，這些話雖然寫於 30 年代，卻可以視爲李健吾對於自己整個 20 年代文藝思想的典型概括。〔註 18〕到了 30 年代，隨著其文藝觀念的轉換，作家所強調的重點出現了明顯的位移。儘管那種「雖

〔註 18〕參見《李健吾文學評論選》，銀川：寧夏人民出版社 1983 年版，第 14 頁。

二猶一」之說依然不時見諸筆端，但他實際關注的中心卻指向了文藝本身。在此時李健吾的眼中，藝術不再是人生的附屬品，而是具有獨立價值的自足體，也正因爲它是獨立的，藝術對於人生才具有特殊的意義。多年來他對於文藝創作活動的切身體驗，對於文藝自身的思考，對於法國文學的發現以及對於 30 年代初期中國現代文壇輕慢藝術性的不滿，產生了一種合力，促成了一種對於藝術的高度自覺。爲著這種自覺，李健吾在很長時間裏被許多人誤認爲藝術至上論者。這類指責似乎有失公允，因爲在整個現代時期，這位作家都未曾否認過文藝與人生的同一性，他一而再再而三地申言，自己害怕的是「和人生隔膜」。〔註 19〕如果說李健吾 30 年代與 20 年代有所不同，那麼這種不同主要表現在 30 年代的李健吾不僅看到了文藝與人生的「雖二猶一」，而且也看到了它們的「雖一猶二」。他說：「藝術來自人生，不就是人生。」〔註 20〕藝術的上達，顯然是從意識到藝術與人生的區別開始的。

在上述思想變化的基礎上，李健吾確立了自己的「藝術幻象說」。這一理論實際上是其整個文藝思想的核心，他的批評理論和喜劇理論皆端賴於此。

李健吾的「藝術幻象說」有一條最爲基本的理論預設，即文藝追求的應當是宇宙人生中普遍而永在的眞實。作家十分欣賞福樓拜的一段話，因此，我們不妨把這段話視爲對於這條理論預設的一種詮釋：人們實際面對的不過是一個表象的世界，其間儘管形態紛呈，但卻無不「出於同一的原質」，「光成就一切發亮的東西，然而出來的，在青石是火花，在月亮是慘白，在太陽是金紅，而滿天星宿的熠耀，流星的燦爛，甚至於燈火的輝煌，無不屬於同一的原素。」〔註 21〕文藝應當追索和表現的就是這種無窮變化中的「一」。這裏的「一」，按照李健吾的理解，具體包涵了兩個內容：一是宇宙人生的永恒、無限與和諧；二是深廣的人性。顯然，在作家看來，藝術只有做到這一點，才能達於不朽的極境，同時也才能夠實現其爲人生的終極目的。而唯一能夠滿足藝術這一根本要求的東西就是李健吾所謂的「幻象」。

宇宙無限，人類永恒。既然包括人生在內的世間萬物都處於永久的變化之中，李健吾斷言，最眞實的就既非「事實」，亦非「現時」，而是來自「現

〔註 19〕 參見李健吾：《〈黃花〉跋》，《黃花》，上海：文化生活出版社 1947 年版。
〔註 20〕 《李健吾文學評論選》，銀川：寧夏人民出版社 1983 年版，第 173 頁。
〔註 21〕 參見李健吾：《福樓拜評傳》，長沙：湖南人民出版社 1980 年版，第 60、160、381 頁。

時」和「事實」而又高於它們的「藝術幻象」。之所以如此，是因爲在藝術幻象中包含了一種在「現時」和「事實」中所沒有的因素，即人類的精神作用、人類永恒的寄託——理想。過去的理想，孕育了今天的現時；今天的理想，又孕育了明天的事實，因此，只有在精神和理想的意義上才能把握過去、現在、未來三位一體無限發展的普遍與永恒。李健吾得出結論說：「藝術的目的不是事實，而是幻象」〔註22〕。

以「藝術幻象說」爲張本，李健吾在 20 世紀 30 年代形成了自己的喜劇觀。

就總體而言，李健吾的喜劇觀具有如下特徵：

首先，明顯的主觀論色彩。

從「一切藝術是表現自我」〔註23〕這一基本命題出發，李健吾在喜劇發生學意義上注重的是喜劇創造的主體而非客體。而在主體的意義上，他注重的又是主體的內在因素和精神作用。他說：

> 一部作品的成長，往往深深地孕育在作者的生性，中間無意地感受到外界的機緣，隨即破土而出。我們與其繞室彷徨，不如返回作者自身，尋求他深厚的稟賦和稟賦的徵兆。〔註24〕

對於主客觀孰輕孰重的問題，作家的態度尤爲明確，他認爲：一位眞正的藝術家，「需要外在的提示，甚至於離不開實際的影響」，「但是最後決定一切的」卻是「他自己的存在，一種完整無缺的精神作用」。〔註25〕爲了強調精神在創作過程中的重大作用，他甚至不止一次肯定了「主觀肇其始」〔註26〕的觀點。由此可見，在中國現代喜劇觀念主觀論和客觀論的歷史分野中，李健吾的實際歸屬是很清楚的。

由於這種對主體內在因素的張揚，想像和理想在藝術幻象中的創造力量受到尊寵。李健吾曾經表達過這樣一種思想：「無論人生如何醜惡，在藝術家的想像裏面，全有另外一種的美麗存在。」〔註27〕他深信：藝術家靠著藝術

〔註22〕李健吾：《〈十三年〉跋》，《十三年》，上海：文化生活出版社 1939 年版。類似表述亦可見《福樓拜評傳》（湖南人民出版社 1980 年版）的第 381 頁、《李健吾文學評論選》（寧夏人民出版社 1983 年版）的第 172 頁。

〔註23〕《李健吾文學評論選》，銀川：寧夏人民出版社 1983 年版，第 216 頁。

〔註24〕李健吾：《福樓拜評傳》，長沙：湖南人民出版社 1980 年版，第 326 頁。

〔註25〕《李健吾文學評論選》，銀川：寧夏人民出版社 1983 年版，第 40 頁。

〔註26〕參見《李健吾文學評論選》，銀川：寧夏人民出版社 1983 年版，第 184 頁。

〔註27〕李健吾：《福樓拜評傳》，長沙：湖南人民出版社 1980 年版，第 82 頁。

精神的高度自覺，完全可以「從亂石堆發見可能的美麗」，從而在悲哀的時代為人們提供一種「舒適的呼吸」〔註28〕。他顯然認爲藝術家有充分的權利用自己創造出來的美麗而歡樂的世界去與醜陋而悲慘的現實世界相抗衡，這就無疑爲作家醜中見美、化悲爲喜的喜劇創作提供了觀念上的合法性前提。

《青春》是李健吾的喜劇代表作。就內緣意義而言，它的題材帶有明顯的悲劇性。事實上，相似的題材在《販馬記》的整體構想中也的確是以一種悲劇或準悲劇的模式被處理的，但《青春》卻爲它植入了一種歡樂的調子。《青春》的劇尾雖依然含有悲哀的成分，但這裏的悲哀卻不會構成題材本身的嚴重性，它的眞正功能在於爲楊村長的人性破綻提供某種合理性，而這種人性流露卻又是圓滿結局的保障。從外緣意義而言，無論作家是在1941年還是在1944年創作的《青春》，這一作品都無疑產生於中國和作家本人歷史上的一個最爲黑暗的年代。然而正是在這樣一種悲劇性的歷史氛圍中，作家卻爲中國的話劇史孕育出了一部具有如此歡快節奏和明朗格調的喜劇佳作，足見主體的精神創造和精神超越在喜劇發生過程中的重要意義。無怪乎李健吾當時會說出這樣的話：

> 我們接受我們挑戰似的存在，同時我們要用一切克服它。生來帶著一個悲慘的命運，我們不甘示弱，用語言，顏色，線條，聲音給我們創造一座精神的樂園。〔註29〕

其次，樂觀的基調。

這種基調仍然與作家對於人類精神的高度重視有關。在李健吾看來，人生的意義就在於「我們的精神活動」，正是它構成了人與禽獸的根本區別，構成了人的高貴與尊嚴，它的最高企止是「跳出物質的困惑」〔註30〕。就是這種不斷超越物質拘囿的精神意向終於在20世紀30年代的最初幾年，幫助作家形成了一種「哲學的心境」，使他不時生出樂觀而積極的精神。〔註31〕

那麼，這種「哲學的心境」究竟又是怎樣生出樂觀精神的呢？

有三個關節之點值得注意。

其一，這種「哲學的心境」要求人要用「心眼」而非「肉眼」去看取宇

〔註28〕《李健吾文學評論選》，銀川：寧夏人民出版社1983年版，第53頁。
〔註29〕《李健吾文學評論選》，銀川：寧夏人民出版社1983年版，第233頁。
〔註30〕參見李健吾：《福樓拜評傳》，長沙：湖南人民出版社1980年版，第41、278、207頁。
〔註31〕《李健吾散文集》，銀川：寧夏人民出版社1986年版，第250頁。

宙人生〔註 32〕，也即是說，要站在宇宙無限和人類永恒的制高點上，以凌空視下的方式去觀察萬象。主體將由此進入一個宏遠的世界，在這裏，現時包括憂患在內的一切都會化爲刹那間的碎片，轉瞬即逝，微不足道。於是，人接受了一切，哪怕是缺失和不幸，因爲「人生不是一齣圓滿的戲」，因爲「沒有痛苦，幸福永遠不會完整」〔註 33〕。在這個宏遠的世界裏，人們讚歎和感喟的將只是宇宙整體的和諧與高度的完美，人類永久的演進和生命的綿延不絕。由於人類意識和宇宙精神的化合，死亡所代表的負面意義被消解，生命所象徵的積極意義被凸現，主體的內心將充盈著一種博大的喜感。這種喜感於是構成李健吾喜劇觀中樂觀主義精神最具哲學意味的基礎。徐士瑚先生曾經提到作家年輕時的一段往事：「原來健吾在附中時曾愛過一個漂亮的女生。他上清華後，她便中斷了和他往來。這使他非常痛苦。」〔註 34〕《這不過是春天》中的廳長夫人似乎就是這位幻象化的「女生」，馮允平和廳長夫人離別的時間與作家同初戀情人分手的時間大致相同這一點，或許並非偶然。然而，儘管戲劇的材料與作家失戀的經歷有關，但我們卻很難從劇中捕捉到失戀者痛苦的體驗，全劇表現的絕非小我的苦澀，而是人性最終的優美。作家之所以能夠做到這一點，應當說正是「心眼」高懸的結果。

其二，這種「哲學的心境」使作家對於大寫的人具有一種高度的信賴。正如作家自言：「處在今日的我們，即使是最厭世的鐵石心腸，也難免七分人道主義的情緒」〔註 35〕，李健吾從其創作生涯的一開始就具有鮮明的人文主義傾向。法國文學的濡染使他的人文主義意識由「情緒」上升到理性自覺的階段。30 年代的李健吾將人類的情感和精神的發展分作神、鬼、人三個階段，而現代人已經進入了「人的世界」，因爲他們「發見了一個莊嚴的觀念，一種眞實的存在，那眞正指揮行動，降禍賜福，支配命運的——不是神鬼，而是人自己」〔註 36〕。在李健吾評論性或理論性的著述中，他曾多次提到「力」的概念，他甚至認爲「五四」以來的新文學從一定意義上看就是力的文學。人對自身的發現，人對主宰自身命運的權利的認定，正是這種「力」的源泉之一。人有了權利，同時也就有了義務，人應當自己完善自己，只有如此，

〔註 32〕李健吾：《福樓拜評傳》，長沙：湖南人民出版社 1980 年版，230 頁。
〔註 33〕《李健吾散文集》，銀川：寧夏人民出版社 1986 年版，第 203 頁。
〔註 34〕徐士瑚：《李健吾的一生》，《新文學史料》1983 年第 3 期。
〔註 35〕《李健吾文學評論選》，銀川：寧夏人民出版社 1983 年版，第 136～137 頁。
〔註 36〕《李健吾文學評論選》，銀川：寧夏人民出版社 1983 年版，第 44～45 頁。

他才能把握住自己的命運。在作家的心目中，人能夠主宰自己與人性不斷趨向完美，是互爲表裏的兩個觀念，缺一不可、共榮互生。儘管李健吾未曾明言人性本善，但他始終堅信人性趨善上達的根本特徵。〔註37〕《這不過是春天》和《以身作則》就是這種確信的證明。《這不過是春天》中的廳長夫人並非如有些論者所言僅屬「道德微善」之輩〔註38〕，她是位瑕不掩瑜式的人物。在她身上體現出的絕不是什麼「道德微善」，而是人性的大善，後者不僅是革命者轉危爲安的契機，而且也爲全劇的機智風格提供了喜劇性的思想內涵。至於說到《以身作則》，與其把它理解爲道學家的輓歌，不如將其視爲人性的凱歌。《這不過是春天》和《以身作則》以不盡相同的方式證明了同一個結論，人性趨善上達的可能性。而這一點正是李健吾喜劇得以立命安身的基礎。

其三，這種「哲學的心境」導致了作家對於未來的期待。《青春》是李健吾喜劇當中樂觀基調最爲明朗的作品，恰恰它也是一部作家頻繁使用「未來」意象的作品〔註39〕，其中的關聯是耐人尋味的。「未來」，在作家的喜劇觀念中佔有特殊的地位。李健吾愛談「精神的勝利」，這裏的「勝利」，至少在作家的眼中，與阿Q式的精神勝利法迥然有別，它的真正涵義是——援用西歐中古時期教徒對於現實主義的最初解釋——「觀念的實現」。〔註40〕而「觀念的實現」必然要求一種時間的形式。「未來」的意義正在於此。「過去」和「現在」都是有限的，獨有「未來」符合「觀念的實現」、「人性趨善上達」、「宇宙無窮變化」中無限的根性。李健吾曾經說過：他害怕時間。但他害怕的實際上是那種已經完結因而有所限定的時間，「未來」卻是他的朋友、希望和寄託。因此，他又說：「未來的意義就是樂觀」〔註41〕。

最後，豁達寬容的精神。

幾乎所有講求幽默的人都會提倡寬容。在中國現代喜劇史上，林語堂如此，丁西林如此，朱光潛亦如此，但並非每一個人都能把寬容置放於自己喜劇思想的中心位置。同其他人相比，寬容對於李健吾有著更爲重要的意義，

〔註37〕我認爲，李健吾實際上是傾向於人性本善說的。
〔註38〕轉引自陳白塵、董健主編：《中國現代戲劇史稿》，北京：中國戲劇出版社1989年版，第341頁。
〔註39〕在《青春》中，「趕明兒」是主人公田喜兒的口頭禪。
〔註40〕參見《李健吾文學評論選》，銀川：寧夏人民出版社1983年版，第173頁。
〔註41〕《李健吾散文集》，銀川：寧夏人民出版社1986年版，第200頁。

它不僅僅是一種道德要求，而且還是一種創作方法，它已經滲透到李健吾喜劇的各個層面，作家自然會給予寬容以更多的理論投入。

像其他幽默作家一樣，成熟期的李健吾也把文藝看作是一種自我的表現，不過，李健吾在這方面的看法和林語堂等人卻不盡相同。林語堂的自我表現說成形於 20 世紀的 20 年代，其著眼點在於反抗封建禮教的壓迫，故而提倡率性而爲。李健吾的自我表現說成形於 20 世紀的 30 年代，其中固然保留著反封建的社會性涵義，但立論的基點主要卻是對於文藝創作活動本身的分析。不管文藝的來源是什麼，也不管它的對象和目的是什麼，有一點毫無疑義，即它是並且也只能是作家本人的創造，李健吾當然意識到了這一點。因此，他在肯定自我表現說的同時，又爲藝術家們提出了一個自我認識的重要課題。這裏的自我認識實際包含了雙重的含義：一個是通過認識自己然後呈現世界，關於這一點，我將在後文詳敘；另一個就是自我的克制。李健吾認爲：藝術家如果率性而爲，完全不懂得克己之道，那麼他的作品傳達的只能是一己的情緒，而永遠不會上升到普遍和永恒的高度。他說：「藝術的最高成就便在追求小我以外的永在而普遍的眞實」，他又說：「藝術家必須敬重『文藝之琴』：這是給人做的，不是爲一個人做的」〔註 42〕。這樣，在李健吾這裏，自我克制就構成了自我表現的一個互補性前提。

那麼，爲什麼需要自我的克制呢？因爲我們每個人都有著自己的局限。面對宇宙人生的無窮和永恒，我們的生命有限、感覺有限、認識有限、智慧有限，總之人力有限。「我知道什麼？」這既是福樓拜最喜愛的一句格言，同時也是李健吾心中的箴言。〔註 43〕他希望藝術家們能夠「具有豐盈的自覺，體會一己的狹隘，希冀遠大的造詣」〔註 44〕。他盛讚創作中的「無我格」，甚至說：「無我是一種力的徵記」〔註 45〕。李健吾曾經這樣總結過他的克己思想：

> 是非全在我們把自己看做自然的中心、創造的目的、它最高的理由。我們今天發現的原因，明天便會變成結果。越往前走，地平線越見擴展，而我們假設的解答，便無終止地往後退縮。望遠鏡愈完備，天空的星宿愈增多。答案藏在上帝的胸臆，我們不知道上帝，

〔註 42〕李健吾：《福樓拜評傳》，長沙：湖南人民出版社 1980 年版，第 66、396 頁。
〔註 43〕參見李健吾：《福樓拜評傳》，長沙：湖南人民出版社 1980 年版，第 359 頁。
〔註 44〕參見李健吾：《福樓拜評傳》，長沙：湖南人民出版社 1980 年版，第 393～394頁。
〔註 45〕《李健吾文學評論選》，銀川：寧夏人民出版社 1983 年版，第 238 頁。

更無從推測他的答案。人類永久如是，藝術家必須捺下人類的驕傲，

虛心認識：……萬物有其各自生存的理由。〔註46〕

顯然，克己是爲了寬容。寬容與同情相關，但並不等於同情，無論從道德意義，還是就審美意義而言，問題都是如此。寬容意味著「觀察一切，承認一切」，意味著「無善無不善，無大無小，這裏全有各自相當的地位」，意味著「善之含有上帝，正如惡之含有上帝」〔註47〕，意味著「和美麗一樣，醜惡本身含有美麗」〔註48〕。因此，作家認爲：就缺點來批判任何事物，總是不聰明的，首先要做的事是努力發現事物的優點。他說：「我用心發現對方好的地方」〔註49〕。於是，作家提倡以不同的尺度去評價不同的事物，他得出的自然是多種價值的估定，只有如此，藝術才能體現出無所不備、物物相生的宇宙之美。於是康如水和徐守清找到了存在的依據，廳長夫人和黃天利才最終得到了淨化。楊村長在第五幕才會出現內心的鬆動。〔註50〕

　　當然，觀察一切和承認一切遠非寬容的全部涵義，作家要求人們在此基礎上再進一步，做到包容一切。李健吾曾經表示：眞正的藝術家應當像「吸水機」，汲取一切，然後噴向太陽，呈現出光怪陸離的顏色；同時，藝術家的精神又應當像「海」，不僅一望無垠，而且純潔到從星星一直照進海底。〔註51〕顯然，在他看來，藝術家只有在吸取萬象的基礎上才可能呈現出宇宙人生的無限本質。這種著眼無限志在公允的寬容精神，體現在喜劇觀念和實際創作中，使得主體和客體不可能處於一種相互水火不容的對立立場上。它們之間的關係不是分裂性和對抗性的，而是異中有同、同中有異的。這一點從總體上規定了李健吾喜劇特有的幽默風格與復合難辨的情感內涵。在《以身作則·後記》中，作家不但代他的主人公——一位頑固的道學家——向讀者和觀衆謝罪，而且還坦誠道出：自己對於這樣一個人物的反應，「竟難指實屬於嘲笑或者同情」，正是對上述幽默風格和情感內涵的有力證明。事實上，它們不僅體現在《以身作則》裏，而且也貫穿於李健吾的全部喜劇作品之中。

〔註46〕李健吾：《福樓拜評傳》，長沙：湖南人民出版社1980年版，第384頁。

〔註47〕李健吾：《福樓拜評傳》，長沙：湖南人民出版社1980年版，第207、263頁。

〔註48〕《李健吾文學評論選》，銀川：寧夏人民出版社1983年版，第207頁。

〔註49〕參見《李健吾文學評論選》，銀川：寧夏人民出版社1983年版，第1～2頁。

〔註50〕均指李健吾劇作中的人物。

〔註51〕參見李健吾：《福樓拜評傳》，長沙：湖南人民出版社1980年版，第386、389頁。

遊子回鄉的意象分析

　　和同時代大多數作家相比，李健吾有著與衆不同的身世。七歲那年，因爲父親投身辛亥革命的緣故，他離開了生養自己的家鄉，隨著命運的播弄，開始了「在外漂零」的生活。在青少年時代那些充滿動蕩和紛擾的歲月中，他不僅深刻體味到身世浮沉的苦澀，而且先後經歷了喪父、喪姊和喪母的悲涼。早年的經歷顯然鑄就了李健吾精神生活的深層品格。作爲這種品格的投影，在他包括喜劇在內的許多作品中都沉潛著一種遊子回鄉的意象。

　　李健吾是一位出色的散文作家，或許由於散文本身的文體特徵，上述這一點表現得尤爲明顯。在他的美文世界中，作家曾經多次用「漂泊者」、「遊子」、「浪子」稱喻自己，並以那種只有「漂泊者」才會具有的特殊感觸和深致情思抒寫出自己對於童年、青少年、親情和家鄉故里的眷戀與懷念。20 世紀 30 年代，李健吾曾將人「希望最後死在看見我們生長的故鄉」說成是「人類一個戀舊的同感，更是忠實的始終不渝的表現」〔註 52〕。直到耄耋之年，他仍然堅持說：

> 　　像一根線似的，童年一直活在我心裏，活在我的「話劇」裏，可是家鄉誰知道？多怪的夢！這就是漂泊者的夢！當初爲什麼漂泊也不知道，家鄉還一直活在我的夢裏！〔註53〕

足見在作家的內心深處，一直湧動著一種漂泊在外的遊子渴望回到家鄉的強烈願望，並且至死方休。李健吾的喜劇同樣體現出作爲漂泊者的創作主體對於故鄉的嚮往。當然，我們有必要指出：這裏的「漂泊」和「故鄉」，在主要的意義上，都是一種精神性的概念。這裏的「漂泊」指的是一種靈魂的漂泊；而這裏的「故鄉」指的是一種能夠托起靈魂的家園，它既是生命的起點，又是生命的歸宿。〔註 54〕

　　就此意義而言，我們在《這不過是春天》中可以發現兩類漂泊者的形象：女主人公廳長夫人和闖入者馮允平。

　　作爲一位在浮華世界生活了十年的貴婦，人們對於廳長夫人的第一印象是她的任性。她需要虛榮，但虛榮有時又令她厭煩；她可以怫然而去，然而

〔註 52〕李健吾：《福樓拜評傳》，長沙：湖南人民出版社 1980 年版，第 161 頁。
〔註 53〕《李健吾散文集》，銀川：寧夏人民出版社 1986 年版，第 15 頁。
〔註 54〕參見《李健吾散文集》，銀川：寧夏人民出版社 1986 年版，第 329、175～178頁。

旋即又會嬉笑而返。正如她的堂姐對她的形容，她「冷起來井水一樣涼，熱起來小命兒也忘了個淨，回頭鬧久了，又是說不出地厭膩」。她任憑情緒的變換，在自己的世界裏上下翻滾。她對堂姐說：「告訴我，你怎麼那麼拿得穩自己？」這說明她渴望把持住自己，但卻一直未能做到這一點。原因其實很簡單：因為她一直未能真正認識她自己，她是一個離開了自己的人。昔日情人馮允平的闖入，把她帶回到十年前的學生時代。塵封心底的記憶重新浮上了意識的表層。這個意味著初戀、青春和純真的久已逝去的時代，對於她有如故鄉的溫馨，她發現了一個與其今天的生活迥然不同的世界。作為一面明鏡，它讓她從中照見了自己，在照見了自己「一生的錯誤」和「隱痛的另一面」的同時，也讓她意識到人之所以為人應有的「意味」，而這一點顯然是作家心目中做人的基點。請注意廳長夫人在得出這種認識之前和之後的變化：在這之前，她對自己以外的世界毫無興趣，「把人全看做填路的石子兒」；而在這之後，她不僅產生了想要瞭解別人的願望，而且還抑制著內心的感傷成全了別人的事業。在《文學季刊》本以後的版本中，作家突出了廳長夫人與馮允平分手時的悲哀，但就這部具有明顯哲理意味的作品的內在邏輯來看，廳長夫人此時的心態，與其說是感傷的，不如說是寧靜的，一種靈魂在淨化中產生的寧靜，一種浪子回家以後所感到的心靈的寧靜。

作為一位浪跡天涯的革命家，馮允平顯然具備一個漂泊者的外部特徵。不過，他和廳長夫人不同，職業的需要和生活的歷練早已培養了他把握自身的能力，因此，我們似乎難以在他身上找到那種靈魂漂泊的明顯迹象。然而，一位革命者的感情生活同樣可能具有隱秘的另一面，一種對於溫情的需要。馮允平在離開北平十年之後，重回舊地，固然是因為負有重要的政治使命，但他前往警察廳長的府邸，並不能純然用這一點加以解釋。儘管他似乎一心要把自己裝扮成「忍者」，但如果把他的獻花、親吻、面對廳長夫人時暗示出內心迷亂的表白以及他最後面部的抽搐聯繫起來，我們其實不難發現：在他的內心深處，十年來一直潛藏著對於舊日愛情的依戀。因此，在對十年前舊事的追憶中得到昇華的，不只是廳長夫人，還有馮允平。十年前，他把那位名叫月華的女孩子視為「仙人」，今天，他終於明白那無非是一種虛假的幻影。站在他面前的，只是一個普普通通的女人，有著普通女人的虛榮和脆弱。他將她由天上拉到了地上。他看清了她的美麗背後的陰影。但在另外一方面，他又看到了她在陰影中的美麗。那種「寧可負人，不要負己」的生活環境十

年的濡染，不可避免地使她沾染上某些「黑星子」，但她最終的決定卻又清楚地表明，其內心仍然保持著以往美好善良的一面。馮允平說她是「人世頂高貴的女人」，並非是一種虛與委蛇。這樣，他又把她從地上舉到了天上。馮允平確實是「夢醒」了。在將廳長夫人由天上拉到地上，再由地上舉到天上的過程中，他得到了關於人性清醒而公允的認識。正是在這種對於人類普遍而永在的美好根性的省察中，他清算了內心的迷亂，走向了新的征程。精神的家園，同樣給了他更生的力量。

　　在《這不過是春天》當中，廳長夫人和馮允平同為漂泊者，但卻具有不同的功能。在某種意義上，廳長夫人是「人」的抽象物，作家讓她在自己靈魂的漂泊碰撞中去找尋和發現「返本歸原」的道路。而馮允平在很大程度上則是作家本人的幻象化。創作主體借他的眼睛去觀察和認識包含在廳長夫人找尋自己過程中的人性的普遍意義。這就構成了「遊子思鄉」意象中的兩個重要的主題：認識自我和認識人性。順著第一條路徑，遂有《新學究》的產生；沿著第二條路徑，遂有《以身作則》的面世。

　　就任憑情緒播弄這一點而言，《新學究》中的大學教授康如水和《這不過是春天》中的廳長夫人算得上是同一家族的子嗣，不同的是，後者罩著機智的面紗而前者戴著滑稽的面具。康如水似乎永遠要生活在自己的主觀世界中，絕不肯越出雷池半步。作為一位主觀派的詩人，他有的是燃燒的激情，對於自我情感的專注和忠誠使他始終控制不了自己內心的衝動。他一系列自相矛盾、荒唐可笑的言動正是在這種瞬息萬變的情感流動中產生的。他說：「我是一個生活向內的漂泊者」。這種靈魂的漂泊令他感到孤獨和痛苦，他「用心尋個著落」，企盼能夠找到可以賴以自持的穩定所在。於是他發現了女人。他把女人視為生命的源頭、永生和不朽的化身、漂泊者精神的伊甸園。不幸的是，儘管他對愛情表現出了一種狂熱而篤誠的宗教精神，但卻始終未能得到愛情的慰藉。唯我主義的立場使他發現不了他以外的世界，結果也就最終讓他認識不了自我。既然他征服不了自己，他當然也就「征服」不了女人，因此，他最後只能懷著「我是孤獨的」和「我要走開」的悲哀，繼續扮演著無家可歸的浪子角色。作家通過康如水的失戀和其情敵馮顯利的勝利向人們昭示出自己心目中的真理：只有能夠認清自我並超越自我的人，才能結束內心的漂泊，進入幸福和諧的人生港灣。

　　在不識「真我」的意義上，《以身作則》中的徐舉人同康教授如出一轍。

不過，妨害康如水的是變化不居的情感世界，而禁錮徐守清的卻是鬼氣森然的道學觀念。前者病於唯我，後者疾在唯「禮」。李健吾所具有的古典主義質素使他不可能對「禮」做出根本性的否定，他承認：「人性需要相當的限制」〔註55〕；但現代人文主義者的另一面又使他認為：禮或道德在終極的意義上產生於人性的追求，前者無疑是後者的產物，同時也是後者暢達的保證。因此，當禮異化為禮教或道學並反轉過來企圖泯滅人性本身的時候，他的立場是十分鮮明的：他反對那種脫離人性基礎的帝王式的戒律。千百年來封建主義的毒化不僅讓徐守清喪失了基本的現實感，而且也使他全然忘記了禮之為禮的根本的出發點和歸結點——人性。而這正是禮與道的「家」。作為在家頤養天年的老學究，徐守清顯然算不上一般意義上的漂泊者，但就一個以維護禮法為己任的道學家卻又偏偏忘記了禮法所由產生的本根這一點而言，他仍然是一個人性家園的自我放逐者，一個遠離「故土」的人。他認識不到「家」的存在，但「家」卻依舊存在於他的潛在意識中，他的出乖露醜端賴於此。作家通過這位道學家的失敗昭示出人性之家對於浪子的召喚。

　　在《新學究》中，李健吾以一種否定的方式肯定了人應當認識自我的命題，並且暗示出認識自我與認識世界的同一性。在《以身作則》中，作家對此做出了進一步的說明，指出了認識自我、認識世界和認識人性的同一性，告訴人們：他在《新學究》中所謂個人以外的世界實際上也就是《以身作則》中的「深廣的人性」。這是因為只有在承認眾生存在的合理性的前提下，我們才可能發現深植於自我與他人之中共存互通的普遍性。從徐守清的人性破綻，到徐玉貞的少女懷春，到張媽的最後選擇，再到方義生、寶善之流在追求異性上近乎厚顏無恥的坦誠，所有這一切都表明了作家人性概念所具有的生理學和生物學的基礎。他顯然認為：人性本能有所節制的滿足不僅是合乎情理的，而且殊堪嘉許，因為它們是人生幸福的不可分割的一部分。他似乎要以此告誡和提醒那些漂泊在人生歧路上而又急欲尋找轉回故里之途的人們：順乎你們的本心行事吧！記住這句有名的格言——「栽培我們的花園」〔註56〕！

〔註55〕李健吾：《〈以身作則〉後記》，《以身作則》，上海：文化生活出版社 1940 年版。

〔註56〕伏爾泰語。此處轉引自李健吾：《福樓拜評傳》，長沙：湖南人民出版社 1980 年版，第 359 頁。

　　通過對於以上三個劇本的分析，我們不難發現，在李健吾喜劇中存在著一種回溯性的主題。在《這不過是春天》中，這一主題主要是以一種時間的形式展開的。作家連同他的主人公從十年前的初戀中汲取了更生的力量。在《新學究》和《以身作則》裏，回溯性的主題更多地採用了空間的形式。作家通過自我迷失者的困窘暗示出自我復歸的通途。而在作家 20 世紀 40 年代創作的《青春》中，我們看到了以一種時空複合形式展示的同樣主題。

　　在李健吾的創作喜劇中，除《新學究》的劇中時間與實際寫作時間大體相合外，其他作品的劇中時間都早於寫作時間。寫於 1934 年的《這不過是春天》，劇中時間為北伐戰爭年代；寫於 1935 年前後的《以身作則》，劇中時間似乎略早於《這不過是春天》的劇中時間；而寫於 40 年代的《青春》中的故事則發生於清朝末年，具體說是在 1909 年到 1910 年期間。就創造主體的角度而言，它們暗示出作家由中年或青年向童年回復的意向。而這種時間意義上的回復，表現在喜劇故事的空間意義上，則變換為由都市（《這不過是春天》和《新學究》）經靠近農村的縣城（《以身作則》）向農村（《青春》）的演化。由於作家的童年起初是在農村度過的，因此，這種空間的變換實際上也是一種向過去某一點回復的過程。我們不妨將上述時空兩種意義的回復視為同一個回溯性主題的兩個側面。

　　《青春》是這兩種回復的終點，因此，它們在這部喜劇中也必然會具有更為重要的意義。向童年或青少年、向農村或大自然的復歸不僅構成了《青春》外在的框架，而且也涵化了它的內在時空，一種心理意義上的現實。作家在這裏似乎以一種貼近生命源頭的視角觀察著世界，並將自身親切的體驗了無痕迹地糅進了他的作品，結果創造出了一個生機盎然活力充盈的青春世界。它的主角兒就是那位孩子王田喜兒。

　　這是一位「一天到晚輕忽忽的，兩腳不著地，一個勁兒地遊魂」的人物，用香草姑娘的話說，他「說到哪兒就到哪兒，多自由！」就此觀之，田喜兒也是一個漂泊者。但他與李健吾喜劇中的其他漂泊者形象判然有別。其他漂泊者的漂泊是由於自我的空虛、流動、迷亂或失落，而田喜兒卻完全不存在這類問題。站在童真和自然的位置上，他從未失去過自我，他有的是自我本能的執著。青春是他的活力，明天是他的樂觀，天不怕地不怕是他的性格。談到楊村長，全村的統治者，他揮揮手，像是揮去一隻蒼蠅，說：「別管他！他算不了回事！」面對心愛的姑娘，他說：「明裏不成暗裏來。我要不了你去，

我拐了你去。」對於困難和危險，他有的是辦法和主見。他不怕漂泊，漂泊對他意味著走向新生活的希望。他滿懷憧憬地對戀人說：「好香草！香草妹妹！跟我走！跟我到省城去！到京城去！就是你跟我，多好哇！多好哇！」他對「老遠老遠的地方」的神往不僅證明了他的生命活力的充盈，而且寄託著他對一個更加宏大的世界的企盼。因此，當其他漂泊者作為離家的浪子急於尋找自我的時候，他卻在拓展著自我、充實著自我。在《青春》中，我們發現：漂泊者的意象和家的意象即便不是完全重合的，至少也是緊密無間的。這裏刻畫的是一位找到家的漂泊者。或許正因如此，作家在塑造田喜兒這一新人形象的同時，成功地在劇中營造出一種回家之後的溫馨。就此而言，在全劇的第一幕和最後一幕，作家借慈母之口以幾乎同樣的話語——「嘶！嘶！家裏去！有話家裏說！」和「有話家裏說，嚇嚇！回家去！」——作結，應該是有所寓意的。

　　在歷經三十多年的人生困擾之後，這位以漂泊者自況的作家終於在精神的漫遊中撲向了故鄉的懷抱。李健吾找到了自己的家園，從而為其喜劇世界的回溯性主題打上了休止符。在故鄉這片神奇的土地上，不僅有著他兒時熟悉的一切——從那座關帝廟到孩提時代的玩伴，不僅有著他夢魂牽繞的田園風光，而且也有著他不停尋覓的至愛親情。在這個充滿童心的世界中，李健吾領受了青春和自然的洗禮。這種精神的洗禮無疑壯大了他的心力和筆力，使作家得以通過溫婉的嘲弄和人性的再發現讓故鄉的異調——中國封建主義的殘酷性——最終消解在親情的和絃之中。李健吾將自己對於人生哲理的多年思考和對明天的重大期許歸結為一種簡單而樸素的思想：「活著……活著……活著總有出頭的一天……」作家用這一極為樸素的真理激勵自己和同他一樣處於黎明前的暗夜的同胞們，在爭取中期待，在期待中爭取重獲新生的一天。

　　這種「回家」式的主旋律不僅以各種變換的形式存在於李健吾整個的創作喜劇中，而且還在很大程度上左右了作家改譯喜劇的選擇。《撒謊世家》〔註57〕中的羅采芹自幼受父親的影響，養成了愛說謊話的習慣。儘管這在她，時常是出於善意，但後來卻危及到家庭的和睦。同丈夫的失和，使她離家出走，由北平跑到了天津。在這段日子裏，這位本性單純善良的少婦反省了自身，

〔註57〕該劇係由費齊的《真話》改譯而成。費齊（William Clyde Fitch 1865～1909），在歐洲廣有影響的美國劇作家，1909 年客死法國。《真話》是其代表作。

愛情的力量幫她戰勝了不良的習性。喜劇結束的時候，丈夫恢復了對於妻子的信任，準備把羅采芹接回北平的家。作品由此昭示了人應以本眞的面目面對世人的主題。《風流債》〔註58〕中的林素英是位私生子，她的母親爲著自己良心的寧靜，執意要將她送進上海的修道院。在生父的幫助下，這位17歲的女孩子最後終於逃脫了苦修的厄運。當她重返家庭的時候，迎接她的是那位翻然醒悟的母親。這部喜劇除諷刺了宗教的虛僞外，總體上是一曲人性和親情的頌歌。因此，在回家的意象中顯然蘊含了重返人性和親情世界的寓意。《好事近》是根據博馬舍《費加羅的婚姻》改譯的一部四幕喜劇〔註59〕。劇中，不僅唐明和芸香的結合衝破了權勢者的阻撓，而且用情不專的朱學詩也同他的夫人重修舊好。唐明是另一個田喜兒。作爲僕人，他卻具有高於主人的智慧，在他身上始終洋溢著永不衰竭的青春活力。在這齣喜劇中，他不僅獲得了愛情上的勝利，而且找到了生身的父母。唐明從一個孤兒一躍而成爲有家有室的人，成爲一個找到了幸福的人。

如果我們不是就機械的意義去理解「浪子回家」的意象，而是將其視爲一個包括「尋找」在內的動態過程，「家」或「故鄉」只是這一動態過程的終點，我們會發現：它實際像是一根紅線，貫穿於李健吾包括改譯作品在內的整個喜劇世界。這一現象當然絕非偶然。對於李健吾這樣一位在最高意義上強調文學是一種自我表現的作家來說，我們顯然可以把這一現象解釋爲作家精神品格和追求的藝術投影。但如果我們不滿足於此，而要進一步發問：作家何以會具有如此的精神品格和追求呢？我們會發現事情其實未必那樣簡單。

我們可以把這個問題分解爲既有聯繫又相區別的三個方面：作家的漂泊感是怎樣形成的；作家心中之「家」的眞正涵義；作家對「家」的追求爲什麼會採取復歸或回溯的方式。

李健吾的漂泊感顯然與其早期的人生經驗有關。他從小離開故鄉，有段時間甚至不得不離開家人獨自客居異地。司命之神過早地將他投入到人世的滄桑之中。在那雙充滿童稚的眼中，他的父親忽兒由秀才而爲軍人，忽兒由將軍變成囚徒，忽兒又由囚徒重爲將軍，忽兒這位將軍又永遠離他而去。父

〔註58〕 該劇係由薩爾都的《風流債》改譯而成。薩爾都（Victorien Sardou 1831～1908），法國劇作家。

〔註59〕 博馬舍的原劇爲五幕。博馬舍（Pierre de Beaumarchais 1732～1799），法國劇作家。

親的浮沉決定了他的浮沉。這位後來成爲作家的孩子忽兒由鄉下的野孩子一變而成都市的闊少，忽兒又從闊少而成爲貧民區中的苦孩子。幾乎所有的變化都是在莫名其妙中完成的，少年時代的李健吾只有任憑命運的擺佈，好像水中無根的浮萍。窮困、疾病和三次痛失親人的經歷無疑不斷加強著他對自身無復依傍的體驗。李健吾的特殊身世也使他對參加辛亥革命的那一代人有著更多的瞭解，父執們二十年間的進退榮辱進一步強化了他對人世無常的認識。這種非常態的早期人生經驗鑄就了他內向發展的心性。比起同代人，他更習慣於把自己青春的騷動發散在對造化和變化的無限遐想之中。童年漂零的實感、失去親情的體驗、對於無常的體認，再加上心靈的流動，所有這一切構成了作家漂泊感的原始基因。

1931 年，當李健吾懷著由於返回故里而被再度加強的人世無常之感來到巴黎的時候，他在歐洲的思想中心找到了知音——相對主義。李健吾很難算是嚴格意義上的相對主義者，因爲他最終沒有放棄對於形上意義的「一」的追求。但是，在他的思想中——哲學的、倫理的、美學的、藝術的方面——卻明顯包含著相對主義的成分。使兩者相互契合的是他們對於「變化」的看法。作爲一種認識論和方法論的基本原則，相對主義強調事物的流變和非確定性以及人類認知能力的相對性。「絕對死了！」〔註 60〕是相對主義最高的信條。在這些問題上，李健吾顯然同他們產生了某種共鳴。在最極端的相對主義者那裏，「相對性」被賦予了近乎隨意性的詮釋。曾經有人將這種解釋歸結如下：一切均需視具體的情況而定，一切取決於人們認識問題的時間、地點、感覺和觀點，因此，「今日爲是，明日爲非」，「法國之樂，英國之悲」是完全合乎情理的事情。〔註 61〕李健吾似乎也曾表達過類似的看法。他在 20 世紀 30 年代曾經說過：得出何種結論，「一切全看站在怎樣一個犄角觀察」；又說：「由於看法的不同，一件作品可以極其富有傳統性，也可以極其富有現代性」〔註 62〕。

從變化無窮和認識相對的基點出發，作家得出了反獨斷主義的結論，並由此引發出他的寬容理論。既然不同的背景會產生不同的價值判斷，不同的

〔註60〕 轉引自《李健吾文學評論選》，銀川：寧夏人民出版社 1983 年版，第 215 頁。
〔註61〕 參見〔美〕賓克萊：《理想的衝突——西方社會中變化著的價值觀念》，北京：商務印書館 1983 年版，第 9～10 頁。
〔註62〕 參見《李健吾文學評論選》，銀川：寧夏人民出版社 1983 年版，第 60～62 頁。

視角會導致不同的結論，人們就不應當偏執一端，就應當承認不同觀點存在的相對合理性。爲了保證這種建立在寬容基礎上的公允，李健吾要求自己，同時也勸誡別人——尤其是藝術家，應當培養一種「超然的心靈」，作爲「旁觀者」〔註 63〕去「冷眼觀察」〔註 64〕時代與人生。爲了做到這一點，李健吾呼籲自我的克制，因爲惟其如此，才能「降心以求」去接近和接受不同的人、事及思想觀點。應當承認，李健吾的心靈是一個開放、多元和富麗的世界。但正如相對主義中存在著一個悖論——它最終會導致一種將「相對」絕對化的新的獨斷論——一樣，李健吾的多元而寬容的世界也存在著一種困窘：自我在多元繁複之中的選擇與定位問題。既然生死如一，生好還是死好？既然善惡之中有上帝同在，善惡對於人類是否具有同等的意義或同樣的沒有意義？爲了公允，我們或許最好成爲靜觀萬物的一雙「眼睛」，但是去除肉身，我們會不會人將不人？爲了寬容，我們固然需要克制自我，甚至虛心去我，但是在這種設身處地、多方體諒的過程中，會不會產生自我矮化乃至消解的後果？〔註 65〕李健吾 30 年代喜劇中對於自我迷失和復歸的關注表明，作家實際上已經意識到這一思想困窘的存在。這種關注本身反映的正是作家對於自我的焦慮。相對主義思想爲作家提出的自我選擇和自我定位問題，給李健吾的漂泊感增添了新的內涵。

　　巴金在《〈愛情的三部曲〉作者的自白》一文中，曾將李健吾形容爲一位「匆忙的人生的過客」〔註 66〕，這個比喻並非沒有道理。事實上，作家本人也曾以此自喻過，他說：「穿過數不清的人事糾紛和小我的利害衝突，我一向保留的身份也只是一個過客」〔註 67〕。既然是過客，總需要駐足的地方——哪怕是爲了暫時的歇息。然而現實顯然不是作家可以駐足的理想樂土。在這位現代人文主義者的心中或筆下，中國的現實常常是「惡濁」、「反常」、「酷虐」、「擾攘」和令人厭憎的。〔註 68〕足見，相對主義儘管幫助他形成了一種

〔註 63〕《李健吾文學評論選》，銀川：寧夏人民出版社 1983 年版，第 2、144 頁。

〔註 64〕李健吾：《福樓拜評傳》，長沙：湖南人民出版社 1980 年版，第 208 頁。

〔註 65〕參見李健吾：《福樓拜評傳》，長沙：湖南人民出版社 1980 年版，第 263、405 頁。

〔註 66〕參見《李健吾文學評論選》，銀川：寧夏人民出版社 1983 年版，第 38 頁。

〔註 67〕李健吾：《〈喜相逢〉跋》，《喜相逢》，上海：世界書局 1944 年版。

〔註 68〕參見《李健吾文學評論選》，銀川：寧夏人民出版社 1983 年版，第 220、13 頁；《李健吾戲劇評論選》，北京：中國戲劇出版社 1982 年版，第 1 頁；《李健吾散文集》，銀川：寧夏人民出版社 1986 年版，第 289 頁；《福樓拜評傳》，長沙：湖南人民出版社 1980 年版，第 208 頁。

寬容的心態，卻遠未能使他真正接受一般意義上的現實——他常愛將這裏的現實稱作「現時」或「事實」。他之所以將「跳出物質的困惑」界定為「人生最高的努力」，之所以認為最美最好的作品最少物質的沾著，之所以一定要在「現實」與「現時」、「事實」之間反復辨析，正是因為他在根本上是拒斥醜惡現實的。不過，常識卻告訴我們，在這個世界上，最少物質沾著的，也必定是飄忽不定的東西。作家不會甘心於長久的飄忽，因為繆斯的琴弦不為一己而彈唱，作家自有其重大的使命：「普渡人類的憂患」〔註69〕。於是，使命感又把作家拉向他所拒斥的現實。李健吾改寫了「現實」的定義，在他的詞典上，作家將自身理想的血脈植入了「現實」的概念。他的「幻象人生」說寄託的正是這種改良人生、改造現實的希望。這樣，變化一方面令他眩暈感喟，一方面又鼓蕩著他對於明天的期待。在作家看來，中國無疑是一個只有在變化中才能求得生存和發展的國家，但是應當怎樣變革，到哪裏去尋找實施變革的力量？面對著這一系列接踵而來的問題，那種近乎相對主義的思想立場卻不能不使我們的作家感到由衷的惶惑。

似乎從鴉片戰爭開始，中國就已經進入了一個政治性的時代，正如作家所說：政治成了一塊吸力最大的磁石〔註70〕。到了20世紀三四十年代，中國更是處於一種政治鼎沸的環境。階級衝突和民族鬥爭的交相發展，促成了社會基本矛盾的空前激化。在此基礎上，思想分野，派別紛立，分而後合，合而復分，分中有合，合中有分，中國政治的大舞臺呈現出一派波詭雲譎的景象。李健吾的身世培養了他對於政治的敏感，但是，對於早年因政治而倍受命運播弄的記憶、對於北伐的幻滅、對於父執輩沉淪的體認，再加上對於中國官僚政治的憎厭，卻最終讓這種敏感促成了他對於政治的反感。在一個相當長的時間裏，他立志要做一個無黨無派的人。他的特立獨行使他反對少數人對於多數人的壓迫，同時也反對多數人對於少數人的壓迫；他願意與時代相連，但又決不「依附時代」；他要效忠群眾，但又決不「巴結群眾」〔註71〕；他意識到政治對他的吸力，同時又極力拒斥之。總之，相對性、寬容、超脫、公允、非政治、自由派，所有這些因素合在一起，鑄成了一個事實：作家對

<hr />

〔註69〕李健吾：《福樓拜評傳》，長沙：湖南人民出版社1980年版，第363頁。
〔註70〕參見《李健吾文學評論選》，銀川：寧夏人民出版社1983年版，第240頁。
〔註71〕參見《李健吾文學評論選》，銀川：寧夏人民出版社1983年版，第196、222頁。

於中國現實主流的遊離。他說：「我站在旁邊看，但是我難得進去參加。我沒有社會生活。」〔註 72〕他在現實當中找不到實際的歸屬。看來，自我在現實當中的定位要比抽象意義的精神定位來的更爲艱難。

現在，我們可以對李健吾漂泊感的成因及意義問題做出以下的歸納。在這種漂泊感當中實際包含了四種相互聯繫的成分，它們分別是：作家對於現實的拒絕；對於理想的追求；在現實與理想的衝突中，在社會新舊交替過程中，對於人生出路和自我價值的尋找；在遊離現實社會主潮之後對於自身所處的兩難地位的反省。

或許眞如福樓拜所說，地球無須任何扶持就能停在空中〔註 73〕，然而對於一個生活在中國的社會人來說，這種自我的空懸或高懸卻是絕難成就的。作家需要爲自己的精神追求尋找一種相對穩定的支點或終點。在象徵的意義上，它就是李健吾的精神家園。

對於「家」，李健吾有著獨特的理解。在他看來，人生就是從一個家門走進另一個家門，直到進入「一座黑門」爲止，也即是說，人在其一生中注定要同「家」聯繫在一起。人出去，他「曉得自己還有一個家，於是在空虛的心頭，這做成了一點點實質的物體」，讓他找到了一種穩定感；人回來，他明白自己「心愛的人們」正在裏面生活著，於是產生出某種溫馨的喜悅感。正如中國人喜歡把「家」和「鄉」兩個字聯綴在一起，在放大的意義上，李健吾在「家鄉」當中找到了他在「家」中找到的感覺。一首故鄉的歌，引發了他的鄉情，他寫道：「這是家鄉的聲音」！「這是我幼小熟悉長大遺忘的聲音」，「它們像近又像遠，似生卻又熟，活在我的官感，而又那樣恍惚。但是它們那樣有生命，有力量，我重新尋到了，我尋到了我的故鄉」。於是，「浪子想起了家」。在作家看來，家或家鄉，無疑是一個永遠停留在自己靈魂中的世界，最終要和他「化成一片，成爲土」。作家曾將北平說成是他的「第二故鄉」，一種「精神的歸宿」，一個「理想的故鄉」。因爲它是「搖籃」，青年人從這裏長大，「走向人世的戰場」；它同時也是「墳墓」，老年人返回故里，給失敗者以「安慰」，給成功者以「安逸」。〔註 74〕在這種家或家鄉的意象中，我們感

〔註72〕李健吾：《〈黃花〉跋》，《黃花》，上海：文化生活出版社1947年版。
〔註73〕參見李健吾《福樓拜評傳》，長沙：湖南人民出版社1980年版，第377頁。
〔註74〕參見《李健吾散文集》，銀川：寧夏人民出版社1986年版，第317～321、175～178、143頁。

到了李健吾對於生命與自然的和諧的渴求。作爲漂泊者，他需要內在的和諧。作爲一位具有明確宇宙意識的漂泊者，他深信在變幻不居的世界上存在著一種宇宙最高的和諧。他爲尋找和諧而漂泊。於是，他把和諧放進家鄉的意象中，同時又將家鄉的意象糅進他的喜劇世界裏。

《這不過是春天》裏的馮允平回到了北平，而北平正是他從小長大的地方。他在這裏不僅了卻了十年來對於月華的「惦記」，而且也意識到了人性最終的完美。廳長夫人固然未曾離開過北平，但她在初戀重溫之中，卻返回到其靈魂的「搖籃」期，她在自身善良的底里中得到了心靈的平靜。《青春》的「故鄉」具有地理和哲學的雙重意義，作家並且賦予了它以一種純淨的美學形式，主人公內在的活力和自然外在的背景取得了完美的契合，營造出家鄉特有的溫馨氣息。不管年輕人的愛情經歷了怎樣的磨難，但宇宙卻總能在冥冥之中「湊巧」出完滿的結局。

如果說，和諧意味著矛盾的消解，那麼在作家看來，愛則是它最根本的保證。李健吾說：「博愛」是「人類最深也最原始的情緒」〔註75〕。愛使人與人息息相通，做成彼此的親昵；愛使人克服自身的分裂感，在靈與肉的一致中感到「生命的諧和」〔註76〕。在李健吾的五部創作喜劇中，都明顯包含了愛情的因素，並且都以愛的勝利作結，顯然不會是偶然的。〔註77〕在《新學究》中，康如水和髮妻一起生活了十五年，卻從未想到過要瞭解她。他對謝淑義的追求，並不是眞正的愛，而是一種索取和壓迫，作家借孟夫人之口指出了這一點。在李健吾看來，一個唯我主義者絕對不會懂得愛情，因爲眞正的愛情應當是尊重、理解和奉獻。劇中的馮顯利因爲做到了這一點，所以作家從康如水那裏收回了謝淑義的愛情，把它交給了這位剛剛歸國的學者。正是這種眞正的愛情在《這不過是春天》中幫助了廳長夫人，使她戰勝了從不爲別人著想的壞習性。在《十三年》中，同樣的力量促成了黃天利的猛醒，愛成了他賴以自贖和救人的動力。在《以身作則》中，愛不僅燭照出風化維護者自身的人性破綻，而且在一場反對道學的鬥爭中成了最後的贏家。在李健吾的喜劇中，愛有時採取了親情的形式。在《青春》中，楊太太對香草的

〔註75〕《李健吾文學評論選》，銀川：寧夏人民出版社1983年版，第131頁。
〔註76〕《李健吾散文集》，銀川：寧夏人民出版社1986年版，第324頁。
〔註77〕指《這不過是春天》、《新學究》、《以身作則》、《十三年》和《青春》。這裏的《十三年》指《李健吾劇作選》中的版本，劇中以黃天利被縛作結，劇末注明寫作時間爲「1936年5月」。

母女之愛、田寡婦對田喜兒的母子之愛、秀菊和香草之間的姊妹之愛以及楊村長對女兒的父女之情最終撼動了封建家長「不通人性」的一面，成全了田喜兒和香草之間的男女之愛。《青春》中的故鄉世界之所以那樣令人感到親切，顯然同這種親情直接相關。

對於人類而言，愛可以視爲生命之源，同時也意味著生命的延續，因此，愛總是和生命的概念相聯繫的。於是，李健吾的喜劇讓人們看到了生命在生活之流當中的躍動。從《這不過是春天》中暗含的「童心」到《青春》中童心的具象化，從《以身作則》中本能的衝動到《青春》中青春的活力，體現的無一不是難以抑制的生之力量。這一力量於是成就了一系列人性的奇迹，「趕明兒」更是有著無限創造的可能。

對靈肉和諧的追求、愛的發散與生命本身的充盈，這些構成了李健吾對於普遍人性的詮釋。而「家園」或「故鄉」正是普遍人性最適合生養將息的厚土，一種最接近原生形態的所在。李健吾的這種「家園」或「故鄉」，顯然在現實當中是不大可能存在的。它們是心靈的創造物，是一種被賦予家或故鄉意義的人生理想，或者說是一種注入了明顯理想因素的關於家與故鄉的幻象。作家並未因爲它們是幻象而小視之，它們是幻象，然而並不虛假。它們不僅可以爲現實人生提供精神的慰藉，而且也可以構成改造人生的精神範本。作家深信，他今天孕育在家和故鄉中的人類理想，明天至少可以部分地在現實中得到實現。正因如此，他才會那樣執著於精神家園的構築。

值得特別注意的是，李健吾的這種構建理想之鄉的精神活動主要採用的是一種回溯性的致思方式。他似乎首先肯定，有一種理想或切近理想的原點存在於過去之中，而所謂理想的實現——即便是在未來的實現，在很大程度上都不得不依賴於人們對於這一原點的認識和回復。作爲這種回溯性特徵的直接體現，我們注意到，構成李健吾喜劇深層基礎的往往是對於過去的回憶。

任何作家的創作都必然和回憶有關。即便是像陳白塵那樣的現實主義喜劇家在創作現實感極強的作品時，也會使用記憶中的材料，事實上，他寫《陞官圖》的時候，就曾不由得「想起童年玩過的」那張「陞官圖」。〔註78〕但絕非所有的作家都會以自我的回憶作爲創作的基礎，並且在回憶的運用上達到如此自覺的高度。李健吾之所以如此，同他所受到的法國文化新思潮的濡染

〔註78〕參見董健編：《陳白塵寫作生涯》，天津：百花文藝出版社 1986 年版，第 42 頁。這裏的「陞官圖」指作家兒時的一種遊戲。

密切相關。在「回憶」問題上，給與他深刻影響的人是柏格森和普魯斯特。

柏格森（Henri Berqson 1859～1941）是一位在 20 世紀最初三十多年中對於法國文化思潮產生過重大影響的哲學家。他在 1928 年獲得諾貝爾文學獎這一事實，表明他的哲學思想與文學領域的緊密關聯。作爲二元論者，他將世界分成物質與生命兩種實體，前者代表了下落的運動，後者代表著向上的運動，而整個宇宙就處在這樣兩種反向運動的矛盾衝突中。從根本意義而言，柏格森的學說是一種關於生命如何戰勝物質的學說。生命作爲上升運動的創造進化特性只有在時間的維度上才能得到顯示。傳統的物理學意義上的時間，在柏格森看來是虛假的，而眞實的時間只有在心理學意義上才能成立。這種眞實的時間就是「綿延」，只有通過「綿延」才能發現過去、現在和未來三位一體的統一性。而時間（綿延）又只有通過記憶才能實現。這樣，記憶在柏格森的整個體系中也就佔據了一個尤爲重要的地位。沒有證據說明李健吾是否閱讀過柏格森的原著或聆聽過哲學家本人的演講，但有一點是清楚的，作家十分欣賞柏格森的「記憶原理」。他不僅運用這種記憶理論去解釋普魯斯特的小說，而且用它去印證福樓拜關於記憶的論說。〔註 79〕

柏格森將記憶分成兩種：大腦記憶和純粹記憶，他的記憶原理是關於後者的理論，因爲在他看來，只有純粹記憶才是眞正的記憶。

柏格森的記憶理論有兩個最鮮明的特點。其一是他賦予記憶以本體論的意義，從他對於記憶的誇飾中，我們可以看到哲學家對於記憶的倚重。記憶，被界定爲一種超越了物質拘囿的絕對意義上的精神活動。它是生命本身的重要特徵，它不但等於心靈，而且等於意識，柏格森在《形而上學導論》中說：「意識意指記憶」〔註 80〕。對於機械的命定觀和獨斷論來說，一切都存在於現在之中，因爲現在既是過去的結果，又是未來的胚胎。柏格森似乎有意反其道而行之，提出了一切在過去的命題，而過去又活在記憶中，於是一切「在過去」變成了一切「在記憶」。時間的綿延也即記憶的綿延，在這種滾雪球式的不斷堆積化合的回想當中，過去既是現在，也是未來。其二是柏格森的記憶原理是和其自我理論息息相通的。在柏氏觀之，記憶也是自我的主要特徵。

〔註 79〕 參見李健吾：《福樓拜評傳》，長沙：湖南人民出版社 1980 年版，第 370～371 頁。

〔註 80〕 轉引自〔波蘭〕科拉柯夫斯基：《柏格森》，北京：中國社會科學出版社 1989 年版，第 37 頁。

由於記憶，自我才得以成爲一種實體性的存在，因爲正是它構成了自我連續存在的同一性基礎，也即是說，自我的歷史就是積澱在記憶中的歷史。總的來說，柏格森的記憶理論同他的全部生命哲學一樣，體現的是西方現代思潮轉向內在自我的取向，相信人生的眞理只能來自主體的心靈世界，人只有在認識自我歷史的過程中才能眞正把握住自身的現實存在。

如果說，柏格森爲李健吾的「回憶」提供的是一種哲學上的基礎，那麼，普魯斯特爲他提供的則是一種將這種艱澀的哲思運用到文學創作上的成功的範例。普魯斯特（Marcel Proust 1871～1922）是西方當代小說的先驅者之一，他的巨著《追憶逝水年華》被認爲是法國現代小說中的「傑作」。〔註81〕普魯斯特是位以革新者的面貌出現在法國文壇上的作家，他的敍事作品不注重故事情節，但工於心理描寫的深致。他在心理分析方面的成功顯然對李健吾產生了巨大的吸引力。留學歸國以後的李健吾曾多次撰文批評中國敍事文學偏重故事情節的傳統觀念，極力提倡心理描寫，同普魯斯特的啓示不無關聯。或許因爲體弱多病的緣故，普魯斯特從小就養成了敏感而內向的性格，這使他的童年期要比一般人長得多。童年的煩惱和歡樂因此給他留下了深刻的印象。成年以後，他的一系列小說都是緊緊圍繞著這些記憶展開的。他在「轉述」自身經歷的藝術實踐中培養出對於「回憶」的自覺，他說；「魅力存在於記憶本身」，又說：「寫出天才著作的人，能夠突然終止自身的存在，而使自己的經歷像一面鏡子，這樣，他們的生活，儘管如此乏味平庸，在這面鏡子中也能反映出來」。他還說：「眞正的樂園是已經失去的樂園」〔註82〕。李健吾曾向中國讀者介紹過普魯斯特創作馬德蘭小甜糕的經過：「有一天，他在茶裏泡了一小塊點心。點心的味道勾起另一小塊泡在茶裏的點心。……漸漸他記起這是兒時在姑媽家裏。於是所有的回憶，彷彿死灰復燃，在心頭豁亮起來。而這一切走出過去，來到現時，僅僅因爲他在茶裏泡了一小塊點心。他重新尋見他的時間、一個內在的時間、經年不凋的觀念。」〔註83〕普魯斯特是西方公認的柏格森思想的追隨者，馬德蘭小甜糕的情節是對柏格森記憶理論的生動說明，它不僅被用來證明記憶的穩定性，而且被用來說明過去是怎

〔註81〕參見吳達元：《法國文學史》下冊，上海：商務印書館1946年版，第637頁。
〔註82〕轉引自〔法〕布呂奈爾等：《二十世紀法國文學史》，成都：四川文藝出版社1991年版，第60～63頁。
〔註83〕李健吾：《福樓拜評傳》，長沙：湖南人民出版社1980年版，370頁。

樣通過回憶走進現在的。看來，李健吾不僅明瞭普魯斯特與柏格森之間的師承關係，而且完全懂得小甜糕這一情節的理論意義。正是在柏格森和普魯斯特的影響下，李健吾形成了自己對於記憶的認識。他說：

> 觀念永生，這就是說，事物一次映進他的眼簾，停留在他的記憶，此後便整個和人一樣存在，離開事物的存在而存在，永久而且獨立，大有觸一弦而齊鳴的情態。我們的經驗，形成我們的情緒，漸漸凝成我們的觀念，在一眨眼的工夫，離開外在，化成我們的生命，不知不覺，踱上內在時間的長途。〔註84〕

從以上引文中，我們不難看出，作家已經領會了柏格森記憶理論的眞髓。不僅如此，這段引述還向我們透露出作家已經或者將要把這種理論付之實際創作活動的信息。就此觀之，作家在《這不過是春天》中植入自己對於初戀的記憶，在《新學究》中植入自己在清華生活的記憶，在《以身作則》、《十三年》和《青春》中植入自己對於童年和少年時代的記憶，就絕非偶然的事情了，它們體現的是一種自覺的精神追求和藝術追求。應當指出，無論柏格森、普魯斯特，還是李健吾，他們要求的都不是那種單純背誦式的記憶，而是一種牽一髮而動全身的記憶。打個比方，他們要求的絕不是通過重複背誦下古詩的記憶，而是追求那種不僅包括了古詩的內容，而且也包括著背誦的時空背景和內心感受的記憶。這樣，作家植入作品的儘管可能是某種記憶的片斷，但它引發的卻應當是一種整體的感覺，因此，它在實際上所產生的影響和意義就會遠遠大於片斷本身。李健吾的父親李岐山是辛亥革命時期的風雲人物，但同時又是位「一腦子封建思想的秀才」，素以「家教嚴正」著稱，奉守的依舊是「先王的德行」。在父親的安排下，李健吾從五歲開蒙，爲了一本《孟子》吃了不少苦頭。八歲那年，因爲不能順暢地背誦《孟子》，甚至被父親當衆責打過。作家成年後曾多次回憶起這些兒時的往事，寫下了對於父親的敬畏。在這些回憶中，既包含了對於父親「封建」和「嚴酷」一面的批評，同時又夾之以無限的追念。〔註85〕李健吾後來將這些回憶寫進了《以身作則》，我們可以在徐守清和徐玉節的身上看到李氏父子的影子。儘管劇中有關徐氏父子的描寫並不是很多，但兒時的回憶卻給作品帶來了一種特殊的溫和之

〔註84〕李健吾：《福樓拜評傳》，長沙：湖南人民出版社1980年版，370頁。
〔註85〕參見《李健吾散文集》，銀川：寧夏人民出版社1986年版，第1、287、292、202頁。

氣。作家當然反對徐守清道學家的一面，但同時又保留了人子對人父的溫情，這就在總體上奠定了全劇幽默的基調，而判然有別於那種犀利火辣的諷刺風格。

　　李健吾之選擇回溯的方式去追尋自己的精神家園，固然與他受到的外來影響有關，但這畢竟只是問題的一個方面。問題的另一方面，是他自身對於這種方式的內在需要，只有在具備後者的情況下，作家才可能在異域文化中發現那些同自己相互契合的東西，才會有意識、有選擇地去攝取和吸納。

　　這種內在的需要至少包括以下兩種因素：

　　其一是自我認識的需要。

　　正如前述，李健吾在根本意義上是位自我表現論的皈依者，他的克己乃至無我之說只是一種手段，目的還在認識自我。他說：「教育的最高的功效是自我的認識」〔註86〕。作為文藝家，他當然懂得材料的意義，但是所有這些外在的提示，最終卻在「把我自己解釋給我自己」〔註87〕。對於自覺的作家來說，目的本身即包含了選擇。自我在現實中的迷失，推動作家去尋找自我的連續性和穩定性。既然未來的一切尚未發生，現時的一切令人困惑，作家於是只好讓對於過去的回憶流入自己的視野。正如普魯斯特所說：「我喜歡回憶過去」，是因為「這種回憶表明，我始終如一，初衷未改，而且，這種回憶中隱藏著我的本性的某種基本特徵」〔註88〕。李健吾之所以那樣青睞「記憶的存在」，是因為「我進去了，原來這是鏡子似的一個世界，我照見自己蒙了一身塵土：我破舊了」〔註89〕。而那種能夠讓作家意識到自己破舊蒙塵的東西，也正是作家從過去一直保持到現在的自我的一致性、連續性和穩定性。在對於過去的回憶中，主體重新發現了現實裏面的自我，並且達成了返回過去和返回本性的同一。基於此，李健吾才會昂然宣稱：「我寶貴我過去的生命！」〔註90〕。《十三年》正是對作家這一思想的形象說明。劇中，和小環的相遇，使黃天利回憶起十三年前純情而歡樂的往事，這面取自過去的鏡子又照出了人與狗之間的現實距離，結果促成了黃天利向「吳家的哥哥」的人性復歸。

〔註86〕李健吾：《福樓拜評傳》，長沙：湖南人民出版社1980年版，第355頁。
〔註87〕《李健吾文學評論選》，銀川：寧夏人民出版社1983年版，第142～143頁。
〔註88〕轉引自〔法〕莫里亞克：《普魯斯特》，北京：中國社會科學出版社1989年版，第259頁。
〔註89〕《李健吾散文集》，銀川：寧夏人民出版社1986年版，296頁。
〔註90〕《李健吾散文集》，銀川：寧夏人民出版社1986年版，274～275頁。

其二是間離現實的需要。

李健吾不是一個唯美主義者，但他卻無疑是位美的崇拜者。在美的比照下，李健吾眼中的現實即使不全是醜陋的，至少也是庸俗的。在亂石中發見美玉，化腐朽爲神奇，詩化是藝術創造中至爲關鍵的一環。而爲了做到現實的詩化，首先需要間離現實。對於把「醜態」或「人類的弱點」視爲對象的喜劇創作來說，這一點顯得尤爲重要。回憶，正好提供了一種有效的間離途徑。李健吾歷來認爲，作家在情盛於理的情況下是難以創造出完美作品的，因爲過於熾烈的激情只會導致心的酩酊，正如一位熱戀著的女性反而不容易認清愛情。回憶，在這方面卻可以幫助人們，利用時間的距離可以讓感情的過剩走向感情的控制，甚而至於產生一種「猶如史家審查既往的陳迹，生物學者研究種種的造物」〔註91〕般的效果。在切近現時的位置上，初戀的失敗或受到嚴父的責罰無疑是痛苦的，但要是它們出現在十年、二十年以後的回憶中，情況就會大不一樣，甚至可以被視爲喜劇的材料。回憶的終端是童年。像普魯斯特一樣，李健吾愛他的童年。比起他後來的書齋生涯，那是一段充滿傳奇的經歷。不斷溫習童年的回憶，使作家長久保持了一顆躍動的童心，柯靈說：「童心！我覺得這是一把開啓健吾作品和心靈的鑰匙。」〔註92〕李健吾在評論蕭乾的《離下集》時，曾贊許地說：「不是童話，作者卻用一雙兒童的眼睛來看人事。」〔註93〕作家或許未曾意識到，在這句話裏，他同時也說出了自己喜劇創作的眞正基點，他的《青春》就是對此最具說服力的證明。兒童與童年相聯，就成人所能記憶的人生體驗而言，童年離現時最遠。童年與童心相關，童心以直率和單純去體會世事的繁難，於是將希望灑向人間。李健吾說過：「我活著的勇氣，一半從理想裏提取，一半卻也從人情裏得到」〔註94〕。而童年不僅幫助他構建了一個不同於成人現實的世界，而且幫助他保存了對於至愛親情的眷戀。可見，童年的回憶在李健吾的創作過程中，具有間離和詩化的雙重功能，難怪他要說：「我們得尊敬這神聖的童年」！〔註95〕

〔註91〕 李健吾：《福樓拜評傳》，長沙：湖南人民出版社1980年版，第387頁。

〔註92〕 柯靈：《〈李健吾劇作選〉序言》，《李健吾劇作選》，北京：中國戲劇出版社1982年版，第16頁。

〔註93〕 《李健吾文學評論選》，銀川：寧夏人民出版社1983年版，第68頁。

〔註94〕 《李健吾散文集》，銀川：寧夏人民出版社1986年版，第202頁。

〔註95〕 《李健吾文學評論選》，銀川：寧夏人民出版社1983年版，第68頁。

　　綜上所述，對於李健吾喜劇基本主題的分析表明：在「浪子回家」的整體意象當中實際隱含著的正是作家本人的心路歷程。所謂「浪子」，首先應被理解為一位對醜惡、污濁、錯亂、偏狹和庸俗現實的否定者。現代人文主義思想使他不願接受現實的安排，但是作為一個「文弱書生」的自我體認又使他無力改變現實的狀態，結果造成了靈肉的分離。浪子的漂泊感深刻反應出理想與現實的巨大衝突，這給他在精神上帶來震蕩，使他在現實中失去了位置。所謂「回家」反映的是作家在自我迷失之後對於自我重現和自我定位的渴求。在缺乏外部支持的情況下，作家試圖借助精神的力量折回內心求得發展，他將回憶的暖室視為故鄉，極力在其中構築理想的家園。《青春》終結了他的回鄉之路，但同時也終結了他包括喜劇在內的整個戲劇創作。這種內向和回溯式的精神追求為李健吾的創作喜劇帶來了獨特的魅力和人性的深度，但同時也關閉了其躍向廣闊現實的通路。這一點不僅明顯限定他的喜劇視界，而且也最終造成了作家在喜劇創作上的枯窘。據作家自言，他在 1941 年以後，停止了嚴格意義上的戲劇創作。即便他在這之後還寫下了《青春》，也無法改變這一事實：其創作的黃金時代已經成為過去。他的才華和熱情轉向了改譯和翻譯領域。時局的惡化並不能充分解釋這一現象，因為一些處境相同的劇作家並未放下創作之筆。這似乎表明：如果長久不與現實的大海溝通，自我回憶的清泉總會有乾涸的一天。

深廣的人性與心理的透視

　　斯湯達、巴爾扎克和福樓拜是法國近代小說史上的三位巨擘，李健吾曾經這樣評價過他們：「斯湯達深刻，巴爾扎克偉大，但是福樓拜，完美。」〔註96〕「深刻」、「偉大」和「完美」，也正是李健吾在藝術上苦心追求的三種境界。不過，就其喜劇創作取得的實際成就而言，作家最為接近的是完美，而距離最遠的是偉大。作家在 20 世紀 40 年代曾將自己的一些改譯之作比喻成「花」〔註 97〕，其實，他的全部喜劇都可以作如是觀。花可能是美麗的，但絕不會偉大。

　　李健吾的喜劇之花，綻放在其性格刻畫的厚土之上。性格刻畫的成功決

〔註96〕李健吾：《福樓拜評傳》，長沙：湖南人民出版社 1980 年版，第 6 頁。
〔註97〕李健吾：《〈喜相逢〉跋》，《喜相逢》，上海：世界書局 1944 年版。

定了他的喜劇在整體上的成功。在丁西林之後，李健吾爲中國的現代喜劇又創造出了一種新的類型：性格的喜劇〔註98〕。作家對於中國現代喜劇史的這一重要貢獻，顯然同他的自覺追求有關。他認爲，中國文學最大的「弊病」就在「對於創造性格的淡漠，對於故事興趣的濃郁」〔註99〕；而中國傳統戲劇的主要疾患亦正在於此，單純「注重故事的離合，不用人物主宰進行」的結果，致使它「缺少深厚的人性的波瀾」，因此，儘管可能成就「片斷的美好」，但在總體上卻往往難以達到藝術的勝境。〔註100〕爲此，他反復告誡新文學界：眞正的文學藝術「最大的關心是人」〔註101〕，創造的關鍵在性格的描寫。具體到喜劇，他說：「最高的喜劇不是環境的湊合，往往是人物的分析」〔註102〕，換言之，只有那種其中有著「生氣活潑的人」的作品，才算得上是「高喜劇」〔註103〕。就此觀之，李健吾之所以能夠塑造出廳長夫人、康如水、徐守清、黃天利、田喜兒、田寡婦等一系列活靈活現的人物形象，絕非偶然。在這個意義上說，他的喜劇之花也就是性格之花。對此，今天的學術界或許已有共識。

下面，就讓我們從共識出發，將研究再深入一步。我們現在需要回答的問題是：究竟是什麼使得李健吾如此注重性格問題？他又是怎樣去刻畫性格的？作家的性格描寫最終具有哪些主要的特徵？

在《文明戲》一文中，李健吾談到歷史上的故事傳統時曾指出：「我們的哲學不容我們接受深厚的性格，因爲神仙或者命運才是悲歡離合的主宰」〔註104〕，接著他又談到世界文學注重性格描寫的新趨勢，他說：這是因爲「我們的哲學變了，不再拘泥於機械的命運論，如若命運是謎，人和人性也許是一

〔註98〕哥爾多尼的喜劇既是「風俗喜劇」又是「性格喜劇」，說明優秀的風俗喜劇往往是將社會世態、風尚、習俗的描寫和人物性格的刻畫緊密結合在一起的，反過來，優秀的性格喜劇同樣如此。本節側重分析的是李健吾喜劇在性格刻畫方面的成就和貢獻。

〔註99〕李健吾：《巴爾扎克的歐貞尼·葛郎代》，《文學雜誌》第 1 卷第 1 期，1937年 7 月。

〔註100〕參見《李健吾戲劇評論選》，北京：中國戲劇出版社 1982 年版，第 10～14頁。

〔註101〕《李健吾文學評論選》，銀川：寧夏人民出版社 1983 年版，第 154 頁。

〔註102〕李健吾：《福樓拜評傳》，長沙：湖南人民出版社 1980 年版，第 329 頁。

〔註103〕參見李健吾：《〈撒謊世家〉跋》，《撒謊世家》，上海：文化生活出版社 1939年版。

〔註104〕《李健吾戲劇評論選》，北京：中國戲劇出版社 1982 年版，第 17 頁。

個更大的謎。」〔註 105〕由此可見，他實際上是把文學描寫的這兩種不同的取向歸結爲兩種不同人學觀的對立。命定論反映的是人在超自然力量面前的無力，主宰悲歡離合的力量既然不在人自身，那麼人的性格問題也就自然不會成爲文學關注的中心。而隨著人的不斷覺醒，人的自我認識不斷深入，文明的進步大大提高了人類征服自然的能力，從而引發出人對自身的濃厚興趣，因此，性格也隨之成爲文學中的核心成分。

作家的人學觀顯然屬於後一種。

在李健吾看來，人作爲萬物之靈長、作爲生命活動的主體，絕不是一種凝固靜止的存在物，他的本質屬性只有在不斷的變化和流動中才能得到完整的顯現和把握。生命過程的這種永恆的變化和流動，其內在的根據在於這樣一個事實，即人是生活在「種種的力」的作用之中的。這些「力」可以歸併爲兩種最爲基本的類型：精神之力使人向上，物質之力令人下降。值得注意的是，就眞實的人而言，「這裏不是一個僧人式的全然精神的向上；也不是純粹物質的沉溺」〔註 106〕。正是這兩種基本力的相互混融、糾纏和消長，爲人的一生提供了無數的不確定性和多種可能性以供人的自由選擇。這也就是說，人的命運最終不是由外在環境更不是由什麼超自然因素決定的，人的命運掌握在人自己的手中。李健吾說：「如果環境有時孕育惡劣的習慣，卻也助長優良的品德。問題只在感受的深淺：生性純厚的，一切吸納起來，融成他滋養的質料；生性虛薄的，一夜西風，花殘葉瘦。實際全靠一己的稟賦。」〔註107〕他還說：「在藝術上，重要的是時代與社會，然而更重要的，卻是人」〔註108〕。他甚至認爲：人闖不出自己「性格裏面的命運」〔註 109〕。

認爲人擺脫不掉自身性格裏面的命運，並不必然意味著人失去了命運的主宰權，因爲他完全可以通過改變性格來改變命運的進程。認識自己，改造自己，正是李健吾人學觀中的重要命題。既然，精神生活是人區別於其他生物的根本之點，那麼也就是說，人類變化的整體趨勢是上達的。儘管人面對的是多種的選擇，但他在最高的意義上卻具有一種自我完善的能力或趨止，問題在於人是否能夠意識到這一點，發揚這一點。在人類向善的道路上，「同

〔註 105〕《李健吾戲劇評論選》，北京：中國戲劇出版社 1982 年版，第 18 頁。
〔註 106〕李健吾：《福樓拜評傳》，長沙：湖南人民出版社 1980 年版，第 224 頁。
〔註 107〕李健吾：《福樓拜評傳》，長沙：湖南人民出版社 1980 年版，第 420 頁。
〔註 108〕《李健吾文學評論選》，銀川：寧夏人民出版社 1983 年版，第 196 頁。
〔註 109〕《李健吾散文集》，銀川：寧夏人民出版社 1986 年版，第 173 頁。

情」具有關鍵的意義，它既是向善本身，也是向善的途徑。「人性的共同精神」、「普遍的人性」、「深廣的人性」、「人類的普遍情緒」，這些都是反復出現在作家著述中的概念，究其實質，它們的真正內涵就在「同情」之中，至少與「同情」休戚相關。作為愛自己與愛人類的統一，作為推己及人和將心比心，「同情」在李健吾的心目中成了化解現實惡劣影響的解毒劑，成了人類通向自我完善自我淨化境界的寶筏。作家對於人的樂觀信念亦由此而生。

由於人是命運的主人，由於人通過改變自己才能改變命運，由於人類幸福的根本保證在對於自身內在質素的省察和完善，所以那些決意為「人類的幸福」效命的藝術家們就必須把興奮中心集中在人和人的性格的描寫上，從而達到反映人生和指導人生的最高目的。

正是在這種人學觀和藝術觀的導引下，李健吾在自己的喜劇創作中貫徹了一種以人物、以性格為中心的原則，他在回憶自己創作構思情況時說：「我最初想到的，很少是故事或者情節……幾乎都是先從主要人物想起」〔註110〕。如果說，作家在喜劇性小說《一個兵和他的老婆》〔註111〕當中，主要的志趣還在故事本身，那麼，在他20世紀30年代以後的喜劇世界裏，故事已經「算不了什麼」〔註112〕了。據我所知，迄今還沒有人發現：李健吾所有喜劇的故事情節，都有一個或幾個略隱略現的摹本。《這不過是春天》和《十三年》中有王文顯的《白狼計》以及狄更斯《雙城記》的影子：一個人被捉或幾乎被捉，最後又被人放了生。《以身作則》之於《一個兵和他的老婆》、博馬舍的《塞維勒的理髮師》、莫里哀的《太太學堂》，《新學究》之於莫里哀的《太太學堂》與《丈夫學堂》，在基本情節上亦有明顯的相似之處：一位囿於某種拘束的年輕女子最終脫離了監護人，投向一位青年男子的懷抱。至於《青春》，更明顯地帶有博馬舍《費加羅的婚姻》的影像。在這裏，我無意抹殺李健吾喜劇在情節上的創造性，事實上，作家早已打碎了他的情節原型並在重新組合和變形的基礎上創造出了屬於自己的東西。我想指出的只是這些喜劇在故事情節上同某些作品的相似性，從而說明性格才是作家得以安身立命的真正所在。正如李健吾自言：西施總有人歌詠，鶯鶯總有人譜曲，「然而怎樣把她們寫成不同的有血有肉的女人，這卻

〔註110〕 李健吾：《〈一個沒有登記的同志〉附記》，《一個沒有登記的同志》，《文學雜誌》第1卷第1期，1937年5月。
〔註111〕 該小說創作於1927年夏天。
〔註112〕 《李健吾文學評論選》，銀川：寧夏人民出版社1983年版，第70頁。

在作者，不在故事」；「故事永久是故事，不會因爲使用的次數過多而陳舊、而腐爛、而減色」；「對於藝術家，興趣集中在推陳出新的技術上，如果他的工作有他深厚的天性做基礎，這已然不容易和另一個藝術家的工作相同」〔註113〕。實際上，李健吾喜劇的創新性不僅體現在由故事向性格的重點轉換上，而且也體現在其性格描寫本身，體現在作家刻畫性格時所運用的新方法上。

　　我們在有關回憶問題的研究中，曾經談到柏格森對於李健吾的影響，其實，前者對於後者的影響是多方面的。作爲一位對於現代心理學的發展作出過重要貢獻的思想家，柏格森的學說使作家深刻意識到了心理世界對於文藝創作活動的首要意義。在這位一度在法國掀起過「柏格森熱」的哲學家看來，所謂事物和狀態只不過是我們心靈所採取的一種變化的觀點，因此，他的「綿延」之說也只有在心靈的意義上才能被人們所理解。「生命」的概念在柏氏的哲學體系中具有至高無上的地位，但它在本質上卻是一種心理的存在。正是在這種學說的影響下，李健吾遂將心理的透視、分析和表現看作是文藝創作進入完美與深刻境界的關鍵。基於這一認識，作家批評了中國敘事文學的故事傳統和20世紀30年代中國文藝創作的現狀。他指出：「我們今日的作家呈現出一種通病：心理的粗疏。心理分析是中國小說自來一個付之闕如的現象。這屬於一種全人的活動的觀察，而我們在傳統上向來缺乏這種訓練」〔註114〕。他熱切地提醒中國的新文藝界注意「透視深沉的心理的生存」〔註115〕的重大意義。在他看來，「靈魂」才是人類眞正的「原動力」〔註116〕，也只有在這一層面上，人的行爲和趨止、性格或個性才能得到深刻而完整的解釋。因此，他告誡人們：「最成功的性格」有賴於「最深刻而完整的心理分析」〔註117〕；「心理的深致決定人物的刻畫，同時也決定作品的精邃」〔註118〕。作家由此將發掘藏在綺麗人生色相深處的心理世界視爲自己喜劇創作的自覺追求。心理的深致，是這一追求的目標，心理分析是達到這一目標的手段。從這種自覺的藝術追求出發，作家決定了自己從事喜劇創作的基本原則，他讓作品構成中的諸種元素都置身於性格／心理因素的統攝之下。《十三年》，按照他自己的說法，是一部「鬧劇」，

〔註113〕李健吾：《福樓拜評傳》，長沙：湖南人民出版社1980年版，第65頁。

〔註114〕《李健吾文學評論選》，銀川：寧夏人民出版社1983年版，第148頁。

〔註115〕《李健吾戲劇評論選》，北京：中國戲劇出版社1982年版，第12頁。

〔註116〕參見《李健吾散文集》，銀川：寧夏人民出版社1986年版，第325頁。

〔註117〕《李健吾戲劇評論選》，北京：中國戲劇出版社1982年版，第12頁。

〔註118〕《李健吾文學評論選》，銀川：寧夏人民出版社1983年版，第146頁。

然而即便是「鬧劇」，他也要「嘗試」著爲之添加一種「心理的統制」。〔註 119〕
其全部喜劇的主題都具有明顯的心理學意義，所謂漂泊者尋找故園的中心意
象，反映的也無非是一種心理的歷程。其喜劇情節的安排不在渲染故事本身的
新奇，而在透視人物心理的變化。從《這不過是春天》中春花綻放的季節背景
到《青春》裏的田園環境，我們看到的是環境描寫與心理刻畫之間內在的和諧。
總之，我們有理由將李健吾的喜劇理解爲一種心理的世界。

　　心理的存在需要訴諸心理的體驗。那麼，誰是體驗的主體？作爲自我表
現論者，李健吾的回答只能是一個：自我。這裏的自我並不是一種實體性的
存在，正如柏格森所言，它是一種「純情緒的心理狀態」。包括社會在內的世
間萬物在自我的周圍流動，它們的本質依賴於自我的存在而被認識。自我既
是一切的中心，同時又是介入一切的鑰匙。對於作家的創作活動來說，他需
要認識自己，同時也需要認識別人，而這兩項任務，在李健吾看來，都離不
開自我的體驗。從認識自己的向度觀之：「實際哪一個人知道別人比知道自己
多呢？敵友所看見的，只是一個人浮面環境的反應。至於內心靈魂的變遷，
只有自我感到，而且十九難以出口。」〔註 120〕由於「十九難以出口」，所以作
家才迫切需要將自我的體驗投入對象之中，以對象化的方式實現自我反觀的
目的。作家甚至認爲：「眞正的喜劇不是玩味人家的跌倒，而是賞納或寬恕自
己的傾躓。」〔註 121〕就認識他人言之：每個人都是一個獨立的存在，因此，
要想瞭解別人，「幾乎所有的困難全在人與人之間的層層隔膜」。〔註 122〕但由
於人類共性的存在，人與人之間又具有著息息相通的一面，這樣，作家就可
以在自我體驗的基礎上，「把自己輸入人物」，用自己的心去「感受別人的心」
〔註 123〕，從而發現和表現他們「潛在的活動」〔註 124〕。足見，自我的心理體
驗是李健吾喜劇創作的重要基礎，正如他自己所說：「當一切不盡可靠，還有
自我不至於滑出體驗的核心」〔註 125〕。對於李健吾這樣一位堅信相對和變化
理論的作家來說，他對自我體驗的倚重是不難理解的。

〔註 119〕 參見李健吾：《〈十三年〉跋》，《十三年》，上海：文化生活出版社 1939 年版。
〔註 120〕《李健吾文學評論選》，銀川：寧夏人民出版社 1983 年版，第 2 頁。
〔註 121〕 李健吾：《福樓拜評傳》，長沙：湖南人民出版社 1980 年版，第 329 頁。
〔註 122〕《李健吾文學評論選》，銀川：寧夏人民出版社 1983 年版，第 11 頁。
〔註 123〕 李健吾：《福樓拜評傳》長沙：湖南人民出版社 1980 年版，第 395 頁。
〔註 124〕《李健吾文學評論選》，銀川：寧夏人民出版社 1983 年版，第 1 頁。
〔註 125〕《李健吾文學評論選》，銀川：寧夏人民出版社 1983 年版，第 2 頁。

　　正是由於這種倚重，李健吾在人物性格刻畫當中所使用的，就不是一般籠統意義上的心理分析方法，而是一種我稱之爲「自居法」的特殊的心理描寫方法。指出這一點，對於李健吾研究具有重要的意義。就一定程度而言，李健吾喜劇的總體風格是與之緊密相關的。我所謂的「自居法」是指這樣一種塑造人物的方法：作家在創作過程中，將自己深深地投入到他所創造的角色裏，在作品規定的情境中，以角色的身份和性格去展開體驗、思考和行動。人們或許會說，這是每一位作家都可能使用的方法，但就比較意義而言，李健吾在認同的深度與廣度上卻與其他喜劇作家明顯有別。自居法是他刻畫人物尤其是刻畫人物心理的主要方法。關於這種自居法，作家曾經做過如下表述：

> 　　他的人物的經驗，在他想像的眞實上，就成了他自己的經驗。
> 　　他創作的精神，因爲不同的人物的不同的需要，化成無數方面，追求殊途同歸的終極的眞實。這種精神作用，臻於最高的境界，作者和他的人物便合而爲一，甚至於影響到他物質的生活……他忘了他的存在；他的人物反而成了他的眞我。〔註126〕

在另外的地方，他又說：

> 　　但是我應該適可而止，因爲在藝術的創造上，只要藝術家鑽進他的對象裏面，對象無論是什麼，一定獲有他對人生的成分，或者對人的同情。……每一個人物都含有他的存在，然而不全是他，猶如不全是任何私人，然而任何私人都包涵在裏面。〔註127〕

在上述引文中，我發現李健吾的自居法實際包含了兩種類型，我將它們分別稱爲：「完全自居」和「不完全自居」，其劃分的依據在作家主觀投入的程度。在第一種類型中，作家與角色的內在素質完全相同或大體相同，因此達到了完全或大體合二爲一的境地。在這種情況下，由於是完全或基本認同，作家的審美判斷是肯定的，即便是含有某種批評的意向，也只能處於抑制狀態。在第二種類型中，作家與角色的內在素質既有相同之處，也有相異之處，因而是一種不完全的認同。李健吾所說的「應該適可而止」實際指的就是這種類型。這是一種「在其中」而不「屬於」的「修養工夫」〔註128〕，它使作家在不完全自居的同時仍能保持和體現出自身的批評意向。在這種審美經驗

〔註126〕李健吾：《福樓拜評傳》，長沙：湖南人民出版社 1980 年版，第 82 頁。
〔註127〕李健吾：《福樓拜評傳》，長沙：湖南人民出版社 1980 年版，第 83 頁。
〔註128〕李健吾：《福樓拜評傳》，長沙：湖南人民出版社 1980 年版，第 329 頁。

中，作家的判斷將會是複雜的，是一種否定與肯定相互交織的狀態。

徵之李健吾的喜劇作品，我們發現作家是兩種方式皆用的，但就總體而言，重點是放在後者的。正如郭沫若可以說「蔡文姬就是我」、田漢可以說「我就是關漢卿」一樣，李健吾也可以說「我即馮允平、馮顯利、徐玉節和田喜兒」。在作品規定的情境中，作家與這四個人物取得了大體上的一致性，因此，我們可以將他們視為作家運用完全自居法進行藝術創造的結果。然而在更多的情況下，作家運用的卻是不完全自居法，這一點在其他中國現代作家的喜劇作品中是不常見到的。康如水，在所有的評論家眼中都是一個否定性的人物，但即令如此，作家也在其中融入了許多屬於自己的肯定性的因素。《新學究》中共有五位男性角色，兩位是生物學家，一位學生，一位軍人，再有一位就是康如水——大學裏的西洋文學教授。或許由於地位和專業相近的緣故，作家借康教授之口說出了李教授的某些見解和經歷。細讀康如水的臺詞，你會發現不少是李健吾本人對於文學與人生的看法。最典型的例子是康如水在劇中一再表達的對於「感覺」的推崇，這也正是作家的一個重要觀點。但是，康如水往往從作家贊成的觀點上再進一步，從中推衍出一種極端滑稽的結論，而這種結論又顯然是作家不能或不願首肯的。作家重視感覺（直覺）在藝術與人生中的意義，但感覺本身的相對性和不穩定性卻又使他產生一種無復依傍的困惑和苦悶。於是，李健吾就以這種特殊的方式試圖滿足自己對於喜劇的基本要求：自我的分析和溫婉的批評。他讓康如水變成自己在可能意義上的另一半，藉以進行自我的反省、調侃和警誡。在完全自居中，我們見到的是人我的同一，在這種同一中，創造主體從容不迫地進行著自我的觀賞和自我的肯定。在不完全自居中，我們見到的是人我的交織，在這種交織中，創造主體從容不迫地進行著自我的分析和溫婉的批評。而不管是哪一種自居作用，都不可能塑造出那種建立在人我對立基礎上的純粹的諷刺性形象，其根本的原因就在於「他所心愛的，他取笑」，「他取笑的，他惜戀」〔註129〕。

由於李健吾使用了心理分析的方法，刻意追求心理透視的藝術效果，因此，他所塑造的喜劇性格也就具有了新的特色。

下面，我要進一步考察的是這些特色中最主要的兩點：其一是突出人物性格內在的流動性和多面性，其二是注意發掘人物性格中的風俗性因素。

〔註129〕李健吾：《福樓拜評傳》，長沙：湖南人民出版社 1980 年版，第 329 頁。

　　當李健吾說，在人的身上不純然是精神的向上，也不純然是物質的沉落的時候，他實際已經談到了性格的多面性問題。在他看來，一個活生生的現實的人，其性格絕不可能是由一種質素構成的，同時它也不可能用一個抽象而絕對的原則去概括。他強調人生的複雜，推崇人性的繁複，提倡性格的豐盈，重視感覺的迴環，實際都是上述看法的不同表述。他反對「片面的觀察」，倡言「往深裏去看，從四面來看，成為我們今日文學造型的急切的需要」〔註130〕，目的之一就是希望中國的新文學能夠塑造出更多豐滿的性格。他批評中國傳統的喜劇，心儀莫里哀的作品，主要的原因就在於前者的性格單調劃一，而後者的性格卻透視出豐富的人性存在。一和多，是李健吾人生和藝術哲學中的一對基本範疇。他追求一，追求永恒和普遍，但卻從未忘掉多，忘掉人生的繁複與綺麗，他在多里求一。在他的心目中，一和多有著永恒的姻緣。在《這不過是春天》裏，我們在廳長夫人的身上不難找到浮華世界為她打上的烙印，她的性格明顯具有貪慕虛榮的一面，然而她的空虛卻又透示出某種精神追求的存在，她畢竟還具有善良的底裏和上達的企盼。這些再加上她的任性、機敏和感傷，無疑構成了一個性格的多維體。

　　性格的多面性並非意味著不同性格側面的羅列或雜陳，作家追求的是它們之間的動態的混融與膠著，因為這才是生命的姿態或「全人」的形態。多面性必然導致矛盾的產生，矛盾的性格因而成為李健吾著意描寫的對象。《新學究》中所說的「雙重人格」活躍在他筆下幾乎所有的主要人物當中，從徐守清的假我與真我之爭，到黃天利的狗性和人性之戰，都充分證明了這一點。《青春》中的香草正是這方面的典型。她愛田喜兒也愛母親，於是她走不出她家的圍牆；她愛田喜兒但又畏懼父親，於是她不得不做了舉人家的童養媳；傳統禮教讓她意識到她應當以死謝罪，但人性的本能卻又使她保存著生的渴望，所有這些都讓她始終在內心的矛盾中掙扎。這是一種富於戲劇性的性格，儘管它似乎缺少更多的喜劇性。

　　矛盾帶來的是變化。一位認為世界處在無窮變化中的作家永遠不會忽視性格的變化和流動。只有變化才有希望，只有流動才會掀起「人性的波瀾」。因為能在一個完整的人性中發現「破綻」，巴爾扎克被加以「偉大」的桂冠。李健吾對於人性「破綻」的青睞只有在上述的意義上才能得到合理的解釋。因為「破綻」不僅表明了矛盾的存在，而且預示著變化的可能性。在作家的

〔註130〕《李健吾文學評論選》，銀川：寧夏人民出版社 1983 年版，第 48、147 頁。

筆下，人物性格露出破綻的地方往往是喜劇出現新變化、新轉機乃至高潮的開始。在《這不過是春天》裏，廳長夫人的怒罵讓她的高傲露出了破綻，隨之而來的則是溫情的顯示。《新學究》裏，康如水的破綻進一步深化了他的孤獨感。《以身作則》中徐守清的破綻泄露出其情欲的另一面。《青春》裏楊村長的破綻完成了一個村長、衛道者、父親三位一體形象的刻畫。在性格流動方面，康如水的形象最爲典型。其性格的流動性突出表現在他對於「女士們」狂熱的追求上。表面看，這種性格的流動性來自感情的衝擊和轉換，但實際上，在其背後卻又有著特定而豐富的社會時代內涵，反映出中國的社會文化在歷史轉型時期所面臨的深刻的精神危機。〔註131〕

　　李健吾對於性格多面性、矛盾性和流動性的發掘及表現，不僅使他的人物具有了人性的厚度和心理的深度，而且使他基本實現了自己在性格塑造上的三項最主要的追求：繁複、變化和深致。

　　除此之外，李健吾在性格描寫上還有一個更爲突出的特色，即他十分注意性格刻畫與風俗描寫的結合。關於這一點，本書第4章已經從「風俗喜劇」的角度針對康如水和徐守清兩個人物形象進行過比較細緻的分析，此處不再贅述。這裏需要強調的是：在李健吾的喜劇當中，風俗描寫與和性格描寫實際上是一種相互爲用、相輔相成的關係；而正是這種「關係」，在很大程度上決定了李氏喜劇的特色、成就與價值。

　　李健吾對於風俗因素的開掘，不僅深化了他對人物性格的描寫，保證了其形象塑造上的「繁複、變化和深致」，而且突出了其作品的地方色彩。作家認爲，新詩多年來的貧弱，在於它一直「落在民族的生命的呼吸以外」，因而其「生命的根植不夠深」〔註132〕。有鑒於此，他希望自己的作品能夠「富有地方色彩」，「抓住屬於中國的一切，完美無間地放進一個舶來的造型的形體」〔註133〕。由此可見，在他熱心風俗描寫背後隱含著的實際是一種執意要使西洋的喜劇形式中國化和民族化的可貴追求。這種追求不僅決定了其喜劇外在形式的變化，而且同時也體現在其作品所反映的思想和生活的內容上。作家愈是關注祖國的命運，愈是思考中華民族的更生再造問題，也就愈是重視反對封建主義的心理重塑問題。總的來看，李健吾喜劇儘管在題材上與現實的

〔註131〕關於康如水形象及其性格的具體分析，見本書第4章的第3節。
〔註132〕《李健吾散文集》，銀川：寧夏人民出版社1986年版，第172頁。
〔註133〕李健吾：《〈以身作則〉後記》，《以身作則》，上海：文化生活出版社1940年版。

社會鬥爭保持著某種距離，但在反對封建主義思想觀念的意義上，這位一直以「旁觀者」自稱的作家卻從來不是一個隔岸觀火的人。與眾人不同的是，李健吾更喜愛用自己獨特的審美的方式表達自身對於中國道學傳統的獨特體認。這種在心理層面反封建的自覺意識必然會使作家注意到社會風俗問題，而在這種意識指導卜的性格／風俗描寫也必然要帶有明顯的中國特色。已如前述，《以身作則》在情節上明顯受到《塞維勒的理髮師》的影響，但情節的借鑒並不能說明一切，李健吾在相似的情節中卻表現出對於主題的不同把握。這種主題的差異性正是作家喜劇創作民族化追求的結果。

　　《塞維勒的理髮師》的主題在於歌頌青春和愛情對於老年人的勝利，正因如此，劇中的失敗者霸爾多洛是以羅絲娜的監護人和求愛者雙重身份出現的。而《以身作則》的主題則在描寫人性對於道學的勝利，所以，劇中的被嘲弄者徐守清是以道學家兼父親的身份出現的。由於主題的視點不同，兩劇儘管同是描寫「防不勝防」，但前劇提防的是他人，而後劇提防的實際上卻是自己，所以其最終的結果，霸爾多洛敗在伯爵、羅絲娜和費加羅等人的手下，而徐守清卻輸在內在「眞我」的身上。這些不同，除了說明兩劇在世界反封建鬥爭過程中所處的歷史階段不同外，同時也體現出中法兩國文化的不同。道學傳統、家族意識、父權觀念在中國有著更深的根基，因而也就成了思想和文學現代化進程裏亟待拔除的隋性力量。

　　李健吾在中國話劇史上無疑屬於創作傾向較爲複雜的作家之一。在「一個道學家的國家」〔註134〕中，他始終是刻板、劃一、僵化和偏狹的否定者。寬容，鑄就了其思想品格和創作實踐的基本特質。在他的作品中，我們不難發見古典主義、現實主義和浪漫主義等多種因素，但就最終的意義而言，李健吾顯然是一位浪漫主義者，正如他自己所言：「我這十九世紀的浪漫餘孽」〔註135〕。他對自我的心靈世界表現出濃厚的興趣，他對幻象人生一往情深，他把藝術奉爲神聖的祭壇，將自己對於美、愛、人性和生命的理想灑向「伊甸園外的人間」〔註136〕。他的八方吸納和高度的藝術自覺，使他成爲一位在民國喜劇史上卓有建樹的戲劇家。

　　他的喜劇作品是浪漫情懷和寫實技巧奇妙結合的產物。他對人性和風俗

〔註134〕《李健吾文學評論選》，銀川：寧夏人民出版社 1983 年版，第 91 頁。
〔註135〕《李健吾散文集》，銀川：寧夏人民出版社 1986 年版，第 239 頁。
〔註136〕《李健吾文學評論選》，銀川：寧夏人民出版社 1983 年版，第 16 頁。

的開掘，對心理刻畫的倚重，使他爲中國的現代戲劇創造出了性格喜劇／風俗喜劇這一新的喜劇類型。李健吾的喜劇創作始於 20 世紀 30 年代，而那正是一個現代喜劇急需思想和藝術的時代。由於他的局限，儘管作家未能給現代喜劇提供一種恢宏的氣度和開闊的視界，但是他在不被別人理解的寂寞中，克制著企求介入現實而不得的苦悶，爲了促進民族喜劇藝術上達所做出的努力，卻在民國話劇史上留下了深深的印記。他是中國現代喜劇史上一個不可多得的存在，同時也是一個值得深思的存在。

第8章　陳白塵的喜劇

　　作爲新文學史上屈指可數的喜劇大家之一，陳白塵對於中國現代喜劇的發展和成熟做出了重要的貢獻。自 1935 年開始涉足喜劇領域以來，在 1949 年以前十四年的創作生涯中，他先後奉獻出 10 部大型喜劇（含電影劇本）和一批獨幕喜劇。他的喜劇作品不僅體現了中國現代喜劇的創作實績，而且將其推向了一個前所未有的高度。他在民國喜劇史上的突出地位，已經得到了人們的肯定。

　　董健先生在分析陳白塵的創作歷程時，曾著重指出其戲劇創作與中國話劇總體發展的一致性〔註 1〕。事實上，這一結論同樣適用於中國現代喜劇領域。一般來說，和陳白塵相比，同是作爲現代喜劇大家的丁西林和李健吾等人，在他們的喜劇創作與中國現代喜劇的總體發展之間，不平衡性往往大於一致性。他們在中國現代喜劇史上的重要地位與特殊成就主要來自這種不平衡性。與之相反，陳白塵的喜劇創作道路卻始終與中國現代喜劇的發展主流保持著總體上的一致性，他的成就和局限都與此直接相關。甚至可以說：陳白塵的喜劇創作之路正是一部濃縮了的中國現代喜劇發展史。由是觀之，陳白塵喜劇創作歷程中的每一次變化和發展，也就絕不僅僅具有劇作家個人的意義，而且還生動體現出整個中國現代喜劇變化和發展的歷史信息。基於此，深入研究陳白塵的喜劇創作，對於進一步認識 30 年代民國喜劇的歷史狀況及其走向，進而從總體上把握中國現代喜劇的歷史特點和演化規律，顯然具有重要的意義。

〔註 1〕 參見董健：《陳白塵創作歷程論》，北京：中國戲劇出版社 1985 年版，第 10～12 頁。據我所知，該書迄今爲止仍然代表著陳白塵創作研究的最高成就。董健師在書中對於本章的寫作頗多啓示，特此致以謝忱。

諷刺作家含淚的微笑

中國喜劇在其由古典形態向現代形態的歷史轉換過程中，逐漸凝聚出幾種不盡相同的藝術取向：幽默喜劇、諷刺喜劇和更具涵容性的風俗喜劇。由於陳白塵在諷刺喜劇領域的卓越建樹，他理所當然地被視爲中國現代諷刺喜劇最爲重要的代表性作家。然而，也正是因爲這一點，人們往往忽略了一個重要的事實，即這位諷刺喜劇的大家裏手同樣也創作過了一批頗具影響的幽默喜劇作品。人們有意無意總愛以一種適合於諷刺喜劇的評判標準去衡量他的這些作品，以「坦克」去要求「飛機」〔註2〕，其結果勢必頗多非難。殊不知，幽默喜劇和諷刺喜劇固然同爲喜劇，但在它們的共同性之中又必然含有各自的特殊性，因而也就需要有不盡相同的批評法則。陳白塵創作於20世紀三四十年代的這些幽默喜劇作品，同樣是民國喜劇史上的財富，需要人們認眞研究。

如果我們把陳白塵的幽默喜劇創作看成是一種系統的過程，不難在其中發現三個自然形成的段落。在這三個段落之間或在它們之後則是陳白塵的諷刺作品。1935年的6、7月是其第一個段落，作品包括《徵婚》和《二樓上》兩篇獨幕喜劇。在這以後的幾年裏，作家相繼創作了《恭喜發財》、《魔窟》、《亂世男女》等一系列著名的諷刺喜劇。1940年的4至6月是其第二個段落，作家創作了《未婚夫妻》和《秋收》。而在這一段落之後緊接著的是獨幕諷刺劇的名篇——《禁止小便》。第三個段落在1942年3月左右，作家寫下了《結婚進行曲》。而在之後，則是陳白塵在諷刺喜劇方面的扛鼎之作《陞官圖》。

下面，我們按這三個段落的順序考察陳白塵的幽默喜劇，目的不僅是爲了認識這些作品本身的特點，而且也是爲著把握它們與作家諷刺喜劇之間的聯繫。

《徵婚》（1935）是陳白塵的第一篇喜劇作品，劇中的主人公是位詩人。他有過三次不幸的婚姻，三任妻子都因貪慕金錢離他而去，詩人由此痛恨天下所有的女人。爲了報復，他想出了徵婚的惡劇。詩人先以富豪的口吻在報上刊登了徵婚廣告，上面寫他「家資鉅萬」，「人格高尚，性情溫和」，「留學美國，現任政府高等官吏」等等。在這之後，詩人和他的兩個朋友又臨時租用了一位到外地避暑的富豪的公館，準備盡情捉弄那些爲錢而來的應徵女

〔註 2〕陳白塵：《〈結婚進行曲〉外序》，《五十年集》，南京：江蘇人民出版社 1982年版，第 405 頁。

士。然而，詩人在接待了八位應徵者之後，卻改變了初衷，因爲他發現並非所有的女人都像他的三任妻子那樣「混賬」。就在詩人決定結束這場已無意義的惡劇時，第九號應徵者上場了，她恰好是詩人的前妻之一。詩人的報復計劃似乎就要成功了，但劇情在這裏卻發生了喜劇性的變化，丁女（即其前妻之一）做作出來的「淒然欲泣」的神情，外加幾句蹩腳的謊言，不僅平息了詩人的雷霆之怒，找回了詩人的信任，而且還哄得了徵婚惡劇的全部眞相。「豪富」之夢既已破碎，情願裝進「金棺材」的丁女再次離開了詩人。徵婚惡劇以「玩弄」女人的初衷開始，在詩人「哎呀！天啦！我又受了女人的玩弄啦！」的憤怒而沮喪的呼喊聲中結束。

劇中的丁女顯然是一個否定性的形象。一句「你就是用金棺材把我裝起來也情願呀」的宣言，極寫出這位拜金主義者內心的貪婪與迷狂。但是作家並沒有在此基礎上對丁女做出進一步的揭露和諷刺。作家這裏所做的無非是證實前史有關丁女的交待。因此，與其說徵婚惡劇對於丁女是一種喜劇「陷阱」，不如說丁女本身對於詩人才是一種眞正的喜劇「陷阱」。丁女是那樣輕易地逃脫，而獨將詩人留在這個「陷阱」之中，對此唯一可能的解釋是：喜劇的中心人物不是前者，而是後者。作家眞正的命意不在諷刺拜金主義對於愛情的褻瀆，而在對於詩人主觀性的揶揄。

當詩人根據自己不幸的婚姻，得出「女人的愛完全建築在金錢上面」的結論，並由此痛恨一切女人的時候，他在認識上犯了以偏概全的錯誤。當他接觸到八位不幸的女人，轉而認爲「所有的女人都是可憐的」時候，他實際上是在重複同樣的錯誤。在喜劇前半部分，作家讓詩人自己否定了自己，在後半部分，則讓丁女否定了詩人。而這種雙重否定，儘管來自不同的方面，卻有著共同的指向，即詩人在女性認識上的片面性和主觀性。詩人無疑是善良而富於同情心的，儘管其中不乏天眞的成分。他的自我否定，他對於第八位應徵者的感佩，他的「我不能拿壞蛋給我上的當到一個好人身上去報仇」的信條以及對於前妻的輕信都清楚的證明了這一點。他的功虧一簣，固然同他的主觀性有關，但這並非一般意義上的主觀性，而是同天眞、善良以及同情相互交織在一起的主觀性。正是這一點，使《徵婚》中的批評，主要的不是諷刺，而是一種善意的戲謔和揶揄，從而使全劇籠罩著一種幽默的基調。作家似乎在以一種不無憂鬱的微笑昭示人們：「看吧！一個心地善良而又耽於幻想的人，連一椿小小的惡戲都做不成！」

在陳白塵的第二篇喜劇《二樓上》（1935）當中，諷刺的成分有所加強。喜劇通過對幾個窮大學生被盜後可笑心理活動的摹寫，批評了小知識分子不良的根性。我們可以把《二樓上》的心理摹寫分作四個階段。首先，作家寫出了這幾個大學生在發現失竊後的驚慌、沮喪以及他們之間的相互指責和推諉。其次，寫出了他們的「自慰」。為了平復內心的煩惱和沮喪，他們搬來「知足者常樂」的法寶，主張「凡事退一步想也就安心了」。於是一時間，手錶尚在、書店明天送稿費來、匯票未兌、鋼筆沒丟等等，都成了他們殊堪欣慰的「不幸中的大幸」。再次，他們由「自慰」上升到自戀的階段。這幾位窮大學生中的學問家決定撰寫一篇《強盜論》，他認為此次行竊的強盜使用的是「手工業生產方式而不是資本主義的生產方式」，應該以後者為原則「組成一個竊盜團」，然後「分工合作」，這樣既可「減少工作量，增加工作效能」，又可「避免一切危險」。他們當中的詩人和小說家也不甘示弱。前者要寫一首長詩，對這個強盜「支付最大的同情」；後者要寫一篇反映強盜生活的小說，表現強盜家庭的的困苦、偷東西時的恐怖以及良心的煎熬。正是在這些遐想當中，他們感到在自己身上「充滿了對人類的愛，對人類的最高貴的同情」，感到了一種說不出的滿足，他們相約：如果能夠找到那個偷去他們衣物的盜賊，一定去「安慰他，幫助他」。最後，未及逃走的盜賊在頂樓被發現，學問家、詩人和小說家紛紛跑去抓強盜。喜劇就在大學生們的喊打聲、「拳頭擊肉聲」和盜賊的哀號聲中結束。

從剛才的奢言同情到現在的毫不手軟，其間的諷刺意味是十分清楚的。作家在這裏嘲諷了小知識分子的言行不一，但又不僅如此。在第一個階段裏，劇本通過他們的驚慌沮喪和懊惱指責，表現了他們的怯懦和自私；在第二個階段裏，作家通過他們的自慰說明了他們的自欺欺人；至於第三個階段則極寫出他們的自命清高和誇誇其談。而這些再加上他們在第四個階段中所表現出來的言行相悖，則構成了《二樓上》一劇完整的批評意蘊。

就嚴格意義而言，具有兼容性特徵的幽默喜劇和具有更大涵容性的風俗喜劇並不排斥諷刺，它們所拒絕的是諷刺的絕對性和單一性。丁西林的喜劇基本上屬於一種肯定性喜劇，對中心人物而論，劇中的諷刺性成分即便有也是極為有限的。李健吾的喜劇似乎存在著較為明顯的諷刺性。在《以身作則》中，他諷刺了徐守清；在《新學究》裏，他諷刺了康如水。但這些都是一種溫婉的諷刺，同情、善意和包容明顯涵化了諷刺的元素，從而形成了一種複

雜、多重的主體意向性。因此，不應僅僅根據一篇喜劇存在著諷刺這一點，就將其簡單地歸於諷刺喜劇的範疇。事實上，諷刺在幽默喜劇或風俗喜劇中完全可能擁有一席之地，這正如同在不少諷刺喜劇中亦不乏幽默成分和世態風俗要素一樣。

　　就典型的諷刺喜劇而言，在諷刺主體與諷刺客體之間實際上存在著一條涇渭分明的邊界，兩者處於一種相互對立、排斥的狀態，也只有在這種前提條件下，真正的辛辣的諷刺才會發生。在莫里哀與答丟夫之間，在果戈理與市長之流之間，你很難找到那種休戚相關之處。在這些地方，喜劇家的善意決不會支付給那些被諷刺者，作家留給那些醜類的只能是一種理智化了的憤怒和憎惡。後期的果戈理發生了深刻的思想與信仰危機，這位沙俄時代的八品文官不僅否定了《欽差大臣》，而且否定了自己。他試圖對《欽差大臣》重新做出解釋，並且修改了結尾。處於精神危機當中的作家希望修復自己與沙皇官僚制度的聯繫，恰恰從相反的方面證明，他在諷刺喜劇中曾經一度斷絕了這種聯繫。

　　而在《二樓上》當中，我們卻很難找到這種異己感。我想，這主要是因為當時作為一位上海「亭子間作家」〔註3〕的陳白塵在地位上與劇中的批評對象十分接近的緣故。既然存在決定意識，那麼在未來的喜劇家與那幾位依靠賣文為生的「窮文人」之間總該存在著某些相似性。如果這樣理解不無道理的話，那麼在陳白塵對於小知識分子劣根性的嘲諷之中，勢必隱含著某種自嘲的成分。就此意義而言，劇中老馬的形象值得玩味。他的身份同劇中其他人是一樣的，也即是說，對於那些被諷刺者來說，他是「自己人」。不同的地方在於，他同時又是劇中唯一清醒的局外人。作家在這裏借老馬之口批評了老吳、老李和老周的自欺、空談以及「不值一個錢的同情」，並且暗示了他們三人最終的言行相悖。這種特殊的敘述方式似乎可以表明劇作家對於小知識分子的批評，如同老馬對於老吳、老李和老周的批評一樣，也是一種作為旁觀者的「自己人」對「自己人」的一種「諷刺」。正因如此，我將《二樓上》中的諷刺理解為一種溫婉的諷刺，並將這篇喜劇歸入與《亂世男女》、《禁止小便》和《陞官圖》等典型諷刺喜劇明顯有別的另一系列。

　　對於陳白塵整個喜劇創作歷程來說，創作於 1935 年 6、7 月間的《徵婚》和《二樓上》只是一個小小的點，但這卻不是一個普通的點，而是陳白塵喜

〔註3〕董健編：《陳白塵寫作生涯》，天津：百花文藝出版社 1986 年版，第 4 頁。

劇創作的起始之點。我之所以要對它們進行比較詳細的分析，除了因爲多數人對它們比較陌生以外，更主要的是因爲它們在發端的角度上對於我們完整地把握陳白塵的喜劇創作具有不可小視的啓示意義。

通過以上對於《徵婚》和《二樓上》的分析，我們至少可以得出以下結論：

其一、陳白塵的喜劇創作是由幽默喜劇開始的。這一點實際上不難理解。20 世紀 30 年代前半期正是中國的現代幽默喜劇和幽默意味很濃的風俗喜劇迅速趨向成熟的重要時期。在此期間，丁西林雖已暫時擱筆，但是他在幽默喜劇領域所取得的成就已經引起了話劇界的普遍矚目，因而帶來了一批效法者。袁牧之在 1932 年創作了幽默喜劇的名篇《一個女人和一條狗》，劇中描寫了一個女人和男人相互較量的故事，其影響之大，使我們在陳白塵三年多後創作的《徵婚》中仍能依稀看到它的影子。除此之外，王文顯的大型英文喜劇《委曲求全》1932 年已由李健吾翻譯出版。而在 1934 年，余上沅出版了自己的戲劇集，其中包含了兩篇幽默喜劇；張道藩創作了多幕幽默喜劇《自救》。到 1935 年前後，宋春舫在《一幅喜神》之後開始了《五里霧中》的寫作，而李健吾則已在《這不過是春天》之後寫出了風俗喜劇的名作《新學究》和《以身作則》。此外，這段時間也是林語堂力倡「幽默」並已取得了較大影響的時候。正是中國現代喜劇史上的這一幽默之風的小高潮，吸引了剛剛出獄不久的陳白塵，使他寫下了兩篇幽默喜劇的試筆之作。就 30 年代前半期而言，幽默喜劇和風俗喜劇較之諷刺喜劇，在藝術上處於更高的層位，因此，陳白塵以幽默喜劇試筆，就使他的喜劇創作選擇了一個較高的起點，他後來之所以能夠在諷刺喜劇領域迅速取得重要的突破，顯然與此有關。

其二、如果說 30 年代的中國喜劇在風俗喜劇之外還可以劃分成爲幽默喜劇和諷刺喜劇的話，那麼在幽默喜劇內部又可區分成若干子類型。陳白塵的《徵婚》和《二樓上》實際處在幽默喜劇靠近諷刺喜劇的邊緣地帶。這樣一來，其日後的喜劇創作就至少有了兩種基本的向度可供選擇。一是突破幽默喜劇的邊界，進入諷刺喜劇的領域，後來的實踐證明，陳白塵正是在後一個領域取得了突出的成就；二是折回幽默喜劇的核心地帶，增加作品的歌頌性成分，陳白塵在《秋收》當中做出了這樣的嘗試。

其三、在陳白塵最初的兩篇喜劇創作中，已經顯示出作家在刻劃人物形象方面的才華。在《徵婚》中，陳白塵塑造了四位女性形象，但各不雷同。

丁女的貪婪以及在貪婪中包含著的機敏和練達，使她與其他幾位應徵者判然有別。至於其他三位，雖同屬不幸之列，但仍具不同的個性。甲女是位棄婦，精神的創傷使她內心憂鬱面帶憔悴，慘痛的過去使她時常懷疑眼前的一切；乙女是位「改組派」的老處女，這樣的女性當然不擅長現代都市社會的交往，從而使人感受到封建閨閣的陰影；丙女是位青春少女，同時也是全劇最具光彩的人物，她將對於貪心父母的滿腔憤懣一古腦兒地傾瀉在冒充富豪的詩人的身上，詞鋒犀利，語多機智，顯示出一種天真潑辣的個性特徵。這種擅長摹寫群像的筆力，顯然在作家後來的《亂世男女》、《魔窟》、《陞官圖》等作品中發揮了重要的作用。

其四、在《徵婚》和《二樓上》中，作家已經表現出他對於喜劇性心理活動的關注。《二樓上》以精微的筆觸表現了幾位窮大學生在發現被竊後的複雜心理活動。他們最初的驚慌和沮喪以及最後的知行相悖，實際是一種本能的反應；他們的自慰，大體相當於自我的表現；他們的自戀，約略等於超我的作用；這樣，作家就從不同層面對劇中人物的心理做出了喜劇性的揭示。不僅如此，劇本還以老馬為樞紐，使得不同心理層面的轉換和更叠自然流暢，毫無生硬之感。果戈理曾經說過：「我總是喜歡嘲笑那種內在可笑的東西」，他明確表示：優秀的喜劇家應當嘲笑的是「一個人的畸形的靈魂」〔註4〕。陳白塵在這裏表現出來的正是這種透視靈魂的能力。這一點是作家後來在諷刺喜劇領域取得卓越成就的重要保證。

《徵婚》和《二樓上》之後，大約又過了五年，陳白塵創作了他的第二組幽默喜劇：《未婚夫妻》和《秋收》，其中同情與肯定的因素有了明顯的增強。

獨幕喜劇《未婚夫妻》（1940）將一對青年男女放到了一種兩難的戲劇情境中：結婚意味著女方將會失掉好不容易到手的工作；而不結婚，他們又將失去男方費盡心思搞來的房子。齊小姐和她的未婚夫張先生不得不用一連串的「謊言」去對付那個叫人兩難的處境，從而顯得力不從心，以致笑料迭出。他們有的是熱情，同時也並不缺乏機智，但是熱情、機智以及那些被逼出來的「謊言」卻不能給他們以絲毫的幫助。在大幕即將落下的瞬間，他們固然趕走了好色的楊主任和守舊的二房東，關上了房門，但是這扇房門總有打開

〔註 4〕上海青年幽默俱樂部編：《中外名家論喜劇、幽默與笑》，上海：上海社會科學院出版社 1992 年版，第 59 頁。

或被打開的時候，到那時齊小姐將會發現自己的一無所有，沒有職業，沒有房子，甚至沒有婚姻，這正如她自己所說：「飯都沒有得吃！還結婚哩！」《未婚夫妻》一劇的喜劇性在很大程度上來自那種令主人公倍感尷尬的情境。我們看不出主人公本身有什麼實質性的過失，因此，這種社會性的尷尬是不應由齊小姐和張先生負責的，應當對此負責的是那個依舊男女不平等的社會，是使人變得麻木和冷漠的封建思想傳統和在這一傳統支撐之下的腐敗的官僚制度。正是這一點使得作品從始至終保持著一種同情的基調。

抗戰期間，正是丁西林作為幽默喜劇作家復出的時代。《未婚夫妻》似乎受到了丁西林《壓迫》的某些啓示，但兩者畢竟有別。比起後者，前者具有更為鮮明的現實感和社會性。《壓迫》是某種幻想的產物，所謂租房在很大程度上可以作為一種象徵去理解。而在《未婚夫妻》中租房問題不僅是現實的一部分，而且與婦女地位問題直接相聯。因此，兩劇雖都有著「同情」的旋律，但在藝術的表達上是不同的。《壓迫》是對同情與互助直接意義上的歌頌。而《未婚夫妻》中男女主人公之間的同情與聯合卻被證明於事無補，在這裏，同情主要不是體現在主人公之間，而是體現在作家與主人公之間的。相對而言，《壓迫》中的同情主要是理性的，《未婚夫妻》中的同情主要是情感的，它是滲透到每一描寫細節當中的一種情感。就此而論，前者表現的是一種會心的微笑，後者體現的則是一種含淚的微笑。

陳白塵的《秋收》（1941）是根據艾蕪同名小說改編的一部三幕喜劇。劇本描寫了三位出身農家的傷兵在奉命幫助當地抗屬秋收過程中所引發的一連串誤會以及這些誤會最終的消除。在這部喜劇中，同情的質素依然存在。這主要表現在對姜老太婆和姜大嫂的一系列描寫中，特別在第二幕，表現得尤為突出，作家真切感人地描寫出姜家秋收無助的情狀。但總的來說，該劇的基調不在同情而在歌頌，儘管其中也包括了對於同情的歌頌。《秋收》在民族解放戰爭的大背景下，表現了軍民關係的某些轉變。在這種時代性的轉變中，無論是傷兵還是農婦都受到了教育。傷兵奉命幫助秋收，而姜老太婆拒絕傷兵的援手，究其原因，固然與鄰婦的捕風捉影有關，但根本問題還是在於「過去的歷史上傷兵所遺留下的罪惡」〔註5〕。如何消除這種歷史造成的隔閡？作家提出了自己的解釋：通過彼此間的諒解和同情。正是在這種彼此諒解與同

〔註 5〕陳白塵：《「暴露」和「悲觀」──〈秋收〉序》，《五十年集》，南京：江蘇人民出版社 1982 年版，第 396 頁。

情的基礎上，作家才得以完成他的《秋收》喜劇。我不知道，對於這種同情、諒解、將心比心以及推己及人，今天的人們會如何評價，但在當時它可能是一種最爲素樸因而也最爲現實的一種存在。儘管當時已經有人就這一點提出批評，儘管這種素樸而現實的東西遠未達到批評家們所希望其達到的思想自覺，但它畢竟爲抗戰期間人們所企盼的「軍民合作」提供了某種人性的基礎。也正是這一點，給《秋收》塗上了一層亮色，而這種亮色在陳白塵以前的喜劇中是未曾有過的。

　　《秋收》是一部在藝術上有著明顯缺憾的作品。問題的癥結可能主要並不在於作家這裏歌頌的究竟是一種已然的現實還是一種應然的事物，而在於作家對自己的作品缺乏整體的把握。他差不多花費了一半的篇什去塑造一位口利而心慈的農婦形象，卻未能將農婦的個性特徵同軍民合作的主題緊緊地聯結在一起。在軍民合作的問題上，作家的生活儲備明顯不足，他或許希望以有關農婦性格富有特徵性的摹寫去補救全劇核心部分的蒼白？然而，以冗長救治單薄的結果，只能給人一種失重的感覺，從而損害了作品在藝術上的整一性。從劇本的序言來看，此時的陳白塵正處於多種思想張力的牽繞與作用之中。他對「茅草屋」中的「細民」有著一種誠摯的感情；對時代的進步懷著一種「歌頌」的強烈衝動；與此同時，他又意識到舊軍隊的傷兵給民眾曾經帶來過的災難，於是想寫出軍民合作的曲折與艱難〔註6〕。當他試圖將上述一切一古腦兒放入一部幽默喜劇的「試作」當中的時候，顧此失彼似乎是難以避免的。

　　儘管如此，《秋收》1944 年的再版似乎可以說明它在當時確實產生過積極的影響。況且，作爲作家的第一部大型幽默喜劇和唯一的一部以歌頌爲主旨的喜劇作品，它對於人們進一步認識作家喜劇創作思想的演化，自然有其重要的意義。因此，對於陳白塵研究來說，《秋收》仍然是我們不應繞過的存在。

　　1942 年春，陳白塵完成了《結婚進行曲》的創作。大約一個月之後，劇本即被搬上了重慶的戲劇舞臺，受到觀眾的熱烈歡迎。作家本人雖曾多次表示自己並不怎麼滿意這部作品，但幾十年來他卻一再修改它，由是觀之，陳白塵實際上是相當喜歡這個劇本的。樂少文稱《結婚進行曲》是一齣「可愛的喜劇」，「非常切近人生，普遍而真實，具有高級典型性」，「洋溢著喜劇最

〔註 6〕陳白塵：《「暴露」和「悲觀」——〈秋收〉序》，《五十年集》，南京：江蘇人
　　　　民出版社 1982 年版，第 396 頁。

可貴的人情味」，是陳白塵劇作中「最好的一個戲」，認為其成就遠在《陞官圖》之上，並且「接近了高級喜劇」〔註7〕。樂氏之說固然有值得商榷的地方，但這齣喜劇卻無疑是民國話劇寶庫中的「一顆明珠」〔註8〕。我個人以為，此劇不僅是陳白塵幽默喜劇中的壓卷之作，而且也是中國現代喜劇史上最為優秀的幽默作品之一〔註9〕。之所以這樣說，主要原因有三：

其一，藝術總體表達上的獨創性。幾乎從公演之日始，《結婚進行曲》就被人們普遍認為是一部藝術風格不統一的作品。在這一點上，幾十年來評論界幾乎眾口一辭。劇中不幸的第五幕似乎業已成為這種「不統一」的鐵證。作家本人也在隨後的歲月裏多次反省過這一點，並且一而再再而三地進行了修改，以致到今天至少有了四種版本的《結婚進行曲》。

在這個問題上，我同意樂少文的觀點，他認為：「《結婚進行曲》在若干枝節上，顯示作者不能忘情於悲劇效果的誘惑，統體看來尚不足為病。」〔註10〕不僅如此，我甚至還以為，恰恰是在這些地方反映出了作家在喜劇創作上的獨創性。應當修正的，或許主要不是作品本身，而是人們對於「風格統一」的認識。所謂「風格的統一」，最根本的問題在於藝術表達與它所要表達的生活內容之間的協調。劇本主要表現的既然是婦女職業問題在當時社會現實條件下的無出路，那麼，那種忠實於生活真實的悲劇性結尾即便是出現在喜劇當中，也應當是允許的。就真實反映生活這一點而言，喜劇體裁內部的規定性畢竟是第二位的。體裁既為人所創造，它也可以被人所超越。更何況體裁內部的相對一致性本身也是一種在變化中發展著的東西，它的穩定性只能從一種相對的意義上去加以理解。按照西方古老的喜劇律條，喜劇只能是對下等人的嘲諷，但到近代，喜劇嘲諷的對象早已突破了這一局限。按照西方古典的喜劇規約，它應當成為對於醜的否定，但在中國卻存在著一種與之迥然有別的歌頌型喜劇，偏偏側重對於美的肯定。誠然，絕大多數喜劇都有一個

〔註7〕 樂少文：《論〈結婚進行曲〉》，卜仲康編：《陳白塵專集》，南京：江蘇人民出版社 1983 年版第 333 頁。

〔註8〕 宋鷹：《一齣〈結婚進行曲〉唱盡喜謔共悲歌》，《新華日報》1984 年 2 月 29日。

〔註9〕 作家本人 1943 年在《〈結婚進行曲〉外序》中曾明確表示：在這部劇作中，「幽默」是「比諷刺更為主要的東西」。見陳白塵：《五十年集》，南京：江蘇人民出版社 1982 年版，第 409 頁。

〔註10〕 樂少文：《論〈結婚進行曲〉》，卜仲康編：《陳白塵專集》，南京：江蘇人民出版社 1983 年版，第 333 頁。

圓滿的結局，可以引起觀眾的快樂之情，但也有相反的例證。《恨世者》的結局並不圓滿，但這並不妨礙人們將它視爲一齣高級的喜劇；《櫻桃園》有著令人神傷的結尾，但這並沒有妨礙契訶夫頑固地堅持認爲他創作的是一部喜劇。「悲喜劇」、「憂鬱喜劇」以及「黑色喜劇」等批評術語在現代的頻繁使用，一方面表現出人們對於喜悲兼容的審美流向的困惑，同時是否也在暗示我們，對於喜劇中包含的悲劇意味以及那種並非通體光明的喜劇結尾應當持有一種變通和寬容的心態？

　　在《結婚進行曲》的第五幕中，主人公黃瑛在求職屢遭碰壁的情況下，準備去當小學教員，但又請不起奶媽。她逐起意想去做奶媽，卻又無法割捨自己尚未斷奶的孩子，於是悲從中來，全劇以她的夢囈作結。黃瑛將職業問題幾乎視爲人生的最高標的，求職無路對她的心理打擊必然是沉重的，這也正是人們將其視爲悲劇結局的緣由。但有一點需要注意，作品在結局以前的部分既然已經暗示出在黃瑛的職業癡迷之中含有一種主觀的、幻想的和誇飾的成分，那麼在她現在的精神傷痛中勢必含有同樣的成分。如果演出者能夠正確領會作家的意圖，在舞臺上加強這方面的暗示，就能表達出一種飽含同情的溫婉的批評。而這種批評一方面在內在精神上與劇尾以前的部分保持了一致性，另一方面又可以成爲結尾悲劇意味有效的抑制因素。此處還需指出：黃瑛的職業幻想儘管有著淺薄的一面，但其中畢竟存在著一種合理的內核，即中國現代女性對於人格獨立的渴求。作家之所以將黃瑛塑造成正面形象，塑造成「幽默」對象而非「諷刺」對象顯然與這一點有關。因此，劇尾黃瑛有關「職業」的夢囈，也就不僅透視出婦女求職在當時社會的艱難或無望，而且也同時暗示出在黃瑛所代表的千千萬萬普通知識女性的內心，追求獨立、平等、自由的意志並未死滅。儘管它倍受催殘、舉步維艱，儘管它還含有某種幻想的成分、幼稚甚至淺薄，但它卻依然存活在那些女性的心中。如果，我們不是片面地將喜劇精神理解爲笑鬧的氛圍，而是理解成爲一種人類鍥而不捨的對於生命上達的追求，那麼，我們在上述那個有著悲劇意味的結局中不是同樣可以發現這種喜劇的陽光嗎？

　　我並不想否認《結婚進行曲》第五幕在悲和喜的分寸掌握上可能存在某種瑕疵。但在這裏主要體現出來的非但不是什麼「風格不夠統一」的瑕疵，而是將兩種看似對立的因素大體統一起來的創造。在這種喜悲兼濟的藝術創造中，作品不僅揭示了中國現代婦女的生存困境，而且也暗示出在這些女性

內心所潛伏著的某些新因素，這些因素遲早會成爲婦女解放乃至社會解放的思想助力。

其二，藝術結構上的創造性。《結婚進行曲》中實際上存在著三條相互作用的情節線索，可以分別命名爲：婚姻線、職業線和住房線。儘管這是一個以婦女職業問題爲主題的劇本，但其整個情節卻主要依託於婚姻線，作家將自己的作品命名爲「結婚進行曲」而非「求職進行曲」的緣由或許正在於此。以婚姻線觀之，全劇呈一個等腰三角形。前兩幕寫訂婚；中間一幕講結婚，在這一幕中男女主人公在一位好心而機智的工友的幫助下，嘲弄了胡經理之流，取得了婚姻上的勝利，是全劇喜劇性的高潮；剩下的兩幕講的是婚後，從而最終完成了訂婚——結婚——婚後這樣一種三部曲式的結構。根據現代編劇理論的常識，這是一種在現代極爲罕見的結構方式，由於高潮發生在中段，最大的危險在於極易造成後兩幕的拖沓，從而明顯削弱喜劇高潮的效應。陳白塵顯然明白這個危險，事實上，他除《結婚進行曲》以外的所有喜劇中的高潮都發生在接近結局的位置。爲什麼偏偏《結婚進行曲》是個例外？我覺得這也正是作品在結構藝術上的獨創性所在。實際上，作家在這裏巧妙地利用了編劇常識（反其道而用之），有意識地用後兩幕去部分的削弱全劇高潮表面的喜劇效應，從而促使喜劇性向深層轉化；而在同時，又有效憑藉高潮生發出的喜劇張力去涵攝後兩幕，以便節制其中悲劇性的發展，不至於從根本上危及全劇的喜劇特徵。

劇中的第二幕實際是《未婚夫妻》的改寫。在這裏，訂婚使女主人公和她的未婚夫在職業和住房之間陷於一種兩難的境地，而使職業線和住房線同時趨向小高潮。在第三幕婚姻線上升至全劇高潮之後，住房線退居背景地位，職業線開始突出。它在第四幕出於婚姻線的配合，揭露了棄官從商的王經理（也即第二幕中的王科長），同時也結束了黃瑛對於「家庭教師」的幻想，從而走向全劇的第二個小高潮。到了第五幕，黃瑛不但小學教員當不成，連奶媽的職業也只能是紙上談兵，職業線出現了一個具有悲劇意味的反高潮。作爲全劇高潮的一種補充，它無疑深化了主題。在後兩幕中，婚姻和住房兩條線索固然趨向平緩，但由於職業線的上升，相繼掀起小高潮和反高潮，因此並未給人帶來明顯的拖沓累贅之感。

以上這種匠心獨具的復式結構，一方面保證了主題的實現，同時也滿足了喜劇性對於結構的最終要求，從而體現出作家對於結構的駕馭力和創造性。

　　其三，喜劇意蘊的豐富性與深刻性。在《結婚進行曲》中，作家一方面以幽默的方式批評了女主人公職業追求當中幻想與淺薄的成分，另一方面又以同情的筆觸肯定了包含在那種職業幻想中的對於婦女人格獨立的到死方休的企盼。同時，作品圍饒著婦女職業問題還有力地諷刺了現實社會多方面的色相，諸如劉母的守舊、黃父的貪婪、上司的僞善和好色等等。正是這些因素聯合起來構成了「對於婦女的善意或惡意的歧視，有意或無意的壓迫，以及誘惑，玩弄，侮辱」〔註11〕，從而鑄成職業婦女無出路的事實。在這齣喜劇中，儘管「幽默」「是比諷刺更爲主要的東西」，但並不缺乏諷刺、機智和滑稽的成分以及世態的信息、風俗的元素，其中既有明快的笑謔，又有深切的悲憫，所有這一切都構成了作品在理性和感情意蘊上的豐富性和深刻性。幾十年來，人們對於這部作品的評價，一直存在著明顯的分歧。有人認爲劇中的喜劇成分破壞了悲劇性的積極意義，而另一部分人則認爲這種悲劇意味損傷了全劇的喜劇格調。這種見仁見智的不同解釋恰恰從另一方面證明了一種模糊美在作品中的存在。而這種模糊美是時常出現在那些最優秀的喜劇作品中的。

　　毫無疑問，陳白塵對於中國現代喜劇史最大的貢獻，是體現在諷刺喜劇領域的。但是這並不等於說，我們對於其幽默喜劇的分析缺少意義，事實上，這種分析不僅可以幫助我們認識陳白塵的另一半，而且有助於我們從幽默喜劇和諷刺喜劇的相互聯繫的視角去把握作家對於後者的貢獻。這裏，我想再一次提醒人們注意這樣一個極易爲人忽略的事實，即在陳白塵的諷刺喜劇每取得一次重大進展之前，都有幽默喜劇的創作作爲它的鋪墊，或者說，陳白塵在幽默喜劇領域中的每一次嘗試，最後都以諷刺喜劇作爲它的歸依。我們不禁要問：這一現象究竟意味著什麽？

暴露與歌頌間的艱難抉擇

　　1936 年 5 月，陳白塵完成了他的第一部諷刺喜劇《恭喜發財》，其時和《徵婚》、《二樓上》相隔不到一年。在這段不長的時間裏，作家的喜劇創作在形態和風格上卻發生了明顯的變化。1935 年，剛剛走出牢籠的作家還徜徉在幽默喜劇的邊緣，而今，他卻跨進了諷刺喜劇的大門。

〔註11〕陳白塵：《〈結婚進行曲〉外序》，《五十年集》，南京：江蘇人民出版社 1982
　　　　年版，第 406 頁。

　　造成這種明顯變化最直接的原因是時局的發展。隨著華北局勢的日趨緊張，民族危機的陰霾再次籠罩了人們的心頭。作爲具有鮮明的政治意識和民族責任感的革命作家，陳白塵對於這種危機一觸即發的社會情勢不可能不做出明確的表示。這就必然使作家更加注重那些具有重大現實意義的主題和題材的表現，增強作品本身的嚴重性。在這種情況下，他中斷幽默喜劇的嘗試是自然的。

　　大約從 1935 年末到 1936 年底，作家本人正處於個人生活道路上一個被「中傷」〔註12〕的特殊時期。來自別有用心者「無端的污蔑」，友人的懷疑和猜忌，再加上當時許多左翼刊物奉命「封鎖」他的稿件〔註13〕，所有這些不能不給這位從一開始便「自覺地投身到『左聯』的大纛之下」〔註14〕的青年作家帶來一種巨大的心靈刺激。這種特殊的境遇當然也會要求作家儘快在自己的創作中表明愛憎分明的社會觀點和政治立場。

　　1933 年，陳白塵在獄中寫就的一篇戲劇論文中，曾結合自己參加戲劇活動的切身感受表達過這樣一種認識，即喜劇很可能是一種中國民眾易於理解並且喜聞樂見的戲劇形式〔註15〕。1935 年出獄後，他之決意在喜劇方面一試身手，顯然與這一認識直接有關。他的嘗試不僅鍛鍊了他的喜劇才能，而且也使他意識到了自己在這一領域發展的可能性，這些再加上劇作家本人樂觀的「天性」以及父親幽默性格的影響，終於鑄成陳白塵對於喜劇日甚一日的濃厚興趣。惟其如此，當他感到有必要在作品中進一步表現出自己對於重大時代主題的關注和鮮明的政治熱情的時候，他不會輕易放棄喜劇這種形式，他會執著地在喜劇範疇的內部尋求某種調整的途徑。

　　1935 年秋冬之際，上海的話劇工作者以紀念果戈理的《欽差大臣》上演一百週年爲號召，在卡爾登大劇院隆重公演了這部世界名劇。正是這次公演在一個轉折點上幫助了陳白塵，使他平生第一次如此深切地感受到了一部優秀的諷刺喜劇所可能具有的否定激情和戲劇效應。正是在這一影響的直接推動下，他寫下了多幕喜劇《恭喜發財》。該劇不僅是作家的第一部多幕喜劇、第一部諷刺喜劇，同時也是戰前的現代喜劇創作中最爲重要的作品之一。它的問世，體現的絕不僅僅是作家的一種個人選擇，而且也暗示出中國現代喜

〔註12〕《陳白塵論劇》，北京：中國戲劇出版社 1987 年版，第 11 頁。
〔註13〕參見《陳白塵選集》第 5 卷，成都：四川文藝出版社 1988 年版，第 230～231 頁。
〔註14〕《陳白塵論劇》，北京：中國戲劇出版社 1987 年版，第 266 頁。
〔註15〕《陳白塵論劇》，北京：中國戲劇出版社 1987 年版，第 5 頁。

劇審美主流的新變化。如果說，在戰前的十幾年中曾經有過一個幽默喜劇日見活躍的時期，那麼在這以後的十幾年，將是一個諷刺喜劇蔚爲大觀的新時代。站在民國喜劇史的角度，不難發現，我們以往對於這部作品的研究和評價是遠遠不夠的。

　　《恭喜發財》以「一二・九」爲背景，以華北某縣立小學校長貪污學生愛國捐款購買航空獎券爲中心情節，描寫了地方教育界和國民黨基層政權大小官員們的醜行惡德，揭示出了「華北危機日重」嚴峻情勢之下中國社會現實當中令人怵目驚心的政治荒謬性。這樣的主題，在 20 世紀 30 年代的左翼文學中並不少見，但把它藝術地表現在一部喜劇裏卻是新鮮的。在作家寫作《恭喜發財》之前，幽默喜劇固然一度日見活躍，但這種喜劇形式的進一步發展顯然受到了那種極度動蕩的社會現實的限制。時代和民眾對於話劇的要求已經發生了急劇的轉變，作家的社會責任感、「五四」以來不斷高漲的公民熱情、強烈的民族情緒使愈來愈多的人已經不能心安理得地在那種與時代關係遙遠的主題上打轉，這就使不少人相繼停止了幽默喜劇的創作。剛剛顯露生機的中國新喜劇如果不想就此委頓下去，就只有選擇一條擁抱現實的道路。這樣一來，能不能反映意義重大的社會與政治問題，對於喜劇就成了一個至關重要的考驗。陳白塵的《恭喜發財》正是在這種特殊的情勢下用一種大體成功的藝術嘗試回答了這個問題，其意義顯然是重大的〔註16〕。

　　喜劇主題的轉換，勢必引起作品在藝術構成方面的相應變化，這就使《恭喜發財》在《徵婚》和《二樓上》的成功經驗基礎上，又有了新的藝術拓展。就陳白塵的喜劇創作歷程而言，作家對於小學校長劉少雲這一否定形象的塑造具有特別的意義。他是陳氏喜劇中最早出現的否定型的喜劇主人公。《徵婚》中詩人的前妻丁女固然也是一個否定形象，但她並不是主人公。況且她的醜只是一般意義上的拜金主義，她在劇中所做的充其量無非是兩次離開了貧窮的詩人，因而她的醜也只能算是一種「小」醜。劉少雲則不同，他的拜金主義是在抗日救亡的大背景下被表現的，他損害的已不再是某個人的感情，而是關係國家民族生死存亡的事業。因此，他的醜是一種「大」醜，不但醜，而且惡，是一種令人髮指的不可寬恕的醜惡和罪惡。《恭喜發財》中喜劇矛盾的嚴重性自然也就從根本上決定了全劇的政治諷刺的基調。作家不僅有力揭露了這一形象眞貪財假愛國的罪行，而且運用了多重對比的手法和富於表現

〔註16〕關於《恭喜發財》比較詳細的藝術分析，可見本書第 3 章第 4 節。

力的細節著意刻畫了他的各個生活側面，刻畫了他的虛偽和狡詐，刻畫了他的猥瑣和貪鄙，從而使得這一形象本身不但是醜的，而且也是豐滿的。尤其可貴的是，劇本不僅充分揭露了否定形象的醜惡言動，而且還富有深度地揭示和鞭撻了其畸形而醜陋的靈魂。

我們時常會發現這樣一種情況，當人們奮然前行的時候，在他們抓取新收穫的同時，又似乎失卻了某種值得依戀的東西。藝術發展的辯證法也是如此。主題的轉換和否定型喜劇形象的刻畫，使陳白塵的喜劇創作發生了一次飛躍，但這個飛躍在另一方面又造成了其作品喜劇性的削弱。之所以如此，最重要的一個原因是，作家在著力暴露和嘲弄現實生活中的醜惡的同時，又不忘表現自己對於善良純正事物的同情。一方面作家要用後者去比照前者的邪惡；另一方面，作家要用後者所受到的傷害去強化人們對於邪惡的憎惡。喜劇史的成功經驗告訴我們，這種創作意圖固然是可以實現的，但是作者至少需要具備兩種能力：一是要善於將善良純正的事物喜劇化，二是能夠把握住悲劇元素在喜劇創造當中運作的分寸。而 1936 年的陳白塵在這些方面顯然還缺少經驗。或許是由於作家初次以喜劇的方式去表現具有重大現實意義的政治性主題和否定型的喜劇主人公，他在藝術處理過程中總體上給人一種拘謹的感覺。這種拘謹的創作心態暗示出中國現代喜劇發展演化的艱難，其實質是藝術想像力的缺乏。而喜劇恰恰是最需要藝術想像力的戲劇形式，對於一部傑出的諷刺喜劇來說，問題尤其如此。

《恭喜發財》的問世，標誌著陳白塵喜劇試筆階段的結束，同時也預示了作家喜劇創作新時期的到來。我們將會看到，無論是它的成功經驗還是遺留下來的問題，都對陳白塵後來的喜劇創作產生了深刻的影響。

在《恭喜發財》到《未婚夫妻》的四年間，陳白塵又創作了兩部重要的諷刺喜劇，它們是《魔窟》和《亂世男女》。

《魔窟》發表於 1938 年。劇本以抗戰初期剛剛淪陷的某小縣城為背景，描寫了一部漢奸政權典型的興亡錄。作為一部諷刺喜劇，它的最主要的藝術價值在於向人們提供了一組否定型的喜劇形象。這齣喜劇在陳白塵喜劇創作歷程中的重要意義，正如董健先生所指出的，主要是在「它是作者筆下第一幅具有濃厚諷刺意味的群醜圖，為以後《亂世男女》、《陞官圖》等一幅比一幅精彩深刻的群醜圖的誕生，做了思想和藝術上的探索和準備。」〔註17〕

〔註17〕董健：《陳白塵創作歷程論》，北京：中國戲劇出版社 1985 年版，第 141 頁。

　　除此之外，關於這部作品中的新因素，還需指出一點，即鬧劇因素的介入。在中國的整個現代時期，「鬧劇」是一個含有歧義的概念。在有些戲劇家那裏，「鬧劇」是就 Farce 而言的，指的是喜劇中的一個類型。這類作品時常將高度誇張或極其滑稽的人物形象有意識地安排在某些意外與荒唐的情節裏，並以大量的插科打諢去求得喜劇效果，目的主要在於逗引觀眾的「捧腹大笑」〔註18〕。而在另外一些戲劇家那裏，它又是就 Melo-drama 而說的，至於 Farce，他們則翻譯成「笑劇」或「趣劇」〔註19〕。Melo-drama，今天的人們一般譯爲「情節劇」，指的是一種重在追求奇異情節的戲劇類型，這類戲劇通常有著懲惡揚善的結局。而無論是 Farce，還是 Melo-drama，又都有一個共同的特徵，即都不注重人物性格的刻畫。《魔窟》中的鬧劇因素實際可以從上述兩重意義上解釋。就第一重意義而言，劇本十分注意某些戲劇場面的渲染，如劇中由內鬨而引起的爭吵和打鬥的場面即是如此。就第二重意義而言，劇本開始注意到情節本身的複雜化。在作家以前的喜劇創作中，情節是單一的，但在這裏，已經出現了情節複線發展的趨勢。除漢奸群醜從爭奪官位到自取滅亡這一中心情節外，作家還設置了兩條副線，一是劉殿元和潘歧山的私藏、販賣軍火，二是楊克成與小銀弟一家的特殊關係。作家的目的顯然是想通過以上兩條途徑去增強作品的喜劇性，去找回在《恭喜發財》當中因爲諷刺因素的強化而一度部分失落了的東西。就其對於那種滑稽場面的渲染而言，作家獲得了部分的成功。場面的活躍固然在一定程度上提高了喜劇動感，但在同時又與喜劇人物的開掘失卻了聯繫，因而在總體上給人以一種浮泛的感覺。劉殿元毫無節制的滿口髒話，固然說明其內裏的骯髒，但最終卻無益於喜劇美學品位的提高。就情節繁複化的取向而言，《魔窟》總體上是一種失敗。失敗的主要原因在於作家未能將情節本身有效地喜劇化，尤其是這種嘗試還引出了一位值得爭議的人物——楊克成。此人原爲上海一家日本洋行的跑街，後因深得主人信任被推薦到這個小縣城擔任僞警察局的局長。在局長任上，楊成克卻又良心未泯，當他發現小銀弟之父就是他家的救命恩人之後，一再伸出援手，最後被日本人暗殺。且不論對於這樣的人物究竟應該如何地評價，僅就藝術角度觀之，他以及他所引出的情節線索，顯然既無助於對群醜們的諷刺，又未能提高全劇的喜劇效果，似應視爲贅筆。

〔註18〕參見〔美〕艾布拉姆斯：《歐美文學術語詞典》，北京：北京大學出版社 1990年版，第 47 頁。

〔註19〕參見丁伯騮：《戲劇欣賞法》，上海：正中書局 1947 年版，第 29 頁。

當然，我們並不要求藝術家的每一次嘗試都是成功的。《魔窟》的創作體現出作家的一種可貴的追求，即要求自己的作品既是「諷刺的」，同時又是「喜劇的」〔註 20〕。只要這種嘗試之心常存，作家遲早會在諷刺喜劇藝術上取得決定性的突破。

1939 年，陳白塵發表了三幕四場喜劇《亂世男女》。作家對它似乎懷有一種特殊的感情。四十四年以後，他在編選《陳白塵選集》戲劇卷的時候，曾在後記中說：「《亂世男女》是我所寫多幕劇中唯一未搬上舞臺的可憐兒，而準備導演它的賀孟斧同志又不幸早逝，更加偏愛些。」〔註 21〕我想，作家的「偏愛」絕不僅僅是由於上述兩點，除此之外，很可能尚有其它原因，也只有作如是觀，我們才能領會當年他在作品自序中所言的意義。他說：「這劇本的產生，對於我還有著一種盛大的歡喜。它產生在一個劃分我自己生活時代的界線上。」〔註 22〕《亂世男女》有足夠的理由得到作家的偏愛，因為我們在其中找到了那種可以稱之為「決定性的突破」的東西，而這正是作家幾年來苦苦追求的。事實上，它不僅是抗戰初期的名篇——如一般人所認為的那樣，而且也應被視為整個民國喜劇史上的佳作。劇本在某些方面所取得的思想和藝術成就似乎並不在《陞官圖》之下。它在 1940 年至 1946 年的六年間能被 6 次再版，是毫不奇怪的。

作家在《亂世男女》中不僅繼續著《魔窟》所包含的那種具有鮮明時代性和政治性的重大主題，而且還深化了它。如果說，後者以一種強烈的民族義憤無情地擊刺了一群甘願淪為漢奸的民族敗類；那麼，前者的諷刺之筆開始轉向隱藏在抗日統一戰線內部的另外一種人類的渣滓。《魔窟》的主角們，不論是他們的現實行為（當漢奸），還是他們的歷史行為（流氓、販毒等），都公然違反了人類和民族的普遍道德準則，因此，他們實際上是一群已經被現實大潮剝離出來的渣滓。作家對於他們的無情嘲弄，給人帶來的是一種憤恨與鄙夷的痛快淋漓的宣泄。然而《亂世男女》則不同。它搜索的是一種自詡為民族精英的人類渣滓，是一群需要剝離而又尚未剝離的醜類，是一種以普遍性的形式存在著的矛盾性，因此無論是創造它還是接受它，也就需要更

〔註 20〕「諷刺的」不一定就是「喜劇的」，事實上，無論是在生活中還是在藝術中，都有非喜劇性諷刺的存在。

〔註 21〕《陳白塵選集》第 2 卷，成都：四川文藝出版社 1988 年，第 734 頁。

〔註 22〕陳白塵：《我的歡喜——〈亂世男女〉自序》，《五十年集》，南京：江蘇人民出版社 1982 年版，第 393 頁。

大的思想力和藝術上的膽識。《亂世男女》的成功表明陳白塵的諷刺喜劇已經
大體克服了《魔窟》等劇中應時的宣傳性，開始具備那種優秀諷刺喜劇所必
須具有的思想深度和諷刺的普遍性。在對《亂世男女》的價值認定上，馮雪
峰儘管抱著一種更大的期許，但他認為應將這部喜劇「列入作為我們文藝發
展的標幟的好作品的行列裏去」〔註 23〕的總體評價，卻顯示出這位批評家高
度的鑒賞力。

　　《亂世男女》以抗戰時期為背景塑造了一批徒尚空談的文化人形象。作
家不僅寫出了他們的共性，而且也著意刻劃出他們並不雷同的個性特徵。劇
中最具喜劇丑角特點的主要人物共有三個：蒲是今、紫波和苗軼歐。

　　蒲是今是個整日喋喋不休的鑽營家。在他那混亂得可憐又可笑的腦袋
裏，幾乎填滿了流行於現代中國社會的所有的新名詞。他從未想到要認真掌
握這些新概念的真正涵義，因為他所需要的不是新的詞而是詞的新。只有這
樣，方能顯示他的新進，然後他才能以新進為資本，去結交那些他可以為之
賣身的權貴與名流。按照劇本的舞臺說明，他「看樣子像大學生，又像電影
演員，又像文學青年之流，可又有點像新聞記者；但又全都不是」。借用他的
口頭禪——「絕對」——來說，他不過是一個為了「事干謁」「絕對」隨時可
以出賣自己尊嚴和人格的宵小之徒。看外表，或許像是位時代青年，但他搬
演的卻是一個豪門食客趨勢附炎的古老故事。幸虧他生活在大後方，要不然
他會是民族敗類的合適人選。

　　如果說，蒲是今加入空談抗日行列的主要動機在於逐利，那麼，紫波女
士的人生支柱則在於求名。她在火車上為逃難的老頭兒和弱女「仗義執言」，
或許說明她的良知未泯；她厭惡饒舌的蒲是今；看透了虛有其表的苗軼歐；
但所有這一切都不能不最終臣服於她內心對於虛榮近乎偏執的渴求。這種病
態的追求使她變得虛偽，以致使其在矯情做作當中迷失了自己。她是一個天
生的演員，已經虛偽做作到了意識不到自己虛偽做作的程度。可惜她注定不
能成為一流的演員，因為人們畢竟可以在她的自我表演中發現種種破綻。在
武漢一個環境優美的夜花園，她喝著冰啤酒，聯想起來的卻是前方將士身上
所流的血；她喝著冰咖啡，想起的卻是難民身上的汗珠；前番聯想使她以一
種「很美的姿態」撲到桌上，後番想像使她發出「悲天憫人」的哭聲。她「討

〔註 23〕雪峰：《論典型的創造——關於〈亂世男女〉的形象》，卜仲康編：《陳白塵專
　　　　集》，南京：江蘇人民出版社 1983 年版，第 325 頁。

厭」開會,「希望」多做些切實的工作。她激動地說:「我要的是工作!工作!
工作!而給我的是開會!開會!第三個還是開會!」但這並不妨礙她建議她
的同調吳秋萍「開個會」去提倡「反對開會的運動」,並表示:「我一定到會
參加!」這位「時代」女性抓住抗戰生活所能爲她提供的一切去炫耀自己,
所謂「奔波忙碌」和「悲天憫人」都不過是她沽名釣譽的資本。她早已成了
虛榮支配下的提線玩偶。

　　苗軼歐據說是上海的一位名翻譯家。筆挺的西裝、溜光的頭髮、雪亮的
皮鞋,再加上一副紳士的派頭,暗示出他高等華人的身份。他自認是抗戰的
「中堅分子」,因此張嘴就是「爲了抗戰」。不過他在劇中的全部表演不是故
作神秘地傳播一些眞假難辨的小道消息,就是以抗戰的名義追逐女性。他不
只一次地對那些被其追逐的女性說:爲了抗戰,「你不能不愛我」。看來,就
他而言,抗戰爲之提供的只是一個「濫愛」的小舞臺。

　　作品對於這些喜劇丑角的揭示是富有思想深度的。作家借劇中另一位喜
劇人物之口對這群醜類的人生信條做出了巧妙的總結。正如那位視舞如命的
交際花李曼殊所言:「在這年頭兒,我們身當亂世,什麼事都別那末認眞!你
看那些唱戲的,儘管在臺上哭呀!鬧呀!像眞的一樣,但是一下了臺,什麼
還不都是假的!我們啦!在這個世上,還不是跟演戲一樣」,我們不妨用「遊
戲人生」四個字概括他們的人生秘密。《亂世男女》中的主人公們在最神聖的
名義下,搬演的卻是卑鄙的醜劇。作家在對他們的全部虛假進行無情諷刺的
同時,也鎔鑄了自己對於現實人生和人性的思索。

　　在《亂世男女》中,陳白塵爲自己的諷刺喜劇找到了一種成功的藝術形
式,它一方面有利於全劇諷刺意蘊的不斷揭示,另一方面又卓有成效地保持
了貫穿全劇的喜劇格調。關於這個問題,我們可以從三個方面來認識。首先,
作品創造出了一種快速的喜劇節奏。作家用蒲是今尋找靠山、紫波尋找名譽、
苗軼歐尋找女人、徐太太尋找自由、科長太太尋找丈夫等五條線索編織成全
劇的情節主幹。但他並沒有將其扭結在一起去創造一齣帶有情節劇特點的喜
劇——像他在《魔窟》中所做的那樣,而是有意地削弱情節的連貫性,將這
五條線索切割成一個個情節的片斷,然後再將這些片斷交錯組合在一起,從
而最終在作品中建立起一種快速的跳躍式的節奏。其次,全劇自始至終保持
了一種嘈雜喧鬧的戲劇氣氛。這種特殊的氣氛在第一幕是由車站上和車廂裏
特有的混亂造成的。它和逃難的特定情境恰相吻合。從第二幕開始,這一氣

氛主要由人物的上下場和在舞臺上喋喋不休的議論、爭辯以及插科打諢所營造。這種喧鬧嘈雜的氣氛同快速的戲劇節奏結合起來，再加上每幕中鬧劇式場面的穿插，於是在總體上形成了一種有如空氣一般的喜劇情調，彌散在全劇當中。在《亂世男女》中，仍然存在著悲劇性的因素，存在著某些非喜劇性的正面人物，但是由於情節片斷式的跳躍和喜劇氛圍的總體涵攝作用，它們的「負面」效應得到了有效的控制。最後，尤其可貴的是，作家並沒有將形式因素的創新與內容因素的表達割裂開來，在情節片斷的迅速轉換和主人公們的有始無終之間，在喧鬧的氛圍同主人公們的誇誇其談與爭相炫耀之間，我們不難感受到那種深層的一致性。特別是在喜劇總體的情調與主人公們最終的一事無成之間，更是構成了一種高妙的隱喻，它向人們暗示著：那群活躍在舞臺上的諷刺性人物，不管他們表現得如何熱烈，他們的言詞是多麼激昂，但他們在實際上卻未曾採取過任何行動。他們是一群言語的巨人，同時又是行動上的矮子。

　　《魔窟》諷刺的是一群昭然若揭的敗類，因此，人們在對它的總體評價上很難產生重大的分歧。但到《亂世男女》，情況卻發生了變化。作家現在所要搜尋的是隱藏在抗日統一戰線內部的蛀蟲，他所要諷刺的是生活在自己人營壘中的渣滓，因此，他顯然觸動了現實敏感的神經。加上作品在藝術上的成功，使人們已經不大可能藐視這種批評——儘管它有著一種喜劇的外觀。於是評論界出現了分歧，作品在得到一部分人的好評的同時，也遭到了猛烈的攻擊。《亂世男女》成了陳白塵喜劇中招致物議最多的作品。作家預料到作品發表後所可能引起的反響，因此設計了劇中人物攻擊劇本第一、二兩幕的情節，但是他似乎沒能想到反響竟會如此強烈。對於那些他在作品中諷刺過的現實生活中的醜類們的謾罵，他無動於衷。對於他們，作家有足夠的自信，他唯一的遺憾是自己過於寬容。然而，「朋友善意的詢問」〔註24〕卻不能不使他怦然心動。既然，現實是一種光明與黑暗交織的現實，為什麼不能去多寫一點光明呢？在那些對於黑暗的揭示中是不是同時也隱含了某種悲觀主義的情緒呢？作家為了這些善意的詢問而困惑，並且為了這些困惑而痛苦。儘管作家並不願意表白自己，但是由衷的痛苦終於使他開始撰文公開闡明自己的立場。他不認為對於自己筆下的某些人物過於苛刻，恰恰相反，他以為自己

〔註24〕陳白塵：《「暴露」和「悲觀」——〈秋收〉序》，《五十年集》，南京：江蘇人民出版社 1982 年版，第 396 頁。

對他們倒是「太寬容」了；他申言自己對於黑暗的諷刺正是源於對光明的熱愛〔註25〕；他正確地指出：「著重描寫光明面，是不必求之於一個作者一篇作品之中的」；他向人們發問：「當那種光明面的人物出現在你面前的時候，你會不寫麼？」〔註26〕似乎爲了證明這一點，作家在《亂世男女》發表後不久，轉向了幽默喜劇和正劇的創作，轉向了對於正面人物的正面抒寫。

他在 1940 年 4 月初寫就了《未婚夫妻》，劇中的主人公顯然是那對具有著某種青春活力的小兒女。或許他本想表現的是他們尤其是齊小姐的可貴追求，以顯示現實生活中光明因素的存在，但他實際寫出的卻是這種可貴追求在現實中的兩難處境。於是他創作了《秋收》，這次他自信自己的題材已經具備了足夠的亮色。但是這一次作家仍然未能敞開讚頌的歌喉，因爲他一方面要抒寫光明，另一方面又不能忘記光明進程中的艱難，他要償還歷史上傷兵們的宿債，同時還想揭示農民自私心理所造成的錯誤。《秋收》在藝術上之所以不能取得更高的成就肯定與作者在寫作中的遊移有關。事實上，這種創作中的遊移即便是在《亂世男女》這樣的成功之作裏帶來的也只能是某種瑕疵。於是，作家打算乾脆暫時放下他的喜劇之筆，轉向正劇的寫作。在 1940 年春天他關於《大地回春》的最初構想中，陳白塵想完成自己在《未婚男女》中未曾完成的任務。齊小姐僅僅是離開了封建家庭，而現在作家所要續寫的是馮蘭如何在脫離封建家庭之後奔向民族解放的大道。然而，當他爲了歌頌那些優秀的女性而不得不深入分析她們生活於其中的現實環境的時候，作家卻再一次領會了黑暗的壓迫。身處光明與黑暗之間的困惑，使他不能不「再三跡躅，幾經擱筆」〔註27〕。於是，陳白塵在創作了《未婚夫妻》、《秋收》並開始了《大地回春》的構思之後，回到了他現已奠定了相當基礎的諷刺喜劇領域，寫下了中國現代喜劇史上獨幕喜劇的名篇《等因奉此》（亦名《禁止小便》）。作家利用一種以小見大的巧妙構思，以按捺不住的諷刺激情無情地揭示了官僚機構的腐敗與昏聵。當然，在他創作《等因奉此》的時候，作家那種想要直接謳歌光明的衝動遠未過去。經歷了一個秋冬的洗禮，當 1941 年的

〔註25〕參見陳白塵：《我的歡喜——〈亂世男女〉自序》，《五十年集》，南京：江蘇人民出版社 1982 年版，第 390～393 頁。

〔註26〕陳白塵：《「暴露」和「悲觀」——〈秋收〉序》，《五十年集》，南京：江蘇人民出版社 1982 年版，第 396 頁。

〔註27〕陳白塵：《〈大地回春〉代序——給巴人》，《五十年集》，南京：江蘇人民出版社 1982 年版，第 403 頁。

春天終於到來時，陳白塵終於完成了《大地回春》的創作，不過原來的構想和主題早已發生了根本的轉換。不錯，他再一次歌頌了光明，但給光明卻裝上了一條受傷的腿。〔註28〕

或許，一部幽默喜劇的主題最好還是由幽默喜劇來完成。為了續寫《未婚夫妻》中的故事，作家重新拿起幽默之筆，開始了《結婚進行曲》的寫作。他最終未能寫出當初的齊小姐和後來的黃小姐向解放的大道迅跑的理想情景，他寫出的倒是她們在這條道路上的艱難與辛酸。不錯，他在事實上並沒忘記去表現潛伏在千千萬萬中國普通婦女身上的那種對於自尊自立的追求，他甚至曾將勝利的桂冠一度給予了主人公們——全劇在此時出現了高潮，但很快又「狠心」地收了回來，而把黃瑛留在光明與黑暗之間，讓她為著那一線光明在世俗的沼澤中跋涉，在現實的夢魘中苦索。

作為一位革命的戲劇家，陳白塵無疑具有理想主義的一面，這使他對於社會的未來不能不寄與著重大的期許。然而，他既是一位矢志革命的人，就必須要求自己成為那種「服務於現實的文學作者」〔註29〕。而他愈是深深地投入現實，也就愈是深深地感受到黑暗的糾纏，心中的理想之光從另一方面又強化了他對於這種黑暗的敏感。在經過了多種嘗試之後，作家似乎已經認識到，儘管他做出了努力，但手中的喜劇之筆仍然未能做到酣暢自如地去歌頌光明，即便是在最初的幽默喜劇中，他也無法抹去黑暗的影子。與其這樣頗費躑躅地直接去讚頌光明，倒不如酣暢淋漓地去擊刺黑暗。作家在種種曲折之後，終於找到了自己。他告訴別人，同時也激勵自己：「沒有一個作者當他沐浴於陽光之下時，還願意回到暗室裏去尋找題材的。但他被幽禁於暗室之中，卻永遠也不會描寫太陽。」〔註30〕這兩句話出自陳白塵的《為〈陞官圖〉演出作》，作家將這篇文章收在自選集——《五十年集》的最後，其中的意味是很深的。作家將近十年在喜劇園地的苦索、困惑和痛苦，都因有了上述認識而得到了很大程度上的解脫。現在，他可以用一種較前遠為自由的心態去創作他的諷刺喜劇了，他的諷刺之筆已經變成了「如椽之筆」〔註31〕。

〔註28〕《大地回春》中的主人公黃毅哉，有一條腿被炸傷，劇終時仍未痊愈。
〔註29〕陳白塵：《我的歡喜——〈亂世男女〉自序》，《五十年集》，南京：江蘇人民出版社1982年版，第390頁。
〔註30〕陳白塵：《為〈陞官圖〉演出作》，《五十年集》，南京：江蘇人民出版社1982年版，第425頁。
〔註31〕陳白塵：《舉起筆來》，《五十年集》，南京：江蘇人民出版社1982年版，第376頁。

他要以否定黑暗的方式去肯定光明，他要讓自己的作品產生一種不可小視的實踐力量，去參加擊潰暗夜贏得太陽的鬥爭。也就在此時，我們發現，陳白塵已經站到了整個民國喜劇史的峰巔之上。

自由的心境與否定的激情

1945 年 10 月，陳白塵完成了《陞官圖》的創作。從翌年 3 月開始，劇本先後在重慶、上海等地公演，取得了「驚人的效果」〔註 32〕。上海的演出即便是在當局的脅迫之下仍然持續了四個月之久，連演一百幾十場，依然爆滿，劇場門口擁擠不堪，以致成為中國話劇演出史上一次極為罕見的奇觀。《新華日報》為此發出評論特刊，各地演劇團體競相排演，《陞官圖》很快成了「全國廣為流行的劇目」，它的爆炸性的演出自然也就作為「國統區劇運的一件大事」〔註 33〕而被載入中國話劇的史冊。經過幾十年的寂寞耕耘和艱苦跋涉之後，中國的現代喜劇終於在「慘勝」後的第一個春天裏為自己贏來了歷史的殊榮。《陞官圖》由此不僅成為作家本人的最佳代表作，而且成為了民國喜劇史上的一座高峰。

正如作家在寫給曹靖華的一封信中所說：「果戈理的作品，是我所酷愛的，他的《欽差大臣》1935 年在上海演出，給了我巨大的影響。這影響表現在我許多喜劇，特別是在《陞官圖》那個劇本裏」〔註 34〕，《陞官圖》的創作顯然從《欽差大臣》當中汲取了極為重要的啟示。但這絕不意味著它就是模仿之作〔註 35〕，事實上，同後者相比，《陞官圖》明顯具有著自己毋庸置疑的獨立品格。

《欽差大臣》對於《陞官圖》的影響，在我看來，主要並不表現在情節輪廓和某些喜劇細節的相似上──這種情節與細節上的沿用在世界喜劇史中屢見不鮮，即便是莎士比亞和莫里哀的喜劇亦概莫能免，況且在《欽差大臣》

〔註32〕 魏深：《〈陞官圖〉觀後感》，卜仲康編：《陳白塵專集》，南京：江蘇人民出版社 1983 年版，第 356 頁。

〔註33〕 葛一虹主編：《中國話劇通史》，北京：文化藝術出版社 1990 年版，第 266～267 頁。

〔註34〕 轉引自曹靖華《果戈理百年忌》，《人民日報》1952 年 3 月 3 日。

〔註35〕 當時，有些評論者持有這種看法。可參見樂少文的《論〈結婚進行曲〉》和陳波兒的《從〈陞官圖〉中學習》等文，《陳白塵專集》，南京：江蘇人民出版社 1983 年版，第 333、360 頁。

之前，克維特卡的喜劇《京都來客》早已描寫過同樣的情節〔註 36〕——，而是體現在那種否定一切醜惡的喜劇精神上。在《欽差大臣》中，果戈理決意將自己「當時看到的所有一切俄國的壞東西，所有在要求人的正義的地方發生的一切非正義現象收集在一起，一下子把這一切嘲笑個夠」〔註 37〕，從而使整部作品表現出了一種鮮明而集中的刺惡精神。正是這一點吸引了陳白塵。作家鎔鑄在《陞官圖》中的那種除惡務盡的強烈追求當然與果戈理上述的刺惡精神一脈相承，但有一點應當明確：陳白塵作品中揭露醜惡的巨大激情的真正來源卻不在果戈理，而在作家本人對於中國現實黑暗與醜惡的認識，在於中國新文學揭露性與戰鬥性的一貫傳統。前文已述，正是在作家對於應當如何運用喜劇這種特殊的藝術樣式去表現黑暗現實的問題上產生某種困惑並且急切尋求解答的時候，果戈理的《欽差大臣》觸動了作家的靈機。也就是說，在諷刺精神方面，果戈理的作品對陳白塵並未產生那種「無」中生「有」的影響，它們不是「啟動」而是「促動」了作家早已刻骨銘心的創作熱情，使他在自行選定的道路上以更加堅定的信念義無反顧地走下去。這就使陳白塵在借鑑《欽差大臣》的過程中勢必要體現出一種獨立自擇的精神，儘管他是「酷愛」這部作品的。

　　《欽差大臣》無疑是世界喜劇史上最為優秀的作品之一，但我認為，它並不是一出典型的政治諷刺喜劇，而《陞官圖》卻是。在這一點上，我們不僅可以找到兩者區別的關鍵，同時也可以發現後者的獨創性所在。

　　有一個概念至今沒有得到令人滿意的辨析：究竟什麼是政治諷刺？是不是所有具有政治因素的諷刺都可歸入此類？是不是每一部刺官之作都必定同時也是政治諷刺之作？如果說，經濟是社會的基礎，而政治又是經濟的集中體現，那麼，政治的因子勢必會滲透或者附著到社會生活乃至個人日常生活的幾乎每一個層面。這就使得任何一種諷刺都有可能帶有某種或顯或隱的政治色彩，或是以某種政治色彩作為背景。而如果過於寬泛地使用政治諷刺的概念，也就無異於取消了這一概念。因此，我們說：刺官之作不一定就是政治諷刺之作，否則果戈理的《結婚》也可以算上是政治諷刺劇了，因為它的

〔註 36〕格里戈里·費多羅維奇·克維特卡（1778～1843）：烏克蘭作家，曾寫有喜劇多部。關於《欽差大臣》的情節來源，可參見〔前蘇聯〕伊·佐洛圖斯基：《果戈理傳》，天津：天津人民出版社 1982 年版，第 249～251 頁。

〔註 37〕〔前蘇聯〕斯捷潘諾夫：《果戈理的戲劇創作》，上海：新文藝出版社 1958 年版，第 20～21 頁。

主角是位在部裏工作的七等文官；同樣，具有政治因素的諷刺也未必一定就是政治的諷刺，否則博馬舍的《費加羅的婚姻》也可以劃入政治諷刺之列，因為劇中顯然表達了法國大革命前夕民眾的情緒；因此，只有那種在明確的政治意識的支配之下，以政治集團、政治機構或個人的政治行為為主要題材和主題的諷刺才稱得是真正意義上的政治的諷刺，否則至多只能算是一種具有強烈政治色彩的諷刺作品。

就此意義而言，《欽差大臣》的諷刺對象儘管絕大部分都是帝俄時代的官吏，並且諷刺也確實涉及到他們的某些政治行為，但就其藝術把握和表現的總體方式看來，劇作主要是一種道德的諷刺和社會的諷刺，雖然其中不乏政治性的因素〔註38〕。對於 20 世紀三四十年代中國的多數讀者來說，人們總愛把市長當成作品中的主角，但我倒覺得，赫列斯達可夫才是全劇真正的中心。他並不完全是一個線索人物，正因為有了他，果戈理的天才之筆才為俄羅斯文學增添了一個不朽的典型。這位來自彼得堡的十二等普通文官，是位花花公子式的人物。由於市長之流對於欽差本能式的恐懼和作賊心虛，使得這位京都衙門裏的「廢物」、不起眼兒的小角色一躍而成了外省官僚心目中的欽差大人。靠著這位假欽差的催化，果戈理讓我們觀看了帝俄專制制度之下的一幕幕醜劇。據說，在人們的心裏，赫列斯達可夫這個名字已經成了「騙子」的代名詞，但由作品的實際觀之，作家似乎從一開始就沒打算在「騙」字上大作文章。如果這也算是騙局，那麼赫氏僅只是其中的一個受動者。在《欽差大臣》的第一稿中，主人公不叫赫列斯達可夫，而是斯卡庫諾夫，意指「跑來跑去的人」；在後來的稿本中，赫氏取代了他的前身，「赫列斯達可夫」含有「鞭打」之意，可是最初那種在俄羅斯大地到處奔跑遊蕩的含義還是被保留了下來〔註39〕。因此，我認為，果戈理的真正用意不是要寫出一個騙子，而是要刻劃出一個零餘者的形象，通過這個形象反映帝俄時代貴族青年在華

〔註38〕文學史家米爾斯基在談到《欽差大臣》時曾經說過這樣的話：「《欽差大臣》的意圖是對貪官污吏進行道德上的諷刺，而非針對腐敗昏庸的專制制度所做的社會諷刺。但是與作品的初衷相去甚遠，這部作品是被當作社會諷刺作品為人們接受的。」見 D.S.Mirsry, A History of Russion Literature, P.189, London, 1927。轉引自智量等著《俄國文學與中國》，上海：華東師範大學出版社 1991 年版，第 50 頁。

〔註39〕參見〔前蘇聯〕伊‧佐洛圖斯基：《果戈理傳》，天津：天津人民出版社 1982 年版，第 256、270 頁。

麗時髦的外表下隱藏著的全部的空虛、庸俗、墮落和無用。他們正在虛擲自己的生命，他們的人生正在失去應有的意義。

　　除此之外，果戈理還要通過這個形象來救贖他自己，他將對赫列斯達可夫的「他救」和對於自身的「自救」有機地融合在一起。果戈理曾經這樣說過：

> 　　對我的這些人物，我除了賦予他們以自身的齷齪行徑外，還把我本人的醜陋行徑也賦予他們了。我是這樣做的：抓住自己的惡劣本性，把它放在另一個人身上和另外一個場合裏，然後跟蹤追擊，竭力把它當作一個深深地侮辱過自己的死敵來描繪，用仇恨、嘲笑以及凡是能到手的一切追逐他。……我喜愛善，我尋找它，恨不得一下子就找到它，但我不喜歡我身上卑劣的東西，不像我的人物那樣同它們手挽著手，我現在和將來都要同它們戰鬥，一定要把它們清除掉。〔註40〕

正是這種半自居的心態使作家不可能將赫氏寫成一個十惡不赦的惡棍。儘管赫爾岑曾將果戈理的諷刺和否定形容為「無慈悲的」、「不懂得恐懼和限度的」〔註41〕，但是我們在果戈理的批判背後還是不難發現某種潛在的溫情。作家在《欽差大臣》裏，至少兩次讓赫氏說出人需要的是尊敬和愛一類的話，最後又讓赫氏在給脫略皮金的信中寫道：「像這樣活下去真是無聊；總之，一個人需要精神糧食」，「我認為，我必須從事一種高尚的工作」，都顯然與這種憐惜悲憫的溫情有關。就此意義而言，市長最後所說的「你們笑什麼？笑你們自己！」當中的「你們」就不應僅僅理解為帝俄時代的官僚們，其中還包括了整整一代的俄羅斯人。這正如果戈理自己所表示過的：「每一個人在一分鐘內會做過或成為赫列斯達可夫」〔註42〕。很明顯，這種人性批判的深度勢必要構成揭發官僚制度的抑制因素，從而在一定程度上淡化全劇的政治性。

　　之所以如此，我想絕非偶然。其中最主要的原因應該到果戈理的思想文化背景當中去尋找。濃重的宗教意識培養了他對於道德上的自我反省和自我

〔註40〕轉引自〔前蘇聯〕魏列薩耶夫：《果戈理是怎樣寫作的》，天津：天津人民出版社1980年版，第21頁。
〔註41〕〔俄〕果戈理等：《文學的戰鬥傳統》，上海：新文藝出版社1953年版，第113頁。
〔註42〕〔前蘇聯〕斯捷潘諾夫：《果戈理的戲劇創作》，上海：新文藝出版社1958年版，第25頁。

完善的強烈關注。他的《欽差大臣》，從很大程度上說，正是這一關注的集中體現。我並不認為作家晚年的思想變化是對其原先思想立場的背叛——像別林斯基所指出的那樣。事實上，他的思想從來就沒有真正激進過。他在《欽差大臣》中對於不法官吏的攻擊，固然出自對於社會道德醜惡的憎恨，但是這種憎惡本身又恰恰來自他對於沙俄制度的終極關懷。他的愛國主義在最高的意義上同這種終極關懷是完全一致的。現實的醜惡、人心的醜惡與作家對於俄羅斯的愛、對道德完善的追求構成了巨大的矛盾，為了克服矛盾，他在《欽差大臣》中做出了重要的嘗試。他曾滿懷信心地希望自己對一代人全部醜陋的揭示能夠將他生活其中的社會以及整個一代人引向美與善的境界，然而，他既然將一個重大的社會政治問題簡化為一個道德問題，他最終得到的只能是深深的幻滅。由是觀之，果戈理後來的精神危機並非「轉向」而致，而是其既存矛盾的一種總爆發和明朗化。正是這種矛盾造成了劇本的創作初衷及真實意圖與文本閱讀接受過程實際情況間的「斷裂」。這種「斷裂」可能具有多重意義，但有一點卻是確鑿無疑的，即它使《欽差大臣》一劇無法真正上升到政治諷刺的高度。〔註43〕

果戈理在《欽差大臣尾聲》和《欽差大臣尾聲補白》中，曾將自己所諷刺的社會道德方面的醜惡解釋為一種全人類性的缺點，並著意指出：「這是我們的精神領域，是我們人人皆有的。」〔註44〕然而，在《陞官圖》中卻永遠找不出這種「人人皆有」的東西。作為典型的政治諷刺喜劇，《陞官圖》顯然具有自己鮮明的特性。

陳白塵是位具有明確政治意識的喜劇家。早在「五四」時期，年僅17歲的未來作家已經參加了政治活動。在後來為著求生而浪迹四方的日子裏，他對中國黑暗現實更是增加了徹骨的感受。20世紀30年代的左翼文化運動培養了他新進的社會政治理想，他為著這一理想而入獄，入獄反過來又加強了他的政治意識。抗戰期間，陳白塵親身參與了抗日文藝宣傳活動的領導工作，因而對社會的方方面面，尤其是當局的惡劣行徑有了更加深入而清醒的認識。抗戰勝利前後，中國正處在面臨兩種命運、兩種選擇的關鍵時期。政治的核心是政權問題，越來越多的中國人開始意識到這一問題對於中國未來的

〔註43〕 這並不意味著政治諷刺劇一定比其它類型的諷刺劇高級或深刻。

〔註44〕 轉引自〔前蘇聯〕斯捷潘諾夫：《果戈理的戲劇創作》，上海：新文藝出版社1958年版，第34頁。

重大意義。正是在國統區民主運動不斷高漲的背景下，陳白塵背負著可能再度被捕的陰影，在一種近乎匿居的狀態裏寫下了《陞官圖》。在這部作品裏，他以成功的藝術形式和不可遏制的政治激情準確無誤地表達了一個鮮明的政治性主題：爲了迎接光明的新中國，必須清除官僚政治這塊絆腳石〔註45〕。

　　一部世界政治史告訴我們：政治本身就是人類社會發生某種明顯分裂的產物。這種作爲政治產生與發展背景和前提的人類利益的分裂與對立，從根本上決定了一個具有明確政治意識和立場的作家是不可能以一種自居或半自居的方式去完成他的諷刺作品的。因此，陳白塵在《欽差大臣》中發現的就不可能是果戈理關於道德完善和自我淨化的暗示，而只能是帝俄時代官僚政治與中國現實社會中的官僚政治在相貌上的一致性。這種潛意識中的「誤讀」無疑拓寬了其心中橫亙在愛與恨、人民與敵人之間早已壁壘分明的「鴻溝」〔註46〕。《陞官圖》對於中國官僚政治的諷刺，正是這種來自壁壘這一面的對於另一面的攻擊。實際上，或許也只有這種類型的攻擊才可能眞正具備「無慈悲」的品格。在這裏，諷刺的無情才達到了它的最大極限，它兇猛而持續地鞭撻著官僚政治所體現出來的全部邪惡，並且樂於看到這種專制制度連同它的邪惡最終的毀滅。

　　靠著政治激情的燃燒，《陞官圖》中的諷刺具有了一種中國喜劇史上極爲罕見的力度感。就其來源分析，這種力度感首先來自作品在藝術表現上的片斷性與怪誕性。正如布萊希特所說：如果要將那種正在給人民帶來重大災難的醜惡寫成一齣政治諷刺喜劇，就必須強調「片斷性和怪誕性」而避免所謂「普遍而又深刻反映歷史狀況」的「假象」〔註47〕，可見，片斷性和怪誕性正是政治諷刺喜劇內在本質的體現。這種片斷性和怪誕性表現在《陞官圖》中則是一種極度的誇張。劇中關於省長「金條治病」與「快速結婚」的驚人之筆就是對這一點的極好說明。許多論者都將這裏的誇張同傳統戲曲美學中的寫意性聯繫在一起，是很有道理的。20世紀40年代的現代戲劇在總體上確實向民族化的道路邁出了關鍵性的一步。但我覺得僅僅這樣理解《陞官圖》中的誇張是不夠的，因爲它實際上是政治諷刺喜劇內部規律性的要求。一般

〔註45〕參見《陳白塵選集》第 5 卷，成都：四川文藝出版社 1988 年版，第 480 頁。
〔註46〕陳白塵：《我的歡喜──〈亂世男女〉自序》，《五十年集》，南京：江蘇人民出版社 1982 年版，第 393 頁。
〔註47〕參見張黎編選：《布萊希特研究》，北京：中國社會科學出版社 1984 年版，第 151 頁。

來說，政治諷刺喜劇所反映的矛盾衝突比起其它類型的喜劇要嚴重得多同時也尖銳得多。就在陳白塵創作《陞官圖》的時候，他的諷刺對象正在現實生活中繼續製造著人間的種種悲劇和慘劇。因此，只有抓住諷刺對象的主導特徵，通過誇張使之充分滑稽化和陌生化，才能在憤怒的主體和罪惡的客體之間建立起一種適當的間離狀態；也只有在這種狀態之下，主體才能在舞臺上捆住客體嚇人的觸角，透過其「大」的假象看出其無限「小」的本質來，並以一種憤怒與鄙夷的複合感情將其玩弄於股掌之中，從而最終達到政治諷刺的喜劇效果。毫無疑問，這種獨特的藝術處理方式必然會導致類型化的某些特徵，但作家大可不必為此自責〔註 48〕，論者亦未必要以此為病，因為對於一部嚴格意義上的政治諷刺喜劇來說，類型化似乎是難以避免的。隨著古典主義的失勢，「類型」似乎已經成為令人鄙薄的字眼兒，但正如紅花離不開綠葉那樣，我們在謳歌「典型」的同時，至少不應忘記「類型」在某些場合存在的合理性。

　　《陞官圖》空前的諷刺力度感同時也和喜劇批判的高度概括性與徹底性有關。《欽差大臣》的情節主幹基本上是由一個誤解性的事件構成的，誤解消除，劇情也就結束了，也即是說「誤解」是其整個情節的基礎和核心。在《陞官圖》中，我們見到的卻是反其道而行之的藝術構思。劇中雖然仍然存在著誤解性的因素，但作家顯然有意識地將其限制在一個盡可能小的範圍內。假秘書長和假知縣的「假」在劇情開始不久即已為人識破，在此之後所發生的對於「假」的確認或揭發，都不應從「誤解與否」的意義上去解釋，因為它們體現的實際是一種政治與金錢的交易，而與「誤解」無關。這樣一來，作品雖由偶然性發端，但作家卻迅速把這種偶然性因素收攏起來，將其置於必然性的支配之下。在劇情後來的進展中，這種偶然性固然一直存在，但這時的它已經變成了一種從屬於必然性的偶然性。《欽差大臣》的情節止於真欽差到來的消息，而《陞官圖》情節中最核心的部分這時才剛剛開始，省長到來後的絕妙表演證明上級官吏在貪贓枉法方面比起他的下屬有過之而無不及。如果說果戈理劇本最後的啞場還為人們保留了某種幻想，那麼，陳白塵筆下的省長形象則徹底打破了人們對於官僚統治的任何幻想，作家以一種絲毫不會帶來任何誤解的方式昭示眾人，擺在人們面前的是一個由上至下、由下至上腐敗透頂的政治制度，它唯一的下場就是接受人民的審判。可見，同《欽

〔註 48〕參見莊浩然：《暴露的激情》，《福建師範大學學報》1983 年第 1 期。

差大臣》相比，《陞官圖》在情節設置與人物安排上的不同，不僅強化了其諷刺的概括性和否定的徹底性，而且將劇中的批判提升到了一個政治命題的高度。

　　我時常想到這樣一個問題：政治諷刺喜劇既然偏愛那種具體而重大的現實主題，那麼隨著諷刺對象的死去，其對於對象的諷刺是否也會隨之死去？換句話說，當諷刺喜劇的這一特殊品種在把政治上的醜惡化爲渺小滑稽的同時是否還可能賦予自己不朽的藝術生命呢？我以爲這是可能的，雖然要想眞正做到這一點似乎很難。問題的關鍵在作品的現實針對性是否同天才的藝術創造性做到了完美的結合。隨著時代的變化，它的政治性主題很可能會變得已經不再現實，然而它作爲一種人類天才的創造物，它的遒勁而怪異的風格、奔放而自由的想像卻依然可以作爲美的東西長駐人間。就此而言，《陞官圖》顯然具有一種長久的藝術價值和魅力。

　　《陞官圖》的創作使我們感到，作家在經過了十年的求索和多方的嘗試之後，終於進入了一種高度自由的喜劇審美境界。在此境界之中，不僅《恭喜發財》裏的拘謹之態被一掃而光，就是那種曾在《魔窟》和《亂世男女》等劇作中一再困擾過他的心理障礙也被最終克服。在表達重大時代主題的基礎上，陳白塵在自己的作品中第一次實現了喜劇風格眞正而完美的統一，並且最終成就了他在中國現代喜劇史上的傑出地位。

　　在《陞官圖》中，陳白塵明智地放棄了在大型諷刺喜劇中刻畫正面形象的種種嘗試，而將對於這類形象的刻畫變通爲暗示性或象徵性的處理方式。果戈理是拙於描寫正面人物的，魯迅在提到這一點時曾經說過：「他描寫沒落人物，依然栩栩如生，一到創造他之所謂好人，就沒有生氣。」〔註49〕陳白塵在這方面要優於他的異國導師，但比起反面形象的塑造，他筆下的正面形象同樣缺少「生氣」。他的黃毅哉和黎竹蓀〔註50〕儘管長期爲人稱道，但就比較意義而言，仍可作如是觀。陳白塵在《恭喜發財》中刻畫過魯效平和左老頭兒，在《魔窟》中塑造過小扣兒一家，在《亂世男女》中描寫過秦凡和王銀鳳等人，無論是他出於何種藝術動機——爲了對比，爲了證明諷刺對象的醜惡和罪惡，亦或是爲了表現光明的存在——，卻都未能眞正克服形象單薄的困擾。從總體上看，上述這些形象及其包含在這些形象之中的情節因素都

〔註49〕《魯迅全集》第 10 卷，北京：人民文學出版社 1981 年版，第 413 頁。
〔註50〕黎竹蓀是陳白塵話劇作品《歲寒圖》當中的人物。

曾不同程度地抑制了全劇的喜劇性興奮，在悲劇性與喜劇性的結合上留下了某些裂痕和缺憾。

事實上，在那類反映嚴峻主題的諷刺喜劇尤其是政治諷刺喜劇中，刻畫出豐滿而典型的正面形象幾乎是不可能的，至少我們目前還沒有見到過這方面的成功範例。劇作家當然可以塑造出這樣的成功形象，但那樣一來，作品卻很可能變成了一部幽默喜劇，或者乾脆成了正劇或悲劇。我們應當承認，儘管並不是只有一把鑰匙才能打開一把鎖，但企圖用一把鑰匙打開天下所有的人生之鎖，這在藝術上也只能是一種神話。對於政治喜劇在把握和表現對象方面的內在界限，布萊希特深有體會，我們應當重視這位政治喜劇大家在這方面的坦率直言。他認為：要求在作品中塑造正面形象，無異於取消政治喜劇的創作。考夫曼在論證布氏這一觀點時曾經分析過卓別林的《大獨裁者》。他在承認喜劇家在刻畫希特勒這一形象上所取得的成功之後，指出：「但是，這位喜劇大師卻讓集中營的囚徒們以列隊參加閱兵式那樣開進他們的營房宿舍。以這種用滑稽的表現手法暗示人民蒙受苦難的嘗試就成了問題。」〔註51〕也即是說，無論從政治主題的表達還是風格的統一來看，卓別林的藝術處理都是消極的。考夫曼由此得出結論：「那些最著名的劇例可以證實，喜劇（這裏指的是諷刺喜劇，尤其是指政治諷刺喜劇——引者注）一旦超越它表現的界限，不是將某一衰亡社會的內部活動，而是把兩個時代的基本矛盾當作情節的基點來表現，那麼它作為喜劇就難以補苴罅漏。」〔註52〕我以為布萊希特和考夫曼的結論是中肯的。在經歷了那麼多未能成功的嘗試之後，我們似乎應當有勇氣承認諷刺喜劇（政治諷刺喜劇）在對生活作出反應過程中所實際具有的限制。自由是對必然的認識。也只有如此，人們才可能創造出世界上最為優秀的諷刺性作品。

陳白塵描寫了魯效平的口吃、左老頭兒的囉嗦，小扣兒爹的口頭禪，說明他早已注意到正面形象在諷刺喜劇中的喜劇化問題，但這些嘗試卻未能取得令人滿意的效果。對於那些被欺騙或被壓迫的對象，人們無疑會投之以深切的同情，而且這些形象愈是豐滿，這種同情性的共鳴來得也就會愈強烈。

〔註51〕張黎編選：《布萊希特研究》，北京：中國社會科學出版社1984年版，第151頁。

〔註52〕張黎編選：《布萊希特研究》，北京：中國社會科學出版社1984年版，第152頁。上述問題可參閱該書第150～153頁。

在這種情況下，僅僅搬用外部語言上的小技巧是難以贏得人們發自內心的笑聲的。弄巧成拙的時候，它們甚至會導致悲劇性和喜劇性的相互消解。有鑒於此，作家在《亂世男女》中，除讓「工人」的角色語帶詼諧外，乾脆抹去了秦凡、小女孩和王銀鳳身上所有的喜劇性。在《陞官圖》中，由於作家放棄了以上種種努力並對正面形象作了虛化的藝術處理，我們見到的則是另外一種景象。在這種虛化的表現方式中，我們不僅看到而且也深深感受到了那種可以載舟同時也可以覆舟的大海般的力量。除此之外，我們看到的一個更為重要的結果就是：諷刺密度和力度的明顯加強。這顯然是作家調動各種因素、集中全力去刻畫他的諷刺對象所致。《陞官圖》之所以能夠成為「刺透這時代的心臟」的「怒書」〔註53〕，無疑與此直接相關。

　　《陞官圖》歷來被視為一部「怒書」。所謂「怒書」一說不僅為作家自言，而且被論者廣為徵引。但我必須強調，這部作品絕不單單是「怒書」，它同時又是讓人笑得有滋有味甚而至於前仰後合的「笑書」。僅只是「怒書」的作品，即便是喜劇也絕對不可能成為中國現代喜劇史上的傑作。

　　誠然，我們在《陞官圖》中的的確確感受到了作家澎湃於心的憤怒的激情。在千千萬萬的中國人歷經磨難用自己神聖的血好不容易取得了抗戰勝利之際，在一個光明的新中國似乎就在眼前的時候，官僚政治就像是寄生在中國社會機體上的癰疽一樣，不斷製造著新的罪惡，橫住了人民走向光明的進路，作為「人民的情報員」和「時代神經」的革命作家當然會對之產生一種難以抑制的憤怒之情。憤怒，固然據說是一切諷刺喜劇最為典型的情緒內涵，但對於一部優秀的諷刺喜劇來說，單只這一點卻是遠遠不夠的。對於喜劇尤為珍視的自由的創作心態來說，憤怒具有雙面的效應。就正效應而言，它可以激活主體的創造性，成為推動創作心態走向自由的內驅力；從負效應而觀之，它又可以變成束縛心態自由的阻遏力，將創作主體的興奮中心牢牢地釘在對象的某些方面，而這些方面往往並不具備喜劇性的特徵。對於諷刺喜劇特別是政治諷刺喜劇來說，重要的問題在於憤怒之情的轉換，必須將這種巨大而強烈的憤怒導引到一種藝術的客觀化和對象化的過程，而在這樣一種轉換生成的過程中，理性的作用勢必要被凸現出來。這也即是說，只有在高度的激情和高度的理性相互結合的情況下，這種創造性的轉化才能得以實現。特別是對於陳白塵這樣具有高度社會責任感的作家，儘管他本人曾多次受到

〔註53〕《陳白塵選集》第 5 卷，成都：四川文藝出版社 1988 年版，第 472、490 頁。

官僚政治的直接壓迫，但他之創作《陞官圖》也絕不止於憤怒情緒的宣泄和傾吐。他既然將自己的作品視爲中國人民爭取光明與民主的偉大歷史性鬥爭的一部分，他就不可能不更加注重這個客觀化和對象化的過程，因爲非如此則不可能更有效地幫助人們認清作爲一種社會客觀實在的官僚政治反人民的本質，並在這種認知的基礎上引發觀衆在憤怒聲討和強烈鄙夷意義上的審美共鳴。尤應指出的是，作品中理性對於激情的轉化與昇華，在很大程度上依賴於作家對於必勝的信念，正是由於「晨曦將臨」〔註 54〕作家才可能順利地將憤怒的激情加以客觀化的轉換，並與此同時生發出一種憤怒加鄙夷的複合情緒。這裏，「鄙夷」的生成不僅是理性認識的深化之花，而且是高激情與高理性的相互結合之果。站在一個征服者的高度，凌空視下，官僚政治全部的醜惡連同它的全部虛假與渺小自然會盡收眼底。現在，我們的作家有了足夠的激情和智慧，以一支負載千鈞而又遊刃有餘的如椽之筆，去將兒時的印象與成年的體驗、對黑夜的否定與對光明的嚮往、海的咆哮與海的沉默，將憎惡與鄙夷、豪放與精微、夢境與現實、誇張與戲擬、象徵與比喻、曲筆與直刺統一在自己的巔峰之作中。

自由的創作心態必然會尋覓獨特的藝術形式。關於《陞官圖》的藝術特色，論者多有評說，此處不再贅筆。但有兩點必須強調：即劇中鬧劇手法的運用和夢境的意義問題。

如就「farce」意義上去理解「鬧劇」，我們有足夠的理由去同情它在中國的生不逢辰。如果說，在那個爲著提升現代喜劇的社會地位而搖旗吶喊的最初年代裏，人們對於鬧劇的菲薄是爲了得到喜劇進入藝術聖殿的門票；那麼，20 世紀 30 年代喜劇主流與鬧劇之間的疏隔，則是爲著作家們急於表達自己對於現實主義的尊崇。鬧劇那種荒唐怪誕的外觀，使人很容易把它當成現實主義的對立物。因此，40 年代之初，當張駿祥昂然宣稱鬧劇的合法性的時候，他實際標誌著或說反映了喜劇創作中某種空氣的轉變〔註 55〕。從 30 年代末 40 年代初開始，鬧劇作爲一種元素和手段愈來愈多地出現在喜劇創作之中。作爲喜劇大家的陳白塵在這方面同樣是位開風氣之先的人物。早在 1936 年創作《恭喜發財》時，他已開始了這方面的嘗試；到了《魔窟》和《亂世男女》

〔註 54〕 《陳白塵選集》第 5 卷，成都：四川文藝出版社 1988 年版，第 480 頁。
〔註 55〕 參見拙著《中國現代喜劇觀念研究》，北京：北京師範大學出版社 1994 年版，
　　　　　第 191～192 頁。

裏，這種鬧劇元素的運用更爲明顯。隨著陳白塵喜劇創作心態的進一步舒展，作家似乎在鬧劇身上寄託了更多的期望。準確地說，「鬧劇」和「喜劇」並非平行的概念，前者不過是後者的低級形態。然而，正因爲它是低級的，它勢必同時也是基礎性的。幾乎在所有的高喜劇當中，鬧劇元素都是一種不可或缺的成分。實際上，鬧劇並不一定劣俗，劣俗與否的關鍵要看作者在喜劇意識和喜劇藝術兩個方面的努力。陳白塵對於中國現代諷刺喜劇尤其是政治諷刺喜劇的貢獻之一，就在其對鬧劇元素的大膽而又妥貼的運用。《陞官圖》之所以能夠成爲一部「笑書」與此關係甚大。喜劇創作的實踐完全可以證明：那種強烈的諷刺激情、極度的誇張和特有的潑辣、火爆而又相當明快的風格化取向不可避免地會與鬧劇的精神發生這樣或那樣的聯繫。

　　《欽差大臣》最初的上演，就是按照鬧劇原則進行的。果戈理爲此頗爲汗顏，並產生出一種被人誤解的痛苦，以致絕望地喊道：「沒有人，沒有人，沒有一個人理解！！！」〔註 56〕。果戈理的痛苦是有道理的，那種風格化的演出確實淹沒了作者就道德完善和心靈淨化所發出的呼聲。《陞官圖》也是按鬧劇風格演出的，這不僅是應雲衛、黃佐臨等人分別在重慶、上海、延安等地執導時所表現出來的共識，同時也是導演與作者之間的默契。兩劇得以運用相同或相近的風格去演出，說明它們之間存在著相同或相似的東西，而作者對於這種演出風格截然相反的反應則又表明他們的作品在思想意蘊和藝術追求上的重要區別。從思想內容而論，《欽差大臣》的諷刺由於是針對作者生活其中的那一類人物的醜，故而主要表現爲一種道德上的批判，在這種情況下，雖然也可以利用鬧劇的手法，但對之必須做出嚴格的限制，否則勢必會損害其道德反省中的沉思性內容；與此不同，《陞官圖》的諷刺，其對象是外在於作者的社會政治上的醜，因此它表現出來的是一種徹底而絕決的政治批判精神，在這種情況下，鬧劇手法是大有用武之地的。就藝術追求而言，前者所要實行的是對於俄國舞臺上通俗笑劇（即我們現在所說的「鬧劇」）盛行的喜劇時尙的反撥；而後者所要做的卻是對於現代喜劇主流與鬧劇之間存在已久的隔膜的突破。可見，在作家們對相同演出風格的不同反應背後實際蘊含的，是他們在創作意念和深層內容上的不同。

　　同樣是有意識地在諷刺喜劇中運用鬧劇的原則，20 世紀 40 年代的陳白塵

〔註 56〕　〔前蘇聯〕伊·佐洛圖斯基：《果戈理傳》，天津：天津人民出版社 1982 年版，第 261 頁。

與 20 年代的陳大悲、熊佛西又是不同的。學術界對於後兩位劇作家的喜劇作品成見頗深，常以爲他們是爲鬧劇而鬧劇的人物〔註 57〕，這當然是椿藝術上的「冤案」。但有一點應當看到：儘管他們的「鬧劇」是爲了「趣味」，而「趣味」又是爲了「啓蒙」，但在趣味（鬧劇）與啓蒙主題之間不過是一種簡單的加法算式。在陳白塵的諷刺喜劇特別是《陞官圖》當中，情況發生了根本性的變化。作家不僅爲劇中的鬧劇元素提供了更多的性格、心理和現實方面的邏輯依據，而且更重要的是將其完全納入藝術整體構思的控制之下，有效地使之服從和服務於全劇的攻擊性諷刺主題的需要。因此，我們看到的不再是「趣味」加「主題」的兩張皮，而是鬧劇元素與喜劇其它元素的互相涵攝與融合，這當然是一種更爲高級的喜劇方程序。試想，如果抽掉兩個強盜的荒唐夢，抽掉假秘書長與知縣太太、與艾局長的勾結和爭奪，抽掉省長怪異的治病之方，抽掉充滿全劇的那種極度誇張的人物語言，不要說《陞官圖》潑辣犀利的風格會蕩然無存，就連《陞官圖》作品本身恐怕也會不復存在。總之，如果不是就那種靜止而抽象的意義去談論鬧劇本身的利弊得失，而是從中國現代喜劇發展的歷史需要的角度來考慮問題，我們就應當給予陳白塵對於鬧劇元素的運用這一點以充分的重視和肯定。

夢境的敘寫構成了《陞官圖》情節的主幹部分。董健先生在論及這一點的美學意義時曾做過如下總結：這裏的夢境除具有一種暗示黑暗統治猶如「一枕黃梁」的象徵意味之外，更爲重要的是，還具有一種意義重大的藝術催化劑的作用；正是它激活了喜劇藝術的各種因素，以極度誇張和變形的方式曲折地反映出現實的眞實；這樣，它一方面爲創作主體提供了馳騁想像、放手誇張的「廣闊天地」，另一方面又爲接受主體架設了一座渡過荒誕之河達到眞實合理彼岸的「審美之橋」，從而使《陞官圖》產生了重大的美學效果和社會效果〔註 58〕。董先生的論說無疑是精到的。我只想就喜劇史的角度對這個問題做些補充。

中國現代喜劇史，同中國現代文學史一樣，幾乎從一開始就存在著現實主義和浪漫主義兩種創作方法的區別，這在學術界已經成爲了常識。此外，就中國現代喜劇觀念的發展來看，又存在著主觀論和客觀論兩種不同的致思

〔註57〕在陳、熊兩人的時代，今日之「鬧劇」，當時多稱之爲「趣劇」。
〔註58〕詳見董健《陳白塵創作歷程論》，北京：中國戲劇出版社 1985 年版，第 246 ～247 頁。

取向。這兩組概念顯然不是從同一角度同一層次被提出來的，它們之間的關係還需進一步地研究，但有幾點很清楚：在 20 世紀 20 年代，現實主義與浪漫主義、客觀論與主觀論實際上是分途發展的，彼此之間並未形成明顯的對立；但到 30 年代，在它們之間產生了日見嚴重的分歧；而進入 40 年代以後，在相異的雙方之間則又出現了某些相互吸取的歷史趨勢；不過，由於這一階段現實主義和客觀論已經佔據了主導地位，因此這種相互吸取只能表現爲在現實主義和客觀論基礎上的對於浪漫主義和主觀論的部分吸納。而最能在創作實踐中體現出這一歷史性變化的就是陳白塵的喜劇，特別是他的《陞官圖》。在《陞官圖》中，作家將擊刺現實的主題放在夢境這樣一個整體性的心理框架裏去展示，卓有成效地做到了黑暗的客觀眞實的再現與澎湃於心的否定激情、現實本質的揭示與躍動自如的想像的結合。顯然，沒有這種不同創作原則與審美取向間的相互吸納，也就不會有那種自由的喜劇創作境界，而沒有這種境界也就不會有《陞官圖》如此的藝術成就。

在以上有關陳白塵自由的喜劇審美活動的考察中，我實際上是將其理解爲一種共時性的「狀態」，以下我想再就歷時性的角度做一些分析，看看其中是否可能有某種新的發現。

當我們把陳白塵的喜劇審美活動理解爲一種歷時性的縱向過程時，我們會發現一條由相對的不自由向相對的自由曲折運動的軌迹。我覺得，這條曲線的發現並不是沒有意義的，因爲它指出了中國喜劇在其現代化轉換過程中的關鍵問題之所在，同時也表明了這一歷史過程的艱難。

馮雪峰在談到《亂世男女》的時候，曾指出有一隻「看不見的手」限制了作家創作的自由，從而影響了作品的深度〔註 59〕。那麼，究竟應當怎樣去理解這只「手」呢？雖然有人將其解釋爲作者外在的困難「處境」〔註 60〕，解釋爲專制統治及其造成的專制空氣，但我卻更傾向於把它理解成一種內在於心的東西。如果僅僅是黑暗的處境，那麼，對於陳白塵這樣具有頑強個性的革命作家來說，引發的只會是反抗的激情；只有那種積澱在心理深層並以某種方式得到了作家自身認可的東西，才會使陳白塵處在「被束縛的苦痛的

〔註 59〕　雪峰：《論典型的創造──關於〈亂世男女〉的形象》，卜仲康編：《陳白塵專集》，南京：江蘇人民出版社 1983 年版，第 326 頁。

〔註 60〕　參見劉授松：《陳白塵的戲劇成就》，卜仲康編：《陳白塵專集》，南京：江蘇人民出版社 1983 年版，第 297 頁。

矛盾的心理狀態」〔註 61〕之中。在我看來，這種積鬱於心的東西其實與中國喜劇的傳統因素有關。

儘管早在先秦時代，中國就已經形成了所謂「美刺」的傳統，但其重心卻一直在「美」，而非「刺」。這種文化意識體現在喜劇藝術中則形成了一種著意歌頌良善、著重表達主觀意向、偏重以「美」作爲喜劇內涵的「美善」〔註 62〕取向。由於民族危機的日益深重和西風東漸時代潮流的挾裹，這一傳統在 20 世紀初、特別是在「五四」前後，不可避免地受到了來自進步文化界和思想界的嚴峻挑戰。在西方喜劇「刺惡」精神的強烈比照下，中國傳統的喜劇精神在很大程度上作爲強作歡顏的淺薄需求乃至自欺欺人的民族心理障礙而遭到人們的貶斥和鄙夷。「五四」以後的中國新喜劇正是在這種觀念轉換的背景下發展起來的。

抗戰期間，這種由「美善」向「刺惡」的重點轉移遇上了一次重大的考驗。民族聖戰的爆發造成了民族情緒的高漲，民族文化中的傳統因素不可避免地隨之出現了某種程度的回潮。陳白塵在《亂世男女》前後開始的明顯曲折表明：正是這種回潮化作一隻「無形之手」，揉搓著許多諷刺喜劇作者的審美之心，以致讓他們在歌頌光明與暴露黑暗之間頗爲躊躇。就此而言，《陞官圖》一類作品的出現標誌著一種勝利，中國現代喜劇中的新因素終於經受住了傳統回潮的挑戰。諷刺喜劇的實踐證明：作家如不從那隻無形之手中自己解放自己，就不可能贏得喜劇創作的自由，就不可能創作出《陞官圖》那類的否定激情勃發的作品，也就無法最終奠定諷刺喜劇在中國現代喜劇史上的歷史地位。．．

1946 年，陳白塵氣度軒昂地宣稱：「喜劇不能如一般戲劇可以爲讀者觀眾指出一條光明的路，那是由於形式的限制，但喜劇決不是止於消極的企圖，它的積極要求正是它消極否定的另一面。」〔註 63〕在這裏，我們再也找不到那種徘徊苦索的心音，我們看到的是建立在喜劇（諷刺喜劇）合法性認識基礎上的高度自覺和自信，我們聽到的是中國現代諷刺喜劇雷霆腳步所發出的曠古足音。就此意義而言，陳白塵的諷刺喜劇正是在認眞汲取了西方喜劇「刺

〔註61〕雪峰：《論典型的創造——關於〈亂世男女〉的形象》，卜仲康編：《陳白塵專集》，南京：江蘇人民出版社 1983 年版，第 326 頁。

〔註62〕此處的「美」用作動詞，爲「讚美」、「歌頌」之意。

〔註63〕《陳白塵選集》第 5 卷，成都：四川文藝出版社 1988 年版，第 482 頁。

惡」精神之後而對中華民族喜劇傳統「美善」取向所做出的重要反撥和超越，
其最終的結果是對於中國喜劇內部格局的重大調整，對於中國喜劇藝術的豐
富、拓展和提升。

第 9 章　回顧與思考

　　在本書的前幾部分當中，我們分別談到了 20 世紀 30 年代中國現代喜劇的歷史語境，談到了幽默喜劇、諷刺喜劇和風俗喜劇在這一時期的發展情況，談到了它們各自的徑向、特點以及相互間的區別，同時也談到了本期代表性作家的藝術追求和他們在民國時期的創作實績。本章的主要任務是，在此基礎之上通過回顧總結以及進一步的思考，把所有這一切理解為一種有機而互補意義上的整體性存在，然後找出它們之間在深層存在著的共同或相通之處，藉以幫助人們對 30 年代中國現代喜劇的運動規律和歷史風貌形成一種總體性的認識。

審美視向的聚焦轉換

　　隨著「喜劇」範疇的確立，在 20 世紀的最初二十幾年中，中國喜劇在初步完成了由傳統形態向現代形態的歷史轉變過程中，已經大體形成了主觀論和客觀論的明顯取向。不過在這一時期，這兩種思想路線由於具有反對傳統喜劇觀念及其藝術的共同性，彼此之間尚未發生正面的衝突，而是保持著相安無事、分途發展的態勢。林語堂獨鍾幽默，但並未因此而反對諷刺；魯迅力主諷刺，但也並不排斥幽默，儘管對林語堂的譯名懷有疑慮，但他還是譯出日人《說幽默》一文以壯聲色。然而，思想上的分歧既已存在，理論上的分野及其相互之間的鬥爭則在所難免。進入 30 年代後，大革命後極度動盪不安的社會形勢，加上接踵而來的再度表面化的民族危機，使中國社會處於一種普遍的分裂狀態，這使「五四」退潮時已經開始分化的新文化運動在此時

更是陷入各種思想派別的巨大衝突中。作爲這種歷史現象的文化投影，中國現代喜劇思想上的明顯分化則是必然的。

1932 年 9 月，提倡「幽默」的《論語》半月刊在上海一經面世，發行量就高達數萬份，而且在高校的學生中更是大爲流行，贏得了許多知識者的好評。上海文壇一時間刮起了「幽默風」，按魯迅先生後來的說法是：「轟的一聲，天下無不幽默和小品」〔註1〕。1933 年 2 月蕭伯納訪華，雖然這位世界聞名的幽默大家在上海不過只待了一天的時間，但在客觀上卻無疑進一步擴大了幽默派的影響。1933 年由此而成爲了「幽默年」。林語堂不僅被帶上了中國「幽默大師」的桂冠，而且迅速成爲了社會上的新聞人物。1932 年是發生「一·二八」事變的一年，1933 年楊杏佛死於政治暗殺，在這樣嚴峻的社會情勢之下卻大興「幽默」和「性靈」之風，這種情況不能不引起以魯迅爲代表的左翼文化界的強烈反感和高度警覺，於是組織相應的刊物和文章對之展開了嚴厲的批評。有人將這次的「幽默」與「諷刺」之爭主要理解爲基於誤會的個人意氣之爭，我想未必。我相信，作爲當事人之一的陶亢德的說法——不管其主觀的傾向性如何——是有一定道理的，在他看來：

> 魯林的不同之處，是魯迅對於現世界、現社會的醜惡，處處抗戰到底，所以他視筆如刀，視小品文如匕首。語堂卻以爲人生或世界不無靜觀自得之處。語堂不是沒有寫過戰鬥文章，但他也會認識《浮生六記》是不朽之作。

> 魯迅認爲中國充滿仁義道德的文化只是「吃人」，而語堂向慕儒家之明性達理，他認爲文學只是「性靈的表現」，不可以充作政治的武器。〔註2〕

20 世紀 30 年代是主觀論開始獲得理論騰躍的時期，隨著其社會影響的擴大，以「幽默年」的出現爲契機，主、客觀論的思想衝突終於在幽默與諷刺的問題上爆發了出來。問題決不僅僅在於對幽默與諷刺的不同理解和評價。事實上，正如鄭伯奇所說：「中國人對於使用一個名字，素來沒有嚴守定義的習慣」〔註3〕，爭論的雙方對於這兩個基本的喜劇美學範疇從來沒有過精確的界定。魯迅從 20 世紀 20 年代中期就將諷刺看作喜劇的一種「變簡」，而林語堂和朱

〔註1〕 《魯迅全集》第 5 卷，北京：人民文學出版社 1981 年版，第 473 頁。
〔註2〕 參見林太乙：《林語堂傳》，北京：中國戲劇出版社 1994 年版，第 99 頁。
〔註3〕 鄭伯奇：《幽默小論》，《現代》第 4 卷第 1 期，1933 年 11 月。

光潛之所以要對幽默進行廣義與狹義的區分，重要的原因之一是將它當成「喜劇性」的代名詞。因此，所謂幽默與諷刺只是一種觸媒，它們代表的實際上是不同的喜劇理想或同一喜劇理想中的不同側面。關於它們的論爭，引發的實質上是中國現代喜劇觀念中兩條路線、兩種原則的衝突，標誌著中國現代喜劇審美視向聚焦轉換所取得的的重大突破。我以為，只有這樣去理解 20 世紀 30 年代的「幽默」與「諷刺」之爭，才算找到了問題的癥結。我把諷刺派主帥魯迅說過的一段話理解為對於這次論爭所做出的歷史性結論：

> 「幽默」既非國產，中國人也不是長於「幽默」的人民，而現
> 在又實在是難以幽默的時候。於是雖幽默也就免不了改變樣子了，
> 非傾於對社會的諷刺，即墮入傳統的「說笑話」和「討便宜」。〔註4〕

我想，魯迅的話應當是睿智和中肯的。

這次論爭，表面上看，雖是發生在文藝思想領域，但其在喜劇創作領域的實際影響卻是廣泛、深刻和持久的。它在一定程度上抑制了幽默喜劇的發展勢頭，促成了其美學風格的內部調整；直接推進了諷刺喜劇的迅速發展，並很快使其成為了中國現代喜劇當中的主導性類型；進一步強化了諷刺性元素對於風俗喜劇的涵攝力和滲透力；從而在很大程度上影響了三四十年代中國現代喜劇的文化價值立場、其對於現實社會生活的藝術表現能力、它的藝術成就和走向，乃至它在整體意義上的歷史風貌。

在中國現代喜劇史上，這是一次具有豐富歷史文化內涵的重要轉變。

中國的傳統喜劇，作為古代中國偏重主觀的藝術精神的具體體現，一直偏重於正面抒寫主體對於美好事物和理想社會的主觀式的希冀和精神上的企盼，從而表現出一種收視內心的主導取向。生命力長期內向發展並在內心世界不斷尋求對於現實世界的精神補償的結果，不能不弱化了主體對負面價值的感應能力和關注現實變化的興趣。故事情節上的陳陳相因，結構上的程序化，永無休止的大團圓，從許多方面證明了古典喜劇在反映現實變化上的貧弱。在這種情況下，中國古代喜劇中有關客觀對象的意識是不可能得到真正而明確的發展的。這一情況隨著封建末世的到來顯得尤為突出。

中國現代的喜劇及其觀念在對於傳統喜劇精神的批判性反省過程中不僅明確建立起自己的客觀對象意識，而且在 30 年代以幽默與諷刺的論爭為標誌大幅度地實行了審美視向的聚焦轉換。這種對象領域大幅度的聚焦轉換不僅

〔註4〕《魯迅全集》第 5 卷，北京：人民文學出版社 1981 年版，第 43 頁。

具有局部意義，而且還在更高的層面上標誌著那種以內求為主的古典喜劇精神的終結和一個以外求為主的現代喜劇新時代的到來。

從 20 世紀 20 年代開始，在社會人生中具有負面價值的「醜惡」源源不斷地進入現代喜劇的審美視域，並於 30 年代的中後期在對象的意義上逐漸佔據了這一領域的「正宗」地位。魯迅率先將喜劇對象界定為一種披著價值外衣的內在的「無價值」。林語堂看到一個極不完備的社會中存在著的諸般失態、偏見、迷蒙、俗欲、愚笨和假冒對於喜劇的意義。郁達夫認為喜劇針對的是「人的性質或社會惡德中的普遍弱點」〔註5〕。熊佛西說：喜劇針對的是社會的反常和非理、倒行逆施、虛偽狡詐以及愚蠢癲狂。歐陽予倩斷言：「喜劇的笑大抵出於人格的否定」，反映的是人生中的矛盾和醜惡。〔註6〕洪深稱：喜劇描寫愚蠢的人物和事情，表現不帶毀滅力量、不致使人痛苦的人類「劣根性」。〔註7〕朱光潛表示：盡善盡美和窮兇惡極都不可能成為喜劇的對象，他將喜劇對象歸結為人生中的「缺陷」，具體又分成容貌的醜拙、品格的虧缺和人事的乖訛。〔註8〕馬彥祥指出：喜劇表現人類的缺點和矛盾。〔註9〕老舍認為：喜劇的對象是人間和人類的「缺欠」。〔註10〕丁伯騮強調喜劇是專門揭發缺點的戲劇藝術。〔註11〕

上述觀點在具體表述上固然千差萬別，他們在如何界定醜，喜劇對象究竟是「醜」還是「醜惡」等問題上儘管存在著重要的分歧，但無一不體現出一種共同的思想趨向，即將具有負面價值的客體，視為喜劇對象中的焦點。在濃重倫理氛圍裏發展起來的中國古典喜劇當中，當然不可避免地也會包含著醜的因素，但在許多情況下，人們著重張揚的是「醜」外表下面的善良、美好和智慧。丑角的外表是醜的，但在傳統戲曲中，「以丑角這個行當來扮演的好人很多，特別在昆劇，丑角演的絕大多數是好人」〔註12〕。古典喜劇中

〔註5〕 參見郁達夫：《戲劇論》，上海：商務印書館 1926 年版，第 5 頁。

〔註6〕 參見《歐陽予倩全集》第 4 卷，上海：上海文藝出版社 1990 年版，第 46 頁。

〔註7〕 參見《洪深文集》第 4 卷，北京：中國戲劇出版社 1959 年版，第 444～445 頁。

〔註8〕 參見《朱光潛美學文集》第 2 卷，上海：上海文藝出版社 1982 年版，第 28 頁。

〔註9〕 參見馬彥祥：《戲劇講座》，上海：現代書局 1932 年版，第 75 頁。

〔註10〕 參見老舍：《談幽默》，《宇宙風》第 23 期，1936 年 8 月。

〔註11〕 參見丁伯騮：《戲劇欣賞法》，南京：正中書局 1936 年版，第 46 頁。

〔註12〕 戴平：《戲劇——綜合的美學工程》，上海：上海人民出版社 1988 年版，第 298 頁。

當然也會有「惡」，但卻很少有作品能夠酣暢淋漓地描寫「惡」，刻畫「惡」，把它當作主角而不是陪襯，即使是極少數作品能夠做到這點，但它們顯然不能代表古典喜劇在審美關注方向上的主流。因此，在以社會人生中的醜惡作爲喜劇對象的問題上，傳統喜劇及其觀念從來不可能達到有如現代人這樣如此高度的精神自覺。作爲這種自覺的明確體現，到 20 世紀 30 年代中期，已經有人公開提出要在現代中國的美學界建立和發展「醜學」的問題。〔註 13〕

喜劇審美視向的聚焦轉換，實際包含了兩重涵義，一是指以「醜」爲喜劇的主要對象，一是指對於客體的認知因素的強化。從這兩點而言，聚焦轉換給中國現代喜劇藝術實踐帶來的最直接最顯著的變化就是諷刺喜劇在三四十年代的迅速崛起和長足發展。

中國古代注重表情顯志的內求式的藝術精神決定了中國傳統喜劇以肯定性喜劇爲其主幹的總體格局，以致使肯定性成了中國傳統喜劇最爲基本的審美傾向。應當說明的是，我並不認爲這種重在表達主體正面價值理想的喜劇範型本身有何可以詬病的地方。事實上，它不僅反映出我們民族對於喜劇問題的獨特理解，而且也是對於世界喜劇藝術的一種貢獻。問題在於，那種以此爲中軸的喜劇總體格局在上千年的歷史發展中的缺少變化，作品與作品間的輾轉模造以及永無休止的重複使其最終忽視了那個「日日改變」的「世界」。在事實上的「不美好」中僅僅或是一味地沉潛於假想的「美好」，其結果難免會產生出那種自欺以致欺人的喜劇性文藝來。魯迅曾將這種文化傾向形象地稱爲「十景病」，認爲正是這種民族性的沉疴使很多中國人失去了正視現實和世界的勇氣，造成了「國民性的怯弱，懶惰，而又巧滑」，以致「一天一天的滿足著，即一天一天的墮落著，但卻又覺得日見其光榮」〔註 14〕。魯迅希望自己的同胞能夠儘早撕開祥和圓滿的虛假表象，看到現實社會到處可見的矛盾、對立和缺陷。他和他的同道顯然認爲：非如此，中國人就不可能有所作爲，中國也就不會有社會的改革和進步。正是在這個意義上，魯迅才會提出「撕破說」，他才會成爲中國現代諷刺文學的主將和旗手。他將否定性喜劇文藝的倡導視爲救治中國文化傳統疾患的一劑良藥。

中國作爲一個富有喜劇精神的國家，自然同樣也具有著久遠的諷刺傳

〔註 13〕參見周木齋：《「醜學」》，《作家》第 1 卷第 6 號，1936 年 9 月。
〔註 14〕《魯迅全集》第 1 卷，北京：人民文學出版社 1981 年版，第 240 頁。

統，但這並不意味著其必然擁有發達的諷刺文學。事實上，中國喜劇精神的泛化勢必會導致中國傳統諷刺精神的低調存在。

至少在兩千多年以前，中國已有「上以風化下，下以風刺上，主文而譎諫，言之者無罪，聞之者足以戒」（《毛詩序》）的說法，這裏實際已經涉及到諷刺的問題。所謂「風者，風也」，其中的第二個「風」就是「諷」的假借字。「諷」在這裏是「諷喻」之意，指的是對於人事的一種婉轉含蓄的批評。而「刺」則用來與「美」並稱，意指一種比「諷」更爲嚴屬的批評或斥責。「諷」與「刺」合起來，指的當然是一種特殊的「刺」，一種與「直刺」不同的「譴而不虐」、「婉而多諷」、「溫柔敦厚」之「刺」。在中國古代史上，司馬遷和劉勰是兩位較早對於喜劇性諷刺表示過好感的明達之士，但即便如此，他們對優孟、優旃諷刺行爲的肯定也從未超出遁辭隱意、譎譬指事和微諷婉刺的範圍。誠然，明中葉之後，中國的傳統諷刺精神有所發展，但即便如此，多數中國人也沒有忘記加諸其上的種種限制。清人陳臬謨在《半庵笑政》中曾提出 10 種「笑忌」，其中就有忌「刺人隱事」、「笑中刀」、「不理會」、「涉闈政」、「侮聖賢」、「分左右祖」和「令人難堪」等。〔註15〕至於李漁在《閒情偶寄》中更有「戒諷刺」之說〔註16〕。足見，在古代中國這塊土地上，諷刺基本上是處在一種戴著鐐銬跳舞、飽受壓抑的境遇之中。

除了肯定性的傳統喜劇精神的涵攝與壓迫外，這種情況的產生顯然與中國封建專制主義的長期統治直接相關。就西方喜劇的歷史經驗來看，諷刺喜劇的興衰與社會個體獨立意識和民主因素的漲落是緊密相連的。古希臘諷刺喜劇的繁榮得益於雅典的城邦民主制，而後者的崩潰又很快導致了前者的消沉。中世紀的西歐處在宗教專制的時代，而這也正是諷刺喜劇的蟄伏期。接下來，宗教專制的統治開始逐漸瓦解，諷刺喜劇則又日臻昌明。不錯，近代的西歐基本上仍然處於封建主義的統治之下，但是西歐各國的封建制度和中國的封建制度並不完全相同。由於歷史上的多種原因，在西歐的封建社會中，村社對政府、城邦對國家、貴族對國王、自由民對統治者仍然保留了某種程度的相對獨立的權利。更何況從總體上看，整個歐洲一直處在一種不斷由統一走向分裂的歷史趨勢中，這就爲諷刺精神的上達

〔註15〕參見王利器輯錄：《歷代笑話集》，上海：上海古籍出版社 1981 年新 1 版，第 452 頁。

〔註16〕參見《李漁全集》第 3 卷，杭州：浙江古籍出版社 1992 年版，第 5～8 頁。

提供了相對適宜的社會文化土壤。而中國古代的情況顯然與之殊異。諷刺在這裏不得不面對的是一個建立在幅員廣大的疆域上的中央集權式的封建帝國。在它的歷史上儘管也有著分裂的時期，但其基本的**趨勢**卻是統一的。一種超乎尋常堅固的專制的宗法的倫理文化不僅卓有成效地抑制了個體的獨立性，而且也成功地推行了那種「和為貴」的處世原則。諷刺，就其實質來講，是一種「分裂」的產物。沒有一定程度上的異己感，諷刺也就無從發生。因此，「和合」也就成為中國傳統文化中的諷刺的消解因素。此外，專制主義的政治統治同樣不會青睞諷刺。既然社會成員的尊卑貴賤早有定數，任何一種真正意義上的諷刺都可能被人認為是犯上悖禮的行為。所謂言者無罪聞者足戒，在多數情況下只能是一種理想的存，一部中國的古代史似乎並不缺少因諷刺而喪生的人。正是這些情況使中國古代的諷刺意識走上了一條與西方迥然不同的路子：

> 總是那麼的謹小慎微，鋒芒不露，總有一種溫柔敦厚的原諒意
> 味沖洗著諷刺的辛辣與犀利。諷刺王公貴族、人君帝王的自不待言，
> 就是平民諷刺也是如此。〔註17〕

當然，封建專制主義的壓制總有它的邊界，在亂世，在民間，諷刺並非沒有變得犀利和辛辣的可能，但即使如此，它仍然難以上升到藝術喜劇的勝境。

　　進入現代以後，上述抑制或消解諷刺的社會文化因素當然不會輕易地退出中國的歷史舞臺，但是時代終歸不同了。在這一方面，圍繞陳白塵《亂世男女》所出現的社會反應似乎具有某種典型的意義。作品問世之後，很快招致了多方面的批評：有人認為它的矛頭指向了不應該指向的人；有人認為劇中諷刺的人物太多；有人認為作品裏的正面形象過於蒼白；有人認為作者對自己筆下的人物過分苛刻；更有人乾脆將其視為只知「暴露」的悲觀主義之作，認定作者是在滅自己人之志氣，長敵人之威風。面對鋪頭蓋臉而來的種種非議，陳白塵不能不感到痛苦但卻又絕未屈服。他以「我的歡喜」為題撰文作答。文中，他實際將對於諷刺的拒絕上升到一種民族惰性的高度。他說：「諱疾忌醫，不是一個民族的美德，而一個誇大的，不知自己短處的民族底命運，只有滅亡！」他還說：「只有強烈地傾向著光明的人，總會對黑暗加以

〔註17〕閻廣林：《歌頌性喜劇縱橫談》，《中國話劇研究》第 4 期，北京：文化藝術出版社 1992 年版，第 8 頁。

無情的暴露。」〔註18〕凡此種種，都清楚地表現出現代中國人對於傳統的反省力和為了維護諷刺在中國上達的權利而不懈努力的決心。而這一切——正如文章標題所暗示的那樣——顯然與現代思想在人們心中的確立直接相關。沒有新的價值觀，諷刺喜劇是絕對不可能在中國扶搖而起的。

儘管 1911 年的革命推翻了封建帝制，但從實質上說，現代的中國仍是一個專制主義的國家。因此，專制制度仍然是諷刺文學的死敵。但和先前不同的是，此時的專制主義已成強弩之末，事實上，從辛亥革命到 1949 年之前，中國從未真正統一過。外患疊起、地方割據、內亂不已的狀況一直使現代中國的政局處在風雨飄搖之中，當局者固然也在不遺餘力地推行文化專制主義，但由於力不從心而在實際上成效有限。處於末世的專制主義已經不可能再像過去那樣施行自己的統治了，於是它時常也打出民主的招牌，企圖造成民主的假象，但這樣一來——再加上各地的割據和內部的紛爭——勢必在客觀上為諷刺提供了生存和發展的較為靈動的社會空間。

新舊交替的轉型期社會一方面為諷刺提供了豐富的源泉，一方面為它確立了新的價值參照系統，另一方面又為它造成了富有迴旋餘地的發展空間，中國現代諷刺喜劇正是在這種歷史情勢下一發而不可收。它在 20 世紀 30 年代由寓言化起步，迅速跨越社會寫實和政治化兩個階段，到 40 年代一躍而成為中國現代喜劇藝術的主潮，促成了中國喜劇現代轉換過程中的一個令人矚目的奇觀。縱觀中國上下幾千年的歷史，否定性喜劇從未取得過如此顯赫的成就，從未在現實社會中產生過如此普遍的反響。我們甚至不妨說，中國的一部民國史正是中國諷刺喜劇的黃金時代。這不能不說是對於中國傳統喜劇格局的一次現代性的突破，對於中國喜劇類型的一種意義重大的豐富和拓展。

中國傳統觀念中的喜劇美是建立在古典式的「和諧」之上的，它體現出來的往往只是一種美化的現實。在一定意義上，「醜」意味著「不和諧」或「反和諧」，因而「醜」對於喜劇視界全方位的介入，必然給古典式的「和諧」帶來某種分裂，並且還很可能在給受過傳統濡染的審美心靈造成痛苦的同時促成主體對於現實真實更深一層的關注。中國現代喜劇史充斥著大量有關喜劇感中包含痛感問題的闡釋，在這一基本事實的背後究竟隱含著什麼呢？焦菊隱對此有過令人信服的說明，他說：

〔註18〕陳白塵：《我的歡喜——〈亂世男女〉自序》，《五十年集》，南京：江蘇人民出版社 1982 年版，第 392 頁。

　　喜劇何以會使在發笑的人感到悲哀呢？因為喜劇裏的描寫都是
人類社會的罪惡、黑暗；而這些罪惡、黑暗又是人類作得太習慣看
得太習慣了，反而不自察覺的。經由戲劇把這些習以為常的事實、
動作、行為搬到舞臺上，使觀眾用客觀的、冷靜的眼光去看，其外
形立刻變成有味，戲劇的印象也立刻深刻了……這深刻的印象使你
認識了罪惡，認識了黑暗，使你自覺自處黑暗與罪惡之中，你會不
悲哀嗎？〔註19〕

可見，焦菊隱所說的喜中之悲，不僅與「醜」之介入有關，而且也是客觀認
識現實的產物。在這裏，「醜」代表的是作家生活於其中的現實，而痛感則是
主體對於這種醜惡現實進行認知過程中的情緒感受，其實質仍然是一種現實
感。

　　就此而言，聚焦轉換給中國現代喜劇帶來的又一個重要變化，則是喜劇
情感內涵的拓展。

　　悲喜結合、苦樂相間，素來被人們視為中國傳統戲劇的審美特色之一。
人有悲歡離合，月有陰晴圓缺。既然「六合之中，何所不有」，一向注重綜合
美的傳統戲劇自然也就會「七情以內，無境不生」〔註20〕。李漁所謂「自始
至終，離、合、悲、歡，中具無限情由，無窮關目」一語〔註21〕，實際上，
不僅道出了傳統戲劇情節的特點，而且也指出了傳統戲劇在審美情感內涵上
的多味性或豐富性。傳統喜劇作為傳統戲劇中實際存在著的一個亞類，當然
也會具有上述特徵。許多論者據此認為悲喜結合、苦樂相間是中國傳統喜劇
的一個主要特點，我以為不無道理，但尚須強調：這種悲喜的結合，主要是
通過兩種不同的情節因素根據始離終合或始困終亨的原則前後相繼組合的方
式實現的。其目的一般來說有兩個：其一為對比烘托，正所謂：「以樂景寫哀，
以哀景寫樂，一倍增其哀樂」〔註22〕；其二為達到和合中庸的終極關懷。由
此，至少可以得出兩點結論：第一，這種悲喜結合的代價是抑制喜劇／悲劇
作為藝術類型的自覺；第二，「悲」與「喜」既然作為對立因素並舉，那麼可

〔註19〕《焦菊隱文集》第 1 卷，北京：文化藝術出版社 1986 年版，第 307 頁。
〔註20〕參見《中國古典戲曲論著集成（七）》，北京：中國戲劇出版社 1959 年版，第
　　　　13 頁。
〔註21〕參見《中國古典戲曲論著集成（七）》，北京：中國戲劇出版社 1959 年版，第
　　　　14 頁。
〔註22〕張庚等主編：《中國戲曲通論》，上海：上海文藝出版社 1989 年版，第 297 頁。

見「喜」本身的情感內涵是單純的，按劉勰「諧之言皆也；辭淺會俗，皆悅笑也」（《文心雕龍・諧隱》）的說法，它主要應當是一種「悅笑」。

中國的現代喜劇繼承了古代喜劇中悲喜結合的民族傳統，但同時又有了明顯的變化和發展。就根本的意義而言，「悲」在傳統喜劇中作為「喜」前的一種磨難，終歸是為主體抒寫自己對於正面價值的主觀企盼這一點服務的，其潛在的思想基礎是對現實秩序圓滿性的藝術表達。但是到了現代喜劇當中，情況卻發生重要的變化。這時人們對「悲」的強調，是隨著「醜」對喜劇視界全方位的介入而發生的，因而「悲」在現代喜劇裏往往意味著主體對於客觀現實秩序缺失性的認識。朱光潛對於痛感滲入喜劇感這一喜劇審美事實的認定，丁西林寫完《壓迫》後之所以「感覺到的只是無限的淒涼與悲哀」〔註23〕，《孤島的狂笑》裏之所以「隱藏著寂寞的哀愁」〔註24〕，人們對於含淚微笑之所以會那樣普遍的一往情深，都只有在這一根本意義上才能夠得到深刻的解釋。所謂「悲」在這裏傳達的正是主體對於社會之「醜」或「醜惡」的深層體驗。因此，「悲」在中國現代喜劇裏實際上已經不僅具有工具意義，而且也帶有了某種本體色彩。

正是在這種大前提下，我們在現代喜劇藝術實踐中看到了「悲」正在向喜劇本體滲透或趨近的大量迹象。

《西廂記》中的淚染霜林的長亭送別固然是千古佳唱，但是去掉它，儘管必然要損傷全劇作為一部「戲劇」經典的藝術魅力，卻絕對不會危及其作為一部「喜劇」的存在。然而如果去掉《屏風後》中憶晴的不幸遭遇，整個作品也就失去了喜劇的價值，因為只有憶晴不幸遭遇的存在，才能構成對於康扶持假道學的喜劇性揭露，這裏的「不幸」實際已經變成喜劇性生成本身不可分割的一部分。同樣的例子，我們可以舉出很多。比如：在老舍的《面子問題》當中，有位周明遠書記。作為「面子」的一個犧牲品，他有可笑的一面──佟秘書的一兩句好話就能那樣輕易地使他忘乎所以；但同時又有著令人同情的一面──為了討好上司，他破費了一個月的薪水請客，然而卻無人肯賞光，最後甚至要為此失掉自己的職位。他的可笑毫無疑問可以增強全劇的喜劇性，但作家的高明之處在於，他的悲憤同樣加強了作品的喜劇效果，老舍正是假這位可笑的悲憤者之手對佟秘書這類人做了最終有力的一擊。因

〔註23〕《丁西林劇作全集》上卷，北京：中國戲劇出版社1985年版，第62頁。
〔註24〕徐訏：《孤島的狂笑》，上海：夜窗書屋1941年版，第93頁。

此，第三幕中的周書記之悲仍然可以視作全劇之喜的一部分，而絕不僅僅是一種襯托或對比。事實上，它是從別一種角度對喜劇真正內涵的積極的發掘和闡釋，它既構成了對於「面子」之醜的諷刺，同時又透視出「面子」下面專制主義等級社會的惡。

如果說，在上面兩例中，喜劇裏的「悲」似乎尚未完全褪盡工具的色彩，那麼，我們在《這不過是春天》中見到的則是另一番景象。劇中，革命者轉危為安之喜，廳長夫人青春復還之喜，顯然是和有情人的別離之悲緊緊聯在一起的，勢必會讓人產生一種又悲又喜的複雜感情。在這裏我們得到了一種啓示：悲喜的結合，在這種情況下，其實並不是依靠不同性質的情節因素線性銜接完成的，而是採取了一種點狀的空間形式。這也即是說，同一個情節或情節的片斷，可以既是喜的又是悲的。如果用那種參禪悟道式的表述方法來說，則為「悲就是喜，喜就是悲」。所謂「哀樂之觸」，「互藏其宅」〔註25〕，固然是中國古代的一種審美追求，但是它在喜劇類型充分自覺前提下的真正實現卻只有在現代喜劇創作中才有可能。這是因為只有到了中國的現代時期，喜劇藝術的實踐才得以在一個較大的範圍內突破了「悅笑」的單純基調，生成出一種喜悲圓融的複合的喜劇審美情感。

中國現代喜劇在審美注意視向上的聚焦轉換，強調了喜劇創作當中的理性認知因素，密切了主體與現實之間的聯繫，張揚了批判與諷刺的精神，提升了諷刺喜劇對於其他類型喜劇的滲透力和影響力，從而顯著地豐富和拓展了中國現代喜劇的類型結構與審美情感的歷史內涵。所有這些，都對 30 年代民國喜劇的藝術實踐形成了深刻的影響，提出了新的挑戰。

反封建的思想文化取向

千百年來，中國的喜劇性文藝一直被統治階級視為「玩物」中的「玩物」和「小道」中的「小道」，不僅地位卑微而且倍受摧殘，沒有一種反傳統的膽識，它們就不可能進入新文學運動的視野。就此意義而言，中國的現代喜劇只有在反對封建主義的鬥爭中才能夠生存和發展，因而，它的總體性歷史特徵也就不能不首先表現在它對於封建傳統思想和制度的懷疑、批判和反撥上，並由此規定了其反封建的基本價值取向。

〔註25〕此語出自清人王夫之的《薑齋詩話・卷一》。

　　作爲中國反封建的一面旗幟，客觀論和諷刺派的思想領袖魯迅，早在 1919 年就已經指出：諷刺者應當成爲「偶像破壞者」，只有摧毀「舊像」，人類才會進步，才能顯示出「人道的光明」。〔註 26〕這裏的「偶像」和「舊像」具體到中國當然是指封建主義。六年之後，他又在此基礎之上提出了著名的喜劇定義，主張撕破無價值的價值表象，揭穿封建主義傳統祥和圓滿的騙局，「將礙腳的舊軌道」「一掃而空」，在「破壞」和「掃除」，中「大呼猛進」。〔註 27〕作爲一位在社會轉型期從舊壘中走出來的革命思想家和文學家，他對反封建的艱巨性有著超乎常人的清醒認識，這使他懷著一種憂憤深廣的絕決之情在不斷反省自身的同時將諷刺和批判的矛頭指向中國社會各個層面的各種有形無形的封建衍化物。他在 30 年代對於諷刺社會性、寫實性和眞實性的進一步強調，使他不僅在反封建的歷史大潮中獨領風騷，而且對中國現代喜劇的實際創作產生了一種支配性的影響。

　　與此同時，在那些和實際的社會改革運動一直或一度保持了某種距離的主觀論和幽默派人士的喜劇觀念或藝術實踐中，同樣也體現出了不同程度的反封建特徵。林語堂在其最初提倡幽默的時候，就將禮教和道學作爲自己喜劇理想的對立物。他不僅將中國文學欠幽默的歷史缺憾歸因於封建禮教的森嚴統治，而且樂觀地認爲幽默是它的天敵。他由此斷言：禮教「被幽默一笑便糟」〔註 28〕。20 世紀 30 年代，林語堂開始有意識地從傳統的內部發掘反封建的思想力量。浪漫的情懷使他希望通過恢復孔子作爲「人」的本來面目去證明禮教從根本上的不合理性，他爲封建正統思想對於古代「有骨氣有高放」的異端思想的鉗制而憤憤不平。他指斥「二千年間，人人議論合於聖道，執筆之士，只在孔廟中翻筋斗，理學場中撿牛毛」，「稍有新穎議論，超凡見解，既誣爲悖經叛道，辯言詭說，爲朝士大夫所不齒，甚至以亡國責任，加於其上」的歷史；同時也譏諷「禍國軍閥，誤國大夫」，「暴斂官僚，販毒武夫」，「開口仁義，閉口忠孝，自欺欺人，相率爲僞」的現實。〔註 29〕直到晚年，他在《八十自敘》中，還不忘告訴讀者：他當年之所以要提倡幽默，目的就是要打破「文以載道」的封建桎梏。〔註 30〕

〔註 26〕《魯迅全集》第 1 卷，北京：人民文學出版社 1981 年版，第 332～333 頁。
〔註 27〕參見《魯迅全集》第 1 卷，北京：人民文學出版社 1981 年版，第 192～193 頁。
〔註 28〕林語堂：《幽默雜話》，《晨報副刊》1924 年 6 月 9 日。
〔註 29〕林語堂：《論幽默》，《論語》第 33、35 期，1934 年 1～2 月。
〔註 30〕林語堂：《八十自敘》，臺北：德華出版社 1982 年版，第 95 頁。

20 世紀前半期,正是中國的封建主義制度走向滅亡的重要歷史關頭。一方面封建主義的腐朽性和反動性已爲愈來愈多的人所認識,封建主義必然滅亡的歷史前景已經展現在人們面前;而另一方面,由於封建主義的物質基礎和社會基礎依然存在,加上傳統勢力在人們心中的深層積澱,封建主義在當時的歷史條件下又不可能被徹底剷除。於是封建主義的幽靈滲透到現代社會五光十色的現實表象下面,催生出形形色色光怪陸離的衍化物,從而構成了現代喜劇創作的巨大源泉。在這個意義上,中國現代喜劇作者們在自己的作品中強調對於社會滑稽景觀的關注,批判傳統道德的僞善,抨擊中國社會的老化與專制,指摘社會人生和國民心理中的盲目、愚昧、病態以及各種醜惡現狀也就具有了極爲明顯的反封建意義。

與文藝的其他樣式有所不同,中國的現代喜劇在反對封建主義的過程中呈現出自身的特點:它發揮了喜劇之笑所特有的貶抑與褻瀆的功能,以一種重在拆除偶像的方式,成爲了封建傳統潛移默化的破壞者。在這一方面,其有關「父親」或「父輩」的喜劇形象系列尤其值得人們深入研究,此外,需要關注的還有衛道者和官吏的形象。

在 30 年代的喜劇中,儘管父親形象的出現,比起母親形象有著更高的頻率,但他們多數卻是那類絕少正面光彩的人物。像《一間鬧鬼的屋子》(谷劍塵,1936)、《未死的人》(董每戡,1939)中那種清醒睿智的父親,像《女人的需要》(張春信,1927)中那樣因爲兒子不孝而讓人多少有些同情的父親,像《鍍金》(曹禺,1936)中那位積極促成年輕人自主婚姻的幽默可愛的父親,在當時的喜劇作品裏實屬少數。而《童神》(熊佛西,1927)裏關於「人間缺少賢父母」的「寓言」卻在許多喜劇作品當中得到了廣泛的印證和呼應。在這些作品中,「父親」或「父輩」被當作中國封建傳統的重要代表而被賦予了種種負面價值,在最輕微的情況下,他們至少也是些像《模特兒》(熊佛西,1931)裏的父親那樣的守舊者。更多的形象則被塑造成爲品格低下的角色。這裏的「低下」或是就道德水準而言,如《屏風後》(歐陽予倩,1929)裏康扶持的道德淪喪,《糾紛》(徐訏,1931)裏陳姓公安局長的人性泯滅,《等太太回來的時候》(丁西林,1939)裏梁老爺的附逆,《裸體》(熊佛西,1930)裏政大爺的假道學,《善人的惡運》(黃鵬基,1927)裏王善人的慳吝,《一杯牛奶》(石靈,1935)裏李維紳的僞善,《撒謊世家》(李健吾,1939)裏羅父的撒謊成性,《魔力》(李昌鑒,1929)、《難爲醫生》(陳治策,1929)和《結

婚禮服》（典華，1930）裏父親們的嫌貧愛富、唯「錢」是舉等；或是就自身的低能而言，如《一幫蠢材》（漪西，1928）中王父的愚蠢，《喇叭》（熊佛西，1929）中冬父的上當，《僞君子》（陳治策，1930）中白老爺的受騙等。

既然無德又無能，招致的只能是失敗的結果，因此，30年代喜劇中的「父親」們經常扮演的另一類角色則是失敗者或被嘲弄者。於是，《健飛的求婚》（王銳，1938）中的朱鄉紳再固執也不得不在精明能幹的未來女婿面前服輸，《灑了雨的蓓蕾》（胡也頻，1927）中的老軍人再兇悍最終也會被年輕人的機敏所折服，《生之意志》（田漢，1929）中的老人再嚴厲也敵不過外孫女的一聲啼哭，《搶親》（蔚川，1935）中的趙八秋再霸道也只能眼睜睜地看著女兒心甘情願地被「搶」走，《以身作則》（李健吾，1936）中的徐舉人道行再深也難免露出人性的破綻；於是，《劊子手》（沈從文，1927）中的父親全然失去了劊子手的威嚴最後留下的只能是博人一笑的滑稽，《愛的勝利》（玉痕，1930）中癱倒在草地上的王姓商人最後只能放棄執意同 18 歲女孩結婚的念頭，《理想夫人》（孫樟，1939）中的安納福最後只能成全其「理想夫人」同子侄輩年輕人的婚姻，《多年的媳婦》（洪深，1936）中由北平到上海向新派兒媳興師問罪的婆婆和舅父最後只能黯然而返，《我是首相》（易加，1939）中作爲父親的首相在女兒的男友假扮成首相以後只能被衛兵架出官邸。

總之，就隱喻的意義而言，我們在數量可觀的一大批喜劇作品中看到的是一個「放逐父親」的共同主題。

比起「父親」，衛道者的形象與封建道學和禮教有著更爲直接的聯繫，因此，他們自然也就成了 30 年代喜劇所要鞭撻的又一類對象。正如《以身作則》、《裸體》、《多年的媳婦》等劇中所發生的情況那樣，父親形象與衛道者形象有時是重合的，這也即是說，人物完全可能既是父親同時又是衛道者。我倒覺得，在這種情況下，作家的角色設計更能體現出中國封建社會的宗法性質。在中國家國同構的傳統社會中，所謂五倫的基礎與核心正在父子關係上。儘管封建時代常有忠孝難以兩全之說，但就發生學意義而言，忠仍可視爲孝的擴大和衍射。父親的存在不僅是對君主絕對權威的世俗性說明，而且也是維護、傳承傳統的重要保證。當然，對於封建主義的護衛，絕不僅僅來自父權一個方面，事實上它來自社會各種惰性勢力所產生的合力。《國粹》（歐陽予倩，1931）中那位道貌岸然的納妾者意味著夫權對於傳統的維護；《偶像》（熊佛西，1929）中的木雕泥塑象徵著神權對於傳統的維護；而《學校風光》（石

靈，1939）中那個代理校長的倒行逆施則說明外國侵略勢力對於封建主義的倚重；至於說到《屏風後》，則更是明確地指證了政權對於傳統的維護。《屏風後》裏的道德維持會本身就是一個準政府機構，而其會長本人就是北洋軍閥時代的軍政要員。封建主義與專制政權的這種水乳交融般的聯繫自然也就引出了現代喜劇所要攻擊的第三類對象：官吏。

在蘊含刺官內容的 30 年代的喜劇作品中，比較有名的有克勤女士的《謊話》（1927）、黃鵬基的《刮臉之晨》（1928）、熊佛西的《蟋蟀》（1928）、馮乃超的《縣長》（1928）、楊邨人的《租妻官司》（1929）、歐陽予倩的《買賣》（1931）、徐訏的《糾紛》、魏金枝的《宣誓就職》（1934）、君薔的《鬼哭》（1934）、宋春舫的《原來是夢》（1936）、陳白塵的《恭喜發財》（1936）、左兵的《貓》（1937）、陳白塵的《魔窟》（1938）、于伶的《銀包》（1939）、曹禺的《蛻變》（1939）、歐陽予倩的《越打越肥》（1939）等。在這些作品中，作者們辛辣地諷刺了由官員、軍官、法官、警官所構成的「官吏」系列形象的寡廉鮮恥、偽善貪鄙、昏聵醜陋。

正如恩格斯所說：「每一種新的進步都必然表現為對某一神聖事物的褻瀆，表現為對陳舊的、日漸衰亡的、但為習慣所崇奉的秩序的叛逆」。〔註31〕我們在中國現代喜劇對於「父親」、「衛道者」和「專制官吏」形象的褻瀆式藝術處理中，看到的是現代中國人迫切而強烈的反對封建主義的歷史要求。在我看來，「父親」是中國封建主義的宗法性基石，「禮教道學」是它的精神支柱，而專制制度則是其政治上的依託，這三者合起來就構成了數千年間維繫封建傳統的強大力量。之所以說它們是「強大」的，是因為它們在漫長的歷史發展中通過不斷的完善、重複、擴展和制度化而被賦予了一定程度上的神聖性。而它們逐漸被賦予神聖性的過程也正是它們逐漸成為偶像的過程。

從某種意義而言，中國的封建文化是一種父本位的崇父文化。在作為封建社會基礎的家族制內部，父親作為一家之長對其他成員往往具有極大的權威。他們對子女不僅擁有生殺予奪之權，而且擔負著以社會正統思想影響下一代的教化功能。儘管封建社會一直有「父慈子孝」的道德理想，但父親實際扮演的卻時常是「家嚴」的角色，「子孝」才是這一道德理想的核心。為了封建社會的安定，父親必須成為令子女敬畏的對象。這種崇父文化有著一條基本的思想前項，即人們預設了血緣上的先在性與道德上的優越性之間的同

〔註31〕《馬克思恩格斯選集》第 4 卷，北京：人民出版社 1995 年版，第 237 頁。

一，而這一方面強固了社會上年輕一代對於老一代的依附——這種依附最終被轉化爲對於傳統經驗和思想的依附，而另一方面又必然強化了父輩對於社會罪惡與災難的直接責任。這樣一來，在中國封建主義走向滅亡的歷史過程中，「人之父」作爲歷史祭壇上的犧牲不可避免地要遭到「人之子」的猛烈攻擊。

當年的孔子成爲後來的「孔聖」及當初的孟子成爲日後的「亞聖」的過程，實際體現出來的無疑是儒家思想的正統化和神聖化。在歷代封建王朝統治的絕大部分時間裏，統治者都會把恪守正統思想作爲自己選拔人才的首要標準，科舉制的確立更是吸引了難以計數的窮經飽學之士。這種明確的社會導向通過社會習得的過程源源不斷地製造出了大大小小的衛道者，使他們成爲禮教與道學最直接意義上的積極維護者。很顯然，禮教和道學宣揚的是一種趨於絕對化的倫理精神。倫理的政治化固然在一個方面強化了倫理的絕對權威性，但在另一個方面又造成了作爲倫理人格化的衛道者們的雙重品格。一面是禮教和道學本身的禁欲主義傾向，一面是衛道可以獲取世俗利益的誘惑，從而在人格意義上注定了衛道者內在的矛盾性。到了封建社會的晚期，衛道者的這種內在的人格矛盾勢必要以一種虛假和欺騙的普遍形式表現出來，在這種情況下，對於衛道者的揭露和批判自然也就成了揭露和批判封建主義的最爲具體、現實和有效的途徑之一。

中國的封建文化不僅是父本位的文化，不僅是倫理本位的文化，而且在一定意義上又是一種官本位文化。官是傳統中國人頂禮膜拜的又一偶像。中國是世界上最早建立文官考任制度的國家。十年寒窗、一朝成就功名即可安身立命、光宗耀祖的人生理想曾經引來了多少負笈持籤的布衣寒士，「學而優則仕」由此成爲中國人的千古名訓。應當特別指出的是，中國封建社會中的政治倫理化使得發生在衛道者當中的人格分裂現象同樣出現在官吏的身上。政治與倫理的混融，至少在局部意義上導致了雙方的異化。而它給政治方面帶來的影響之一就是中國封建政治運作內部制衡機制的結構性缺失。「仕」既然是「學」的目的，那麼官吏對於「黃金屋」和「顏如玉」的執著追求必然會導引出中國封建政治非道德化的另一面。因此，每到亂世，中國封建官吏的腐敗就勢必要發展到不可收拾的地步。在這種情況下，他們關於禮教和道學的高調，他們在入仕前所苦讀的一切，在本質意義上不是淪爲他們作奸犯科的遮羞布，就是成爲他們愚民統治的文化工具。作爲「大治」之前的「大

亂」，中國現代社會在 20 世紀 50 年代以前一直處於一個極度動蕩不安的歷史時期，中國的封建專制官僚統治也正是在這種特殊的歷史情勢下充分暴露出其反人民的一面，同時又由於在它的身上至少部分地濃縮了父本位和倫理本位文化的基本特徵，因而它理所當然地成爲了中國現代反封建運動人士的衆矢之的。

綜上所述，在這些偶像的背後，隱含的實際是中國包括倫理、社會和政治意義在內的綿亙數千年的封建秩序。中國現代喜劇對於這些偶像的大膽褻瀆和抨擊，打掉其頭上的神聖光環，或現其眞形或還其肉身的藝術之舉，無疑具有著重要的反封建意義。

當然，中國現代喜劇的反封建意義絕不僅僅體現在它對於封建主義傳統的直接批判上，而且也體現在其自身新思想的建設中。不破不立和不立不破在這裏是互爲表裏、相互爲用的兩個方面：沒有一種新的思想意識作爲價值重估的標準，就不可能對封建傳統做出有力和有效的批判；而沒有那種反封建的思想鬥爭，新的思想意識就不可能獲得立足、生存和發展的精神空間。由於這種新思想意識的建設恰好處在現代喜劇反封建意義結構的深層，因而容易被人所忽略，其實，它對中國社會反封建的歷史進程具有更爲重要的思想價值。就 30 年代中國現代喜劇歷史發展的實際情況而言，這種在批判封建傳統的過程中所逐漸形成和顯現出來的新思想成分主要表現爲一種現代的人文意識，其中至少包括了兩個最重要的方面：人的自我意識和人的民主意識。

數千年的封建主義統治一直建立在一種政治倫理化和倫理政治化的宗法關係的羅網之上。在這種宗法式的社會系統中，個人意義上的自我不具備實體的意義，它的獨立性和創造性不僅始終處於一種極不完備的狀況之中，而且隨時會遇到被宗法共同體整體性的社會要求所吞噬的危險。作爲這種歷史狀況的一種文化反映，在中國的古代漢語中甚至很難找到諸如「個人」和「自我」這類詞語。據魯迅先生說，「個人」一詞實際上是在 20 世紀最初的三四年間才出現的〔註 32〕，至於「自我」一語的出現更在其後。古代的「人」要麼作爲一種他稱性詞語，要麼作爲一種類概念，一般不具備個體性的含義。「我」作爲第一人稱代詞，一般也不具有今天「自我」的內涵；而當它多少帶有一點個性獨立色彩的時候，又常含有某種貶意，所以「子絕四：毋意，毋必，毋固，毋我」。朱熹注云：「意，私意也。必，期必也。固，執滯也。

〔註32〕參見《魯迅全集》第 1 卷，北京：人民文學出版社 1981 年版，第 50 頁。

我，私己也。四者相爲終始，起於意，遂於必，留於固，而成於我也。」（朱熹：《四書章句集注‧論語集注卷五‧子罕第九》）可見，在傳統的思維定勢中，自我意識和自我表現並不足取。自我意識作爲人類對於自身本質認識上的一大進步，只有在封建關係羅網出現某種鬆動情況下才有產生的可能，由於它在本質上是同封建主義原則相對立的，因此它的產生和發展又必然會進一步動搖封建主義的基礎。

從上述角度看問題，我們就不難領會到自我意識介入中國現代喜劇及其觀念的歷史合理性和進步性。王國維的喜劇思想對於人類生活之欲和勢力之欲的闡釋，其實質是對上述自我意識的一種朦朧的肯定。不過，作爲一個過渡性的人物，在他的肯定中又包含著矛盾和一定程度的保留。他擔心這種建立在自我意識基礎上的意志自由有可能導致人類貪欲的膨脹，從而加劇人類生存競爭的殘酷性，因此，他又想泯滅掉這種自我的追求。然而，歷史的演進畢竟是覆水難收，他的痛苦也由此而生。〔註33〕如果說，自我意識在王國維的喜劇觀念中只是「被發現」，那麼，在林語堂和朱光潛等人的喜劇思想中則是「被追求」。在他們的「自我表現」說的背後，人們已能感到一種對於意志自由和精神自由的熱烈的全身心的投入。在朱光潛，這一點主要體現爲對遊戲本能的強調；在林語堂，它主要體現爲對暢達而坦誠的人性表露的渴求。這種帶有明顯個性主義特徵的自我意識，在他們看來一般不會危害社會，相反倒會有益於群體。林語堂曾說：只有在個人的權利有了保障的情況下，人才會關心公益。〔註34〕焦菊隱在將易卜生視爲一位諷刺作家之後，也曾談及這種易卜生式的個人主義對於社會的益處：

　　　　像易卜生所信的個人主義總還於社會有些利益，因爲他的個人

　　主義就是求個性的解放與澄清。在中國人人都失掉了靈魂，沒有精

　　神，實在無從解放起，無從澄清起啊！〔註35〕

這種自我意識表現在喜劇作家的創作活動中，首先就是創作主體對於喜劇樣式的持續不懈的追求。喜劇，在戲劇創作諸樣式中是最需要主體性的品種之一，在中國 20 世紀的二三十年代情況尤其如此。這是因爲在這段時間裏，喜

〔註33〕關於王國維的喜劇思想，可參見拙著《中國喜劇觀念的現代生成》第 3 章，
　　　　北京：北京大學出版社 2005 年版。
〔註34〕《林語堂幽默金句》，臺北：德華出版社 1982 年版，第 36 頁。
〔註35〕焦菊隱：《論易卜生》，《晨報副刊》1928 年 3 月 28 日。

劇合法性問題尚未得到歷史性的解決，喜劇的創作始終是在悲劇和正劇的巨大壓力下進行的，在這種特殊的生態環境中，喜劇很容易被人們認爲是一種思想淺薄或遊戲人生的表現。因此，作家如若缺乏一種明確的自我意識，就很難對喜劇創作表現出持久的熱情。丁西林是這方面的一個生動的說明。他是中國現代喜劇史上唯一的一位專事喜劇創作的作家，他的多數作品正是在喜劇發展步履維艱的年代創作的。試想，如果沒有像他那樣情有獨鍾的人，也就不會有現代喜劇在 20 世紀 30 年代中期以後的大發展；也就不會有喜劇合法性問題在中國現代意義上的解決。

　　這種自我意識表現在喜劇作家創作活動中，其次是創作主體對於喜劇內部不同風格的追求。在中國現代喜劇史上，丁西林是最早形成自己獨特風格的作家，而這一點又顯然和他受到的著意「創造」、強調自我表現的文藝思想的影響有關。陳白塵從《徵婚》走向其峰巔之作《陞官圖》的過程，在一定意義上同樣也是其矢志尋找自我最佳表達形式的過程。他在《亂世男女》發表之後的內心痛苦以及隨之而來在喜劇創作模式上的曲折經歷都能夠證明那種自我意識艱難而眞實的存在。總觀一生，歐陽予倩是一位始終追隨現代戲劇創作主潮的作家，但這一點似乎並未泯滅他的獨特性。他站在「磨光派」立場上對於戲劇藝術性的高度強調，構成了對於主流派的有益補充。他之所以能夠在諷刺喜劇創作中以其寫實的風格獨樹一幟，同樣和他的自我意識直接相關。在那些從事喜劇創作的現代劇作家當中，有些人直接倡言「自我」，如李健吾；有些人則對之採取了一種諱莫如深的態度，如陳白塵。但只要我們承認風格即人、不同的風格需要的是不同的人格力量，我們就必須同時承認中國現代喜劇之所以能夠形成諷刺喜劇、幽默喜劇、風俗喜劇等幾種不同的發展徑路，而在這幾類基本取向內部又能進一步區分爲衆多的「子」風格，作家自我意識的確立是其中最爲重要的原因之一。也正是由於這個原因，中國現代喜劇在其內部風格的豐富性上，才得以在一個較短的時間裏達到了前無古人的高度。

　　作爲自我意識在中國現代喜劇當中的又一個生動體現，是一大批業已具備了自我意識的人物形象的出現，這一點在女性形象的塑造上表現得尤爲突出。胡適的《終身大事》（1919）作爲中國現代喜劇史上產生了重要影響的最早的劇本之一，通過田亞梅女士之口就已經昭示了自己的事情應當「自己決斷」的人生信條。如果說，當年的田女士們爲了自己的「自我意識」還不得

不坐上陳先生們的汽車而離家出走，那麼，到了 20 年代末以後出現的一批以兩性關係問題為題旨的喜劇中，她們大都已經開始有意識地、大體獨立地面對年長的一輩和一個男權的世界了。《她的兄弟》（黃鵬基，1928）、《人盡可夫》（周鵑紅，1928）、《門外漢》（顧仲彝，1931）、《傻男子》（冷秋，1933）等作品中活靈活現的女主角們明顯表現出了優於男性的機智。《多年的媳婦》中的新派兒媳用我行我素的方式幾乎是在不經意之間就擊敗了老派婆婆和舅父的「討伐」。靠著作家賦予她們的種種「優勝」，《一個女人和一條狗》（袁牧之，1933）中的女人打開了男人拷在自己手腕上的「手銬」；《愛的勝利》和《結婚禮服》中的女主人公們衝破了上一代人用金錢、權勢和傳統構成的阻隔，贏得了青春和愛情的勝利。《寄生草》（朱端鈞，1929；洪深，1939）和《誰是誰的太太》（李一非，1936）中的年輕女性表達出了自身對於獨立人格的追求，她們不要再做「寄生草」或是花瓶，她們要成為對別人、對社會有益的人。在袁昌英包括了《結婚前的一吻》（1928）、《究竟誰是掃帚星》（1929）和《活詩人》（1929）在內的一組喜劇當中，新女性們在婚戀的問題上已經掌握了選擇的主動權，她們以利他之「愛心」反對狹隘之「唯我」，成就了兩情相悅的婚姻。而《這不過是春天》（李健吾，1934）裏的那位廳長夫人則以其最終的選擇，抵制住了情欲的誘惑，完成了自我意識的優美。

　　在我看來，人的尊嚴、人的權利、人的自主精神應該是自我意識的核心內容。如果說，婦女的解放程度可以視為衡量整個社會解放程度的重要標誌，那麼，30 年代喜劇的一部自我意識不斷顯現的女性形象史所體現出來的正是現代中國人在自我意識方面的建構歷程。不應將中國現代喜劇在這方面的創造性成果僅僅理解為一種對於現實變化的客觀投影，因為它們同時也對中國社會這一巨大而艱難的精神再造工程起到了不可小視的、積極的推進作用。

　　健全的自我意識是不會排斥人包括感性因素在內的正當欲求的，就此意義而言，其為中國現代喜劇藝術帶來的另一個實際影響，則是對於人的「趣味」問題的重視。

　　「趣味」，在西語中最初僅表示某種生理上的感覺，並無審美上的意義。只是到了啟蒙主義運動時期，它才逐漸成為一種美學範疇，後來又進入到藝術學領域。伏爾泰、孟德斯鳩、達蘭貝爾、盧梭、洛克、休謨、溫克爾曼等西歐著名的啟蒙主義者都曾討論過「趣味」問題，我以為並非偶然。這說明「趣味」問題和人的自我覺醒，和反封建之間的必然聯繫。

正是在這種思想背景之下，在 20 年代末和 30 年代初，出現了以熊佛西等人為代表的「趣味」理論。其主要思想包括以下幾個方面：

1. 對「趣味」做出人性方面的解釋。熊佛西在《戲劇與趣味》一文中，一開篇就談到「吃飯要有味，讀書要有趣，做人要有意思，這是人情。除了悲觀主義與禁欲主義者以外，趣味的貪求可以說是人類的共同點。」這說明人對於趣味的追求包含了某種人性的需要。

2. 人的趣味是多種多樣的，正所謂「各有各的趣味」，正所謂「蘿蔔白菜，各有所愛」。正如生命活動本身的豐富性一樣，人在趣味上不可強求一致。

3. 趣味是有等級的，有「高級趣味」和「低級趣味」之分。〔註 36〕

4. 趣味雖然不能統一，但是可以而且應當提高，而提高趣味的關鍵在於教育。

熊佛西的這種「趣味」理論所代表的絕不僅僅是某一位作家的個人看法，而是中國喜劇在一定歷史階段所體現出來的一種普遍潮流。幽默喜劇、諷刺喜劇、風俗喜劇，儘管在藝術風格上各有各的不同，但在強調喜劇創作的趣味性這一點上卻是殊途同歸的。

和西歐的啟蒙主義者相比，中國啟蒙主義者的趣味理論似乎缺少某種思辨的深度，但是他們在基本點上卻是一脈相通的，即他們都認為趣味「終是人性的」。因此，他們對於趣味的尊重，同時也就意味著對於人性和生命的尊重；他們之主張利用教育／啟蒙去提高人的趣味，其真正的寓意就在於他們決意去促成人性和生命質量的上達。這就是我為什麼要把趣味問題同自我生命意識的激活聯繫在一起的原因。

布斯曾將趣味分為三類：「認知的」、「審美的」和「實踐的」。〔註 37〕不管他的劃分是否周延，但他畢竟告訴人們：「趣味」，實際上包含了諸多方面的內容，應當引起人們的研究興趣。根據我的理解，趣味大體可以分成四種：由於認知產生的趣味；由於道德產生的趣味；由於形式產生的趣味；由於本能產生的趣味。儘管從理論上說，一個創作或接受過程的總體趣味來自以上

〔註 36〕以上參見上海戲劇學院熊佛西研究小組：《現代戲劇家熊佛西》，北京：中國戲劇出版社 1985 年版，第 247～248 頁。
〔註 37〕參見〔美〕布斯：《小說修辭學》，北京：北京大學出版社 1987 年版，第 139～147 頁。

四種趣味的相互滲透與綜合，但在趣味的實際選擇上，傾向性的出現是不可避免的。趣味選擇的傾向性差異是造成趣味優劣高下的直接原因。一般來說，偏重本能的趣味選擇往往會帶來創作或欣賞中的低級趣味。文明戲中的「不是少女調情，便是姨太太弔膀子爭風吃醋」的狀況，某些暢銷畫報上的「裸體寫眞與少女的相片」，無不在利用本能「誘惑一般人的弱點」〔註38〕，因而為中國現代喜劇絕大多數作者所不取。這就提出了一個趣味昇華的問題，昇華的指向當然是趣味中的新的認知因素、新的道德因素和新的形式因素。

丁西林的機智型幽默喜劇和熊佛西的寓言型諷刺喜劇則是對於這種趣味昇華的生動體現。如前者中的男女擁吻和後者中的裸體問題（《裸體》和《模特兒》），固然包含了某種性本能方面的暗示，但作家的興趣——在一定意義上也是讀者的興趣——卻不在於此，而在於這種生物本能的轉換。丁西林將其昇華為主體對於建立新型人際關係的追求，熊佛西將其昇華為對於衛道者虛偽的揭示，從而提高了趣味中的道德與認知因素。而丁劇中充滿奇論和反語的話語體制和熊劇裏間離化的寓言構架顯然又在培養著人們對於現代喜劇新形式的新趣味。由此可見，20 世紀二三十年代中國現代喜劇作者們的趣味之說和藝術實踐整體體現出來的絕不是什麼片面的形式主義追求，而是集形式與內容為一體的一種思想的啓蒙和藝術的啓蒙。作為這種啓蒙精神內核的是人性意識、生命意識和自我意識的躍動。

從 20 世紀 30 年代中期以後，很少有人再集中地談論喜劇的趣味性問題，有人據此認為這表明了現代喜劇作家們在思想認識上的一大進步，作家們似乎已經放棄了關於趣味的原有立場。但在實際上，這恐怕是一種誤解。隨著中國現代喜劇藝術的長足進展，必然會有一系列的新課題要成為人們的關注中心，人們不再經常提到趣味問題並不意味著他們對之已經失掉了興趣。事情或許剛好相反，它似乎可以表明：在「喜劇應當有趣」的問題上，人們已經達成了共識。我希望人們能夠注意到這樣一個基本的事實，即在 20 世紀三四十年的劇壇上，就總體情況而言，喜劇要比正劇和悲劇「有趣」得多。而《陞官圖》、《捉鬼傳》、《群猴》、《抓壯丁》等劇的成功也絕不僅僅是思想意義上的成功，它們同時也是「趣味創造」方面的成功。事實上，我們只要承認人性的再發現和自我生命意識的激活已經構成了中國現代喜劇總體精神的

〔註38〕 參見上海戲劇學院熊佛西研究小組：《現代戲劇家熊佛西》，北京：中國戲劇
出版社 1985 年版，第 250 頁。

一部分，就不應忽視中國現代喜劇對於藝術趣味的一貫追求，因為後者恰恰是前者在喜劇藝術領域一個特定方面的具體體現。

　　毫無疑問，健全的人格、健全的人生和健全的社會所實際需要的絕不會僅僅是人的自我意識，人既然是一種社會性的存在，他也就必然同時會具有人的社會意識。在中國新文化人士那裏，以人的自我意識為其主要表現形式的個性主義顯然要求著一種與之緊密相關的新型的社會意識。這種個性主義在社會向度上的昇華，就導致了「民主」意識的產生。在宗法制度束縛下匍匐了幾千年之久的中國人破天荒第一次意識到自己應當成為國家權力的主體，同時又是社會責任的主體，這在中國思想文化史上顯然是一個意義深遠的重大進步。

　　正是這種帶有個性主義成分的民主主義思想，反映到喜劇領域，在 20 年代形成了社會批評說、文明批評說和人生批評說。已經開始具有某種獨立意識的行為主體不僅要對自己負責而且要對社會負責，他有義務也有權利批評社會人生當中的種種亂象、虛假、非理和反常，揭發醜行，抨擊罪惡，藉以推動社會的進步和國家的富強。這種批評說以及蘊含其中的自主的理性批判精神最終成為了中國現代喜劇最重要的思想基礎之一，並且在三四十年代奠定了諷刺在中國喜劇實際創作中的主導地位。《縣長》、《屏風后》、《買賣》、《國粹》、《宣誓就職》、《恭喜發財》、《平步登天》、《貓》一類的典型諷刺之作，30 年代固然一時還構不成多數，但它們所體現出來的日見高漲的政治激情和公民意識卻無疑顯示出了諷刺精神的虎虎生氣。這種現代諷刺精神不僅集中體現在諷刺喜劇裏，而且深刻地影響了 30 年代以後的幽默喜劇和風俗喜劇的創作。丁西林從《瞎了一隻眼》（1927）和《北京的空氣》（1930）到《三塊錢國幣》和《等太太回來的時候》（均創作於 1939 年）的變化，徐訏從《青春》（創作於 1930 年）和《公寓風光》（創作於 1931 年）到《租押頂賣》和《男婚女嫁》（均創作於 1941 年）的變化，宋春舫從其處女之作《一幅喜神》（1932）到其終結之作《原來是夢》（1936）的變化，都是這一深刻影響的有力證明。批評和諷刺當然需要有對象，因此，批評說勢必要導引出喜劇作家們對社會人生多方面的關注，從而在很大程度上扭轉了中國傳統喜劇內傾性的思維定勢。這就從根本上拓展了中國現代喜劇所反映的生活內容，強化了喜劇介入和干預現實生活的意識與能力，並且為喜劇合法性問題在現代中國的解決提供了歷史性的理由。

　　民主當然會要求與之相應的公民素質。對於真正的公民而言，民主絕不僅僅意味著權利，民主同時也是一種義務，其中包括著改造自身的義務。當那些封建傳統長期束縛下的皇帝的「子民」們一躍而進入了一個陌生的共和時代的時候，他們當中絕大多數人的內在素質與民主的要求顯然會相去甚遠。在這種情況下，民主意識的確立很自然會引發出中國現代喜劇對於改造國民性問題的關注。陳大悲在 20 年代提出的所謂「靈魂革命」之說表達的正是現代喜劇在這方面的歷史追求。而 30 年代喜劇作品中對於中國現代社會種種迷信、落後、保守、自私、僵化、非理等現象的藝術描寫亦可作如是觀。熊佛西在他的《童神》（1927）當中指斥了中國舊式教育的失敗；在《背時的菩薩》（1929）和《偶像》（1929）當中諷喻了中國人信仰的缺失；在《一對近視眼》（1930）當中揶揄了中國人的短視；而他的《蟋蟀》（1928）除了表達這位啟蒙作家對於禮教徹底的失望之外，還存在一個兄弟鬩於牆的現實主題，藉以說明他對中國人內部不團結的批評態度。王文顯在其寫於 1927 年的《委曲求全》當中，通過一齣雲譎波詭的計謀喜劇揭示了中國舊式政治對於高等學府的浸染和侵蝕。顧仲彝的《交換》（1931）批評的是國人自我反省的缺乏。谷劍塵的《口號》（1933）批評的是國人的不求甚解。陳治策的《愛人如己》（1933）諷刺的是國人麻木冷酷的「看客」心理。陳白塵的《二樓上》（1935）關於幾位窮大學生失竊後種種言行的藝術表現，是對於中國人的精神勝利法的悲憫。徐訏的《鬼戲》（1935）通過「人」對於「鬼」再三的「敬而遠之」暗喻了中國傳統文化但求安穩不思進取的一面。洪深等人的《鹹魚主義》（1937）和于伶的《回去》（1938）嘲弄了中國小市民們國難當頭之下的蠅營狗苟。陳白塵在《亂世男女》（1939）當中透過一部分文化人在抗戰軍興之中一味的清談和空談，鞭撻了他們的言行相悖和口是心非。凡此種種，都讓我們看到了一種沒落的文化給中國人帶來的心理沉痾，足以引起人們療救的注意。

　　不管我們對於民主的本質有何不同的理解，但就邏輯的意義而言，我們必須承認，存在著一種利益的社會共同體是民主的一個最為基本的前提。這並不是說在這種特定的共同體中，其社會成員之間不存在著利益上的矛盾，而是說這種利益上的矛盾完全有可能通過社會成員相互之間的溝通、理解、克制、協商和調整，以一種非暴力的方式加以不斷解決，從而在一個廣泛的規模上形成一種互助合作關係。在這個意義上，我們發現了熊佛西等人提出

的「合作說」與民主意識之間的精神聯繫。熊佛西在 1928 年談到「喜劇是團體精神的產兒」時曾經這樣說過：

> 我們中國人因受了幾千年來家族制度的束縛，向來不苟言笑，向來輕視團體生活，至今一旦政體變更，社會改革，一般民眾就摸不到頭腦了！所以現在全國的人民各是其是，各非其非，沒有半點互助合作的精神，只要有三人以上的團體就會鬧意見，生是非，結果將一個負有重大使命的團體弄得亂七八糟！小則傷壞個人人格，大則妨害國家大事，阻礙文化的前進！甚至因之亡國滅種！
>
> 然而合作的習慣，決非偶然的，應該有充分的鍛鍊。我們想達到全國人民合作的地步，必得急速提倡團體生活的藝術——喜劇。
>
> 〔註 39〕

到了 20 世紀 30 年代，怡墅則說：「中國人知有家不知有國，知有個人不知有社會，欲打破此種成見，非多提倡合作的精神不可」，因此應該提倡「富於合作性的」、有意義有思想的笑，提倡喜劇。〔註 40〕這種希望通過喜劇藝術克服中國人「不合群」根性的呼聲甚至回蕩在朱光潛 20 世紀 40 年代出版的《詩論》之中。〔註 41〕

中國固然素有重群體的傳統，但這裏的「群體」主要指的是「家族」，而非普遍意義的社會團體。而家族顯然是建立在血緣和親情關係上的，這種關係在實質上仍然是一種私人關係，結果造成了一種「私」人關係的極端發達和「公」人關係的不發達，從而塑造了傳統中國人「不習慣於集體的生活」、「自由散漫」的「社會性格」。〔註 42〕形成這種「不合作」性格的另一個原因在中國傳統的道德文化。其中有兩點對此影響尤為突出：一是道德教化上的浪漫主義，其主要表現為對於完美的道德理想的高度張揚；二是關於收束己身的高度強調，其具體表現是將個人的修身、養性和內省當作推行道德理想的主要基點。當中國傳統的道德理想對「己」形成了過度擠壓的時候，它不

〔註 39〕上海戲劇學院熊佛西研究小組：《現代戲劇家熊佛西》，北京：中國戲劇出版社 1985 年版，第 240 頁。
〔註 40〕朱肇洛：《戲劇論集》，北平：文化學社 1932 年版，第 265 頁。
〔註 41〕參見《朱光潛美學文學論文選集·詩論》，長沙：湖南人民出版社 1980 年版，第 164～165 頁。
〔註 42〕參見余英時：《中國思想傳統的現代詮釋》，南京：江蘇人民出版社 1989 年版，第 31 頁。

僅造成了社會的虛僞，而且引起了「己」多種樣態的反彈，從而在傳統社會中形成了一種與道德理想層面互爲表裏、相剋相生的未開化的利己主義。而一旦社會總體失控，這種特殊形式的利己主義被釋放出來以後往往會給社會生活的各個方面造成重大混亂。由此可見，所謂「不合作」或「不合群」，歸根結底，仍然是中國封建主義的一種伴生物。

如果說，在 30 年代的喜劇中，《蟋蟀》、《委曲求全》、《狗眼》等作品是以否定「不合作」的方式表達出對於「合作」的期盼，那麼，更多的作品則是以肯定的形態表達了同樣的追求。從其第一篇喜劇開始，丁西林就已提出了人與人的溝通問題，他希望在人與人之間能夠建立起一種聖潔美好的聯繫。爲此他在《瞎了一隻眼》中歌頌友情，在《北京的空氣》中提倡雅量，在《等太太回來的時候》裏描寫了棄小家爲國家的過程。而在 40 年代初創作的《妙峰山》裏，他終於爲人們創造了一片平等友愛、互助合作、齊心抗敵、共同建國的理想樂土。在整個 30 年代，有相當一批的喜劇作者懷有著和丁西林同樣的追求，儘管從表面上看，他們更喜歡採用的是與兩性關係有關的題材。在這樣一種精神創造的活動中，由於對愛與善意的強調，同情、寬容、諒解和互助被賦予了重要的意義。在一個風雨如晦的年代，在一種連天烽火的環境裏，這類心靈的呼喚顯然是纖弱的，這類理想的眞正實現顯然有賴於社會解放事業的成功，而在這一天到來之前，藝術或許首先需要的是一種戰鬥的音響。但我們不應因此而忽視丁西林那類作品的深層涵義，因爲它們很可能是民主思想建設性的需要。在現代中國特定的歷史條件下，人民民主的實現必將是政治革命的產物，它也確實需要社會體制、法律和物質基礎等方面的保障，但是民主思想的自身建設也是其不可小視的重要一環。關於團結友愛、互助合作、寬容體諒、人際和諧的歌頌，固然不能直接等同於民主思想本身，但只要把它們限定在一個適當的範圍內，我們將會發現它們實際可以成爲民主思想建設的基礎性成分之一。而社會如若缺少了這方面的長期準備和積纍，即便是有了民主的制度，似乎也很難眞正實現設計者們的初衷。

綜上所述，20 世紀上半期中國社會的極度震蕩和封建傳統長期對於喜劇性藝術的輕賤，不能不在一定程度上影響了人們對於現代喜劇的關注和投入的程度，因此，同中國現代文藝的其他領域相比，喜劇領域在思想的新進上實際處於一種相對滯後的局面。每一個時代在主導性文藝樣式問題上都會有所選擇。應當承認，喜劇從來沒有成爲過中國現代文藝的核心樣式，它始終

處於一種由邊緣向中心趨進的態勢之中。20 年代中後期以後，進一步惡化的
社會環境、極度動蕩的政治局勢、日益深重的民族危機，使大多數有著高度
使命感的革命作家把主要精力投入了政治的風暴，集中精力於當時緊迫的實
踐性問題的思考和表現。文藝因而成為政治的一種卓有成效的工具。縱橫捭
闔的政治風雲既然很容易使他們無暇旁顧，那麼在文化意識上，特別是在倫
理日用層面繼續深入清算封建主義的任務勢必會在一定程度上為人們所忽
視。在這種情況下，30 年代的中國現代喜劇由於其發展的相對滯後性，對反
封建問題表現出了持久而濃厚的興趣，因而也就具有了特殊的歷史意義。

　　正如一些論者所指出的：在西歐，人們為了真正從中世紀的封建桎梏中
走出來，在取得民主革命勝利之前，經過了幾百年的思想啟蒙。先是「文藝
復興運動」，後來是「啟蒙運動」，追求靈肉和諧、天賦人權、個性解放和民
主主義等思想在民眾中已經得到較大程度上的普及。相比之下，我們的民主
革命卻在百餘年內風馳電掣般走過西歐幾百年走過的路程，在思想啟蒙和精
神建設方面顯然缺乏足夠堅實的準備。好多年來，在人們的印象裏，封建主
義似乎早就不成其為問題了，但到頭來卻驚異地同時又不無痛苦地發現：封
建宗法思想的影響仍然「我自巍然不動」。這或許就是夏衍在「十年動亂」後
期於獨房反思時又一次想起「五四」時期「科學與民主」口號的真正原因。
他說：

　　　　我又想起了「五四」時期就提過的「科學與民主」這個口號。
　　為什麼在新中國成立後十七年，還會遭遇到比法西斯更野蠻、更殘
　　暴的浩劫，為什麼這場內亂竟會持續十年之久？我從苦痛中得到了
　　回答：科學是社會發展的推動力這種思想沒有在中國人民的心中紮
　　根。兩千多年的封建宗法思想阻礙了民主革命的深入。解放後十七
　　年，先是籠統地反對資本主義，連資本主義上升時期進步的東西也
　　要反掉，六十年代又提出了「興無滅資」、「鬥資批修」這樣不科學
　　的口號。十七年中沒有認真地批判過封建主義，我們也認為封建這
　　座大山早已經被推倒了，其結果呢，封建宗法勢力，卻「我自巍然
　　不動」！一九五七年以後，人權、人格、人性、人道都成了忌諱的、
　　資產階級的專有名詞，於是，「無法無天」，戴高帽遊街，罰站罰跪，
　　私設公堂，搞逼供信，都成了「革命行動」。反思是痛苦的，我們這
　　些受過「五四」洗禮的人，竟隨波逐流，逐漸成了「馴服的工具」，

而喪失了獨立思考的勇氣。當然，能夠在暮年「覺今是而昨非」，開
始清醒過來，總比渾渾噩噩地活下去要好一點。〔註43〕

從這樣的認識出發，反觀中國 30 年代的民國喜劇，我們就不難把握其積極的
思想文化價值。

喜劇藝術的探索與實踐

中國的現代喜劇藝術，正是沿著反封建的歷史取向在回應時代新挑戰的
過程中明顯走向成熟的。下面，就「偶然與必然」、「悲喜的結合」、「結構與
情境」、「人物與語言」等方面，具體考察一下 30 年代民國喜劇趨近成熟的藝
術探索與實踐。

1、偶然與必然

喜劇，無疑是偶然性因素最為活躍的領域。從一定意義上看，喜劇是一
種巧妙而合理地運用偶然和巧合的藝術。我們甚至可以這樣說，沒有偶然，
就不會有喜劇；誰徹底排除了偶然，誰同時也就排除了喜劇。偶然性作為喜
劇靈性的基本構成因素之一，它在喜劇中的地位和作用是顯而易見的。但這
只是事情的一個方面，事情的另一個方面是必然性。這就在喜劇創作當中提
出了一個如何理解和處理偶然性與必然性關係的問題。

關於這個問題，盧卡契有過一段經典性的意見，他說：「沒有偶然性的因
素，一切都是死板而抽象的。沒有一個作家能夠塑造出活生生的事物，如果
他完全避免了偶然性」；但另一方面，他又必須在創作過程中「超脫粗野的赤
裸的偶然性，必須把偶然性揚棄在必然性之中。」〔註44〕盧卡契的這條原則，
雖然是就文藝創作的一般意義而言的，但它對於喜劇的創作卻具有著尤為重
要的價值。事實上，一部喜劇要想成為尼柯爾所說的「高喜劇」，從而取得「高
悲劇」一樣的藝術成就，和單純令人解頤的戲謔之作劃清界限，它就不能不
首先要注意到這一點。它盡可以而且應當去放手描寫偶然，但這種偶然卻不
能是蕪雜因素的簡單綴合，而須是包含著必然的偶然、經過必然揚棄後的偶

〔註43〕夏衍：《懶尋舊夢錄》，北京：生活・讀書・新知三聯書店 1985 年版，第 642
頁。

〔註44〕《盧卡契文學論文集》（一），北京：中國社會科學出版社 1980 年版，第 40
頁。

然、最能體現必然的偶然。總之，優秀的喜劇作品首先應當做到偶然與必然盡可能完美的統一。

面對著對於喜劇的多重偏見，30 年代追求進步的作家們在運用這種偶然性極強的藝術形式從事創作的過程中，多數人都已自覺或半自覺地注意到了喜劇對於必然因素的表現，這是中國現代喜劇發展的一大幸事。儘管當時的作家們未必都能具備以「必然」概念明確表述出來的「必然」意識，但是關於這一點，我們在魯迅對於喜劇社會性和真實性的高度重視中，在丁西林有關「理性的」「會心的微笑」的審美理想中，在熊佛西「笑要深刻」的思想和類型化的喜劇性格理論〔註 45〕中，在李健吾對於人生色相掩蓋下的「潛伏的」、「深沉的」、生命流動的「真實」〔註 46〕的神往中，都完全可以清楚地體會到。恩格斯在《自然辯證法》中曾將「普遍性的形式」稱作事物「自我完成的形式」〔註 47〕。根據這一觀點，我們不妨將喜劇向必然王國精進的過程看作是喜劇藝術生命體追求自我完善的過程。一心要和滑稽性的鬧劇、低級的調侃分道揚鑣，全面增進喜劇思想和藝術上的內在價值，這是當時大多數進步喜劇家們為這一過程提供的內驅力。

從 30 年代喜劇創作的實際情況看，喜劇家們在這方面的努力和探索較有成效地體現在以下六點上。其中，前三點帶有實體性質，後三點屬於方法性質。

屬於實體性的三點包括：對社會本質的穿透力的追求，對人類感情的普遍性的追求，對社會生活概括度的追求。

社會本質的穿透力是指喜劇穿透假象的迷霧逼抵事物本質的能力和力度。由於 30 年代人們對於喜劇的理解主要依從的是魯迅的「撕破」說，因此喜劇的穿透力問題更為劇作者們所重視，本期大部分的喜劇無不與由表及裏、去偽存真的「揭露」或「揭示」有關。《屏風後》、《子見南子》、《以身作則》中對於封建傳統和假道學的揭露，《買賣》、《縣長》、《恭喜發財》、《貓》中對於為政者的揭露都具有很強的穿透力，穿透偶然性的霧障，得出了必然性的結論。《貓》從一開始就產生出來的種種謎團懸念直到劇尾方得煙消雲散、真相大白的過程，正是喜劇力透假象深入實質過程的藝術寫照。由於有

〔註 45〕參見熊佛西：《寫劇原理・喜劇》，上海：中華書局 1933 年版。

〔註 46〕參見李健吾：《吝嗇鬼》和《文明戲》，《李健吾戲劇評論選》，北京：中國戲劇出版社 1982 年版，第 10～18 頁。

〔註 47〕〔德〕恩格斯：《自然辯證法》，《馬克思恩格斯全集》第 20 卷，北京：人民出版社 1971 年版，第 577 頁。

了這種穿透力。我們才能在康如水旋風流水式的感情變化中，在「新學究」的外表下看到一個「舊學究」的靈魂；我們才能在宋四維的侃侃而談裏，在「革命軍人」的外殼中嗅到舊軍閥的霉氣。可見這種穿透是偶然上升到必然的一種飛躍，同時也是真正喜劇的生命之所在。

人類感情的普遍性，主要是指本期喜劇所表現出的對於人性的渴求，對於人與人之間的愛情、友誼、同情、理解和寬容等美好因素的謳歌和嚮往。這類感情在不同的歷史時代誠然存著並不完全相同的具體內容，但它們畢竟長存於人類發展的歷史之中，具有一種時間和空間上的普遍性。我們似乎沒有理由因為時代、階級、民族和個人為人類感情帶來的特殊性而輕率地否定掉人類感情的普遍性。這種普遍性並不是絕對的，正如特殊性亦非絕對一樣，人類的感情正是普遍性和特殊性的統一。從這個觀點看問題，承認人類感情的普遍性和歷史唯物主義的基本原理並不存在本質的矛盾。恩格斯早就批評過那種將「對美德、普遍的人類愛的信仰」理解為哲學唯心主義的偏見〔註48〕，對我們無疑具有啓示意義。《生之意志》、《灑了雨的蓓蕾》、《模特兒》等劇中和解的結局；《結婚前的一吻》和《白姑娘》中對人類感情的尊重；《寒暑表》、《瞎了一隻眼》、《北京的空氣》、《參加》（徐訏，1933）等劇中對理解、體諒、包容、同情與互助的讚美，這些都應視為對於人類感情普遍性某些方面的表現。粗看上去，30 年代的幽默喜劇在這方面體現了集中而明顯的追求，然而實際上，其他類型的喜劇在通過偶然表現必然的過程中，也不可能排除人類感情普遍性的助力。《恭喜發財》、《國粹》為了表現社會必然性而採用的多重對比，《子見南子》、《矛盾》（李昌鑒，1929）、《裸體》、《僞君子》、《假洋人》（白薇，1931）、《以身作則》等劇對於虛僞或虛假的剝脫，不能不是以人類感情中的某種普遍性為前提和基礎的。沒有這種人類感情的普遍性，喜劇就會失去可信性和必然感，就會失去廣泛的共鳴，像一隻被剪掉翅膀的鳥，不會再有飛向本質王國的能力。

所謂對社會生活概括度的追求，是指 30 年代喜劇所表現出來的力圖從整體性的角度去表現社會與時代的意向。這種意向在寓言型諷刺劇中理所當然地得到了鮮明的體現。《蟋蟀》在時空兩個方面都達到了高度的概括。《狗眼》則意在通過兩個世界的對比，針對人類社會表達作家的整體性思考。《鬼戲》

〔註48〕參見恩格斯：《路德維希·費爾巴哈和德國古典哲學的終結》，《馬克思恩格斯選集》第 4 卷，北京：人民出版社 1972 年版，第 227～228 頁。

（徐訏，創作於 1935 年）僅僅通過三次人鬼之間的簡短對話就提示出中國傳統文化的積弊。高度的概括性推進了這類作品向哲理化昇華的過程，同時也為其涉足怪誕的王國打開了大門。在本期喜劇其他類型的作品中，概括度的問題同樣受到了作家們的重視。《國粹》僅僅用了六景就概括了豐富而深刻的社會內容；《縣長》從官僚、新軍閥、土豪劣紳和民眾四個方面就寫出了大革命之後社會政治的主要特點；《恭喜發財》僅僅通過一個小學校一段生活的描寫，就生動地反映出了抗戰爆發前夕全國上上下下的社會現實。《以身作則》和《新學究》著意塑造的雖然是兩種性格的典型，但它們所要概括的卻是「深廣的人性」。藝術的概括，是喜劇運用偶然去表現必然的重要槓杆，較高的概括度往往構成了優秀喜劇重要的內在條件。

　　屬於方法性的三點包括：人物代表性的處理、情節的重複、主題的象徵。

　　30 年代的喜劇家一般都已認識到喜劇人物不應是純個人性質的，而應是某一類人或人類的某種品德——多數情況下，這種品德表現為惡德——的代表，因此，他們很注意筆下人物代表性的處理。《喇叭》中的喇叭顯然代表著吹牛者和清談家；《善人的惡運》中的王善人代表的是守財奴；《子見南子》中的孔丘代表的是假道學；《蟋蟀》中的周氏兄弟代表的是封建禮教；《交換》中的窮漢、女士和富豪代表的是人類；《縣長》中的賈仁材代表的是現代官僚；《買賣》中的陶近朱代表的是買辦階層，宋四維代表的是新軍閥。為了強化人物的代表性，《委曲求全》、《二樓上》、《恭喜發財》和《貓》等劇還進行了刻畫人物群像的嘗試。這類方法和尼柯爾稱之為「階級象徵主義」的獲取喜劇普遍性的手法相近，它們基本上處於類型化人物處理的範疇，但卻無疑地可以將偶然的因素和某種必然性勾連在一起。

　　情節的重複在《委曲求全》、《瞎了一隻眼》、《甜蜜的嘴唇》、《蒼蠅世界》、《一件美術品》（徐行後，1933）、《女性史》（徐訏，創作於 1933 年）等劇中取得了明顯的審美效果。《委曲求全》中一連串的陰謀詭計，《瞎了一隻眼》中三位劇中人之間相互地「為別人想一想」，《甜蜜的嘴唇》中少爺和女僕的明場之戀和暗場處理的「黃陸之愛」，《蒼蠅世界》中博士的侄子對博士的欺騙和博士對民眾的欺騙，《一件美術品》裏的那件有著女性裸體的藝術品的幾度被轉送，《女性史》不同的歷史時代裏女性依附男性強者的同中有異、異中有同的三個場景，這些近似的或平行的情節的重複，至少是從接受心理角度引起了人們的審美注意，提高了作品的可信度和暗示性，從而構成了必然感的一個基因。

關於主題的象徵，寓言劇表現得固然突出，但它們在一部分寫實劇裏也得到了巧妙的運用。《蟋蟀》中和平廟內的手足相殘無疑是在象徵著中國現實的軍閥混戰；《屏風后》中的屏風象徵著封建禮教的遮羞布；《生之意志》中幼兒的一聲啼哭象徵著新生命的力量；《一幅喜神》裏的《喜神》象徵著被塵封著的傳統中的眞髓和精華；《恭喜發財》中劉校長和區縣官員無疑象徵著整個當局；《以身作則》裏徐舉人的「一敗塗地」顯然暗示著封建傳統的頹壞；《縣長》中的「紅槍會」的暴動顯然暗示著人民的起義。在這些作品當中，象徵拓展了劇本的意蘊，爲實現偶然與必然的統一創造了條件。

以上六點，集中體現了本期進步的喜劇家們可貴的努力和所取得的成就。這些努力和成就大大增進了 30 年代的中國現代喜劇在認識、表現和干預生活方面的能力，提高了中國新喜劇的社會性、批判性和藝術性，爲民族喜劇的現代化發展奠定了日見堅實的依據。

正如前述，任何一部成功的喜劇作品都毫無例外地至少包含著兩個層次，其外在層次是偶然性的層次，其內在層次則是必然性的層次。偶然與必然關係的完美巧妙的處理，可以使人們在內外層次的往復交流互動當中得到豐富的喜劇美感。它可以使人感到，喜劇作品中具體的事件、情境和人物「並不是孤立的、單獨的，而是某種東西的概括，這種東西遠比那些事實、情境與人物本身具有更巨大、更重要的意義」〔註 49〕。事實上，只有在這樣的基礎上，喜劇才能對人類的思想和生活產生廣泛而重要的影響；人們對喜劇才可能投以更大的興趣和更多的熱情。30 年代喜劇對於偶然與必然相統一境界的追求，反映了現代喜劇在強化自我意識方面所取得的重大進展，對其日後的發展和成熟必將產生深遠的影響。

2、悲喜的結合

尼柯爾曾經告訴人們：「悲劇和喜劇的主題是匯合在一起，交混在一起的，即使我們討論純喜劇種類時，也必須經常記住這一點。」〔註 50〕可見悲喜結合的問題實際上是普遍存在於喜劇創作中的一個重要問題。當 30 年代的民國喜劇將自己的目光愈來愈多地投向時代和社會的時候，它也就愈來愈清

〔註 49〕〔英〕阿·尼柯爾：《西歐戲劇理論》，北京：中國戲劇出版社 1985 年版，第 230 頁。

〔註 50〕〔英〕阿·尼柯爾：《西歐戲劇理論》，北京：中國戲劇出版社 1985 年版，第 223 頁。

晰地意識到了這個問題。處理好這一課題，是中國現代喜劇證明自身的生命活力、迅速走向成熟的又一關鍵。本期一些重要的喜劇作品在這方面同樣留下了探索的足跡。

《蟋蟀》明顯具有一個並不愉快的結尾，周氏三兄弟自相殘殺的後果和幽古公主幻滅的悲哀給人一種淡淡的悲劇意味。然而，寓言劇格局的限制卻讓作家不可能在悲喜結合的問題上做出更多的文章。《委曲求全》在總體的喜劇氣氛中為人們提供了另一類型的悲哀意味，它來自王太太在憤激狀態下透露出的內心隱秘——為了保住丈夫的飯碗，她不得不強作歡顏的內心悲哀。這種悲哀的因素同樣是不明顯的，它隱匿在風俗喜劇特有的深厚的風致中，一般不易被人們發覺。在《國粹》中，作家對於悲劇性因素的運用已經開始帶有一種自覺的色彩。喜劇和悲劇因素的交錯、貧富的對比，成了劇本表現主題的主要手法。

然而，悲喜結合最為自覺最為明顯的表現是從《恭喜發財》開始的。這一點同 30 年代中期以後喜劇創作普遍趨向活躍的整個趨勢正相契合，足見悲喜結合是屬於喜劇創作中較高層次的問題，它的提出和解決，是喜劇藝術深入發展的一個重要標誌。在陳白塵的這個大型劇本中，悲喜的結合已經不再是一種客觀的單純的附帶的審美效果，而是成了作家有意識地去布局謀篇表現主題的基本原則和藝術手段。當然，《恭喜發財》在悲喜結合的藝術表現上顯然帶有著某種在嘗試期難以避免的簡單化的色彩，遠遠沒能使兩者達到毫無外在形迹的內在融合的高度，但劇本在這方面的開拓之功是不應埋沒的。

人們有時會認為，某種悲劇性對於喜劇的介入，可能會影響喜劇笑的效果，這多少反映了一些對喜劇笑的誤解。對於喜劇來說，特別是對於優秀的諷刺喜劇或諷刺性較強的喜劇來說，由於主題的嚴肅性和諷刺的尖銳性，時常會達到「不再令人發笑的地步」。為此，有人甚至將「諷刺」稱為一種「不大有趣的喜劇精神」〔註51〕。其實，在一個更高的意義上，「幽默」又何嘗不是如此呢？正如桑塔耶納從事情的另一側面指出的：「當幽默變得更深刻，而且確實不同於諷刺時，它就轉入悲愴的意境，而完全超出了滑稽的領域。」〔註52〕據說，拿破崙曾經說過：從崇高到可笑只有一步之遙。我們是否也可以認

〔註51〕〔英〕阿·尼柯爾：《西歐戲劇理論》，北京：中國戲劇出版社 1985 年版，第 275 頁。
〔註52〕〔美〕喬治·桑塔耶納：《美感》，北京：中國社會科學出版社 1982 年版，第 175 頁。

爲，就其最高點而言，同樣的距離也存在於喜劇和悲劇之間。隨著近代生活和人類心理的複雜化發展，喜劇中已愈來愈多地滲入了悲劇的成分，這正如悲劇中的悲喜結合也已成爲歷史趨勢一樣。

多少年來，人們之所以要反覆論證喜劇性和可笑性的聯繫和區別，無非是希望喜劇在反映生活和影響生活的過程中擔負起更爲重要的責任。在一種晦暗的年代裏，喜劇對於重大社會問題的任何一種不失爲總體眞實的反映和表現，都不可能也不應該完全擺脫悲劇精神的重負。喜劇中配製得體的悲劇感往往可以使喜劇的意蘊變得更爲深沉誠摯，在笑聲中給人留下長久的回味。在高明的劇作家手中，它完全可能成爲喜劇世界化合反應中的一種穩定劑，使喜劇作品褪盡「尙欠沉著」，「病在輕浮」〔註 53〕的瑕疵，煥發出一種搖曳多姿的奇光異彩。當然，這一切都需要有一個先決的條件，即在悲喜結合的方式上要做到巧妙、自然、多樣，在兩種因素的配合上要始終保持一種適度的比例和分寸，而不應危及喜劇在總體上的藝術統一性。這也正是喜劇創作過程中悲喜結合的難度所在。因此，本期喜劇在 30 年代中期出現的包括《這不過是春天》在內的幾部大型作品，在這方面所取得的初步成就也就不言而喻地成了中國新喜劇藝術趨向成熟的臨界標誌之一。

30 年代喜劇文學在自覺地或比較自覺地處理喜劇創作中偶然與必然、悲和喜的關係問題上所體現出的執著追求產生了一種合力，在很大程度上推動了中國現代喜劇藝術的發展，並且規定了它在結構、情境、人物、語言、手法和風格諸方面的藝術風貌。

3、結構與情境

戲劇結構，是 30 年代喜劇作家十分注意的一個方面。戲劇家們在這個方面雖然未能取得突破性的成就，但無疑卻鍛鍊和培養了追求單純、凝練的藝術功力。30 年代的大多數喜劇在結構上給人的總體感覺是：單純而奇譎。其具體表現爲一種一事一線的單一型結構。

關於「單純」，我們在討論寓言型喜劇時已經做過較爲詳細的說明。這裏尙須補充兩點：一是這種反映生活的單純性，必然要導致結構的單純性。二是這種對於單純美的藝術追求，並不僅僅屬於寓言劇，本期其他類型的喜劇大都也具有這個特點，這一點顯然和藝術的戲劇運動以及其後一段時間的藝

〔註 53〕《聞一多全集》第 3 卷，北京：生活·讀書·新知三聯書店 1982 年版，第 625 頁。

術風尚有關。在藝術的戲劇運動中，「戲劇是綜合藝術，而綜合絕非湊合」的思想日益深入人心。戲劇諸因素的藝術合成受到人們普遍的重視，戲劇實際舞臺演出的條件和觀眾的實際欣賞水平被認真而鄭重地提到了議事日程。在這種情況下，喜劇顯然一時還難以表現複雜繁複的生活內容，這一點再加上對於技巧的留意，在結構上勢必造成一種單純而又有些拘謹的風格。革命的戲劇運動時期日臻活躍的戲劇大眾化運動和隨之而來的話劇的迅速普及對於這種風格的形成和發展也構成了一種有利的情勢。同時，這種對「單純之美」的追求和喜劇創作的特殊規律也不無關聯。喜劇尤其需要精練，對於脫離學步階段不久的一般喜劇作家來說，只有去枝蔓、減頭緒，使戲劇進展得乾脆、緊湊，才有可能凸出喜劇性的矛盾之點。就一定意義而言，拖泥帶水和散亂蕪雜同笑是無緣的。因此，單純的特徵不僅存在於短小精悍的丁西林、袁牧之、徐訏等人的喜劇創作中，不僅存在於熊佛西、歐陽予倩等人的喜劇作品中，而且也存在於藝術層次較高的風俗喜劇中。

宋春舫雖然僅有三篇作品，但篇篇都在結構上呈現了單純精當的特點。這和作家對於結構藝術的高度重視直接有關，一篇短劇的結構往往花去他很長時間，有時甚至是幾年。在《五里霧中》中，他刪去了生活原型中的法院一節；在《原來是夢》裏，他又將一個原構思中的三幕劇壓縮成一幕三場短劇，並將主人公變成醫生和律師的構思由原來的明場改變成暗場處理。這裏，那種刪繁就簡的藝術已經成為他對喜劇進行「冷」處理的一個有機的部分。李健吾的喜劇，篇製較大，非本階段初期的幽默小劇或寓言劇可比，但單純的格局依舊可見，基本仍是一事一線，結構工整而不繁複。

30 年代喜劇結構的單純性，和當時獨幕喜劇較多的歷史特點有關，因此，它和話劇發展的不完備的某種歷史情況必然有著這樣那樣的聯繫。這樣，「單純」就應當是一種相對的概念，它是要發展和充實的。但不應抹殺它的歷史價值和在中國話劇發展史上的意義。為了保證結構的單純，妥善地處理明暗場的關係，是十分關鍵的一環。由於古典戲曲一般暗場較少，明場極多，故而現代喜劇的這種單純結構在這一方面就和古典戲劇與文明戲劃清了界限，提高了結構藝術的水平。而現代喜劇一事一線的基本結構形式，又在很大程度上保留了我國傳統的線性戲劇結構的特點，形成了點線結合的格局，這顯然是 30 年代喜劇在結構藝術上的一種成績。

單純，不等於單調，但它往往又容易流於單調。喜劇的效果往往和單調

是格格不入的。喜劇美偏愛的是新鮮活潑的精神。本期那些重視觀眾欣賞心理的喜劇家們正是看到這一點，於是在結構的單純之外，又在追求著它的奇譎。這種「奇譎」突出表現在其結構的富於變化和出人意料的結尾上。

《新學究》中，喜劇衝突圍繞著一次訂婚家宴展開，情節和結構都是極為單純的，但作家尺水興波的藝術功力卻使他在單純的結構框架裏敷設出一條曲折多變的行動曲線。在第二幕中，康如水的專橫和馮顯利的避讓使謝淑義的選擇陷入了兩難的僵局。這時，出現了馮韜利對康如水的揭發。給自己的女學生寫求愛信一事的敗露，顯然不利於康如水，而有利於馮顯利。當觀眾的心理感受被引到這個方向，並產生了順態期望的時候，劇情卻突然翻了個身。謝淑義誤以為馮韜利的舉動是受其兄馮顯利的唆使，為了求其所愛而損情敵的牙眼，這就使馮顯利的人格受到了懷疑。這樣，康馮兩人在謝淑義的心中還是處於「平等」的位置，「選擇」的結果仍然是個謎。觀眾不得不調整自己的期待感，而在懸念的魅力下繼續俯首稱臣。

《瞎了一隻眼》給人的是一種巧妙的結尾。誰會想到，先生竟會以那樣的方式打開了難以兩全的僵局？不是夫人言過其實，而是自己慪氣在嚇唬妻子，別人是無辜的，有「罪」的只有自己這個巧妙的結局，出乎人們的意料之外，但仔細想來，又在情理之內，生活裏幾乎沒有什麼比這讓人更易於理解的事了。單純的結構在這裏經受了一次巧妙的昇華。在經受這突如其來的機智和寬厚的同情洗禮的同時，笑意將會癢酥酥地從觀眾的心頭爬出，跑到他們的臉上。

這樣的例證，在 30 年代的喜劇劇本中可以說比比皆是。喜劇結構中的多變莫測和結尾時的反戈一擊，是調劑「單純」的重要元素，也是喜劇效果的重要保障。從審美欣賞的心理機制角度看，這種欣賞的美感來自欣賞者心理慣性的一種漸進性的突然中斷，這是一種心理的騰躍，使人感到生命的自由本質，進而獲得那種新鮮活潑的審美享受。

戲劇情境，是 30 年代喜劇家們給予高度重視的又一個方面。不少人在當時已經認識到情境在喜劇創作中的特殊意義。熊佛西在談到喜劇創作問題時曾多次指出：「局勢的描寫更是重要，尤其在笑劇裏面。」他認為，「喜劇的結構也是像悲劇一樣，應該緊湊嚴密，但有一點喜劇特別注重，就是『局勢』（situation）。莫里哀、莎士比亞、康貴夫、謝里敦的喜劇雖是多方成功的集合，然而它們巧妙的局勢實在佔有重要的地位。因為局勢是比較地容易使人發

笑。」〔註 54〕熊佛西這裏的「局勢」，按馬彥祥的譯法，即是「情境」〔註 55〕。這種重視戲劇情境的看法，大體言之，是符合近代戲劇發展方向的。從西方戲劇的發展來看，自從狄德羅第一次明確提出「情境」概念之後，這個問題無論在戲劇理論還是在實際創作中都佔有十分重要的位置。黑格爾甚至將如何「尋找引人入勝的情境」看作是「藝術的最重要的一個方面」〔註 56〕。對於喜劇創作，問題更是如此。正如有的理論家指出的：「許許多多的喜劇之所以使人感到歡樂愉快，主要是依靠這樣一些情境。」〔註 57〕

一般來說，戲劇情境大體包括人物、情況、關係三個主要方面。根據黑格爾情境是用來「顯現心靈方面的深刻而重要的旨趣和真正意蘊」〔註 58〕的原則，從這三個方面出發，可以發現，30 年代的喜劇創作中出現頻率較高的喜劇情境有以下四個類型。

尷尬情境：它側重的是「人物」，是指使喜劇主人公處於尷尬窘境的一種情境。其主要特徵是誇示人物性格的某些缺陷和內部的矛盾，常常是讓人物當眾出醜，陷入啼笑皆非的難堪局面。如《裸體》中，政大爺偷吻裸女像被晚輩們發現和羞辱；《新學究》裏的康如水的「濫愛」接二連三被人揭穿等。這種情境一般有兩類，較低級的是主人公本身可笑，而他同時也意識到了自己的可笑；較高級的是主人公本身可笑，然而本人並沒有意識到可笑。這種較高層次的情境，往往可以取得更大的喜劇效果，更利於調動觀眾的自我優勝的感覺。隨著喜劇的發展，它們較多地出現在 30 年代中期以後的喜劇作品中。

幽默情境：它偏重的是「關係」，是一種能夠顯示人物幽默感的情境。經常出現在本期以讚美為主的幽默喜劇中，如《瞎了一隻眼》、《寒暑表》等。

怪誕情境：它偏重的是「情況」。其突出的特徵在於情況的反常，在反常的形式中否定生活中反常的醜。如《藝術家》、《起死》、《狗眼》等。

〔註 54〕熊佛西：《寫劇原理》，上海：中華書局 1933 年版，第 89、91 頁。

〔註 55〕馬彥祥：《戲劇的情境（Dramatic Situation）》，《文藝月刊》第 7 卷第 3 期，1935 年 3 月。

〔註 56〕〔德〕黑格爾：《美學》第 1 卷，北京：人民文學出版社 1958 年版，第 254 頁。

〔註 57〕〔英〕阿‧尼柯爾：《西歐戲劇理論》，北京：中國戲劇出版社 1985 年版，第 225 頁。

〔註 58〕〔德〕黑格爾：《美學》第 1 卷，北京：人民文學出版社 1958 年版，第 254 頁。

複合情境：它是以上幾種情境的複合，如《一個女人和一條狗》、《子見南子》、《以身作則》等。

總而言之，喜劇情境是能夠比較充分展示喜劇衝突的某種特定情勢，是暴露內在喜劇矛盾的不可缺少的外部條件，是「一般世界情況」的「普遍力量」的定性化和具體化〔註59〕。因此，30年代的喜劇家們對於喜劇情境的重視和他們通過偶然表現必然的藝術追求直接有關。未能創造出適當的深刻有力的戲劇情境的喜劇作品，不但不能產生出蘊藉豐厚的笑，而且也絕不可能通過或然性的「機緣」〔註60〕表現出社會普遍本質的某些方面。從事情的另一方面來看，喜劇性必定是內外因素的結合，其內在根據深植於人物的性格之中。由於對喜劇性格塑造長時期重視不夠，使得情境的喜劇性往往不能很好地內化到性格的喜劇性中加以表現，這不能不使本期的許多喜劇作品缺乏那種難以言說的人性的豐腴和深度。在30年代中期以後的重要作品中，已經出現了明顯的迹象，表明喜劇作家們正在開始努力克服這種藝術上的重大不足，但眞正的收穫顯然還有待來日。

4、人物與語言

從表面上看，我們似乎沒有理由認爲30年代的喜劇創作是不重視人物的。文學是人學，這或許是千古不移的眞理。誰能設想出完全脫離人的喜劇呢？有人甚至由此得出結論說，笑是非人莫屬的。不管這種看法的科學程度如何，有一點卻完全可以肯定，喜劇和人有著至爲緊密的關係。我國的現代喜劇作家，大多數人都是民主主義和人道主義的皈依者，因此，重視人，反對對於人的摧殘，並在喜劇作品中藝術的表現這種命題，對他們更是自不待言的事。從這個意義上說，他們是重視喜劇中的人的。

但從藝術處理的角度而言，事情又有所不同。西方傳統的類型化喜劇人物理論給他們以明顯的影響。在喜劇人物塑造方面的這種傳統看法，即便是

〔註59〕 參見〔德〕黑格爾《美學》第1卷第3章中的有關論述，朱光潛《西方美學史》下卷的第497～498頁（人民文學出版社1979年版）、《譚霈生文集》第1卷的第136～137頁（中國戲劇出版社2005年版）。有人認爲：戲劇情境還包括人物特定的感情和心情。這實際上已屬於黑格爾所說的「情致」的範疇。筆者認爲，將「情境」和「情致」這兩個互相關聯的概念做出適當的區分是必要的。因之，在我們所討論的「情境」的涵義裏，不包括上述主觀的因素。

〔註60〕 〔德〕黑格爾：《美學》第1卷，北京：人民文學出版社1958年版，第245頁。

在當代的西方戲劇理論界仍然廣有市場。尼柯爾在《西歐戲劇理論》一書中始終堅持著喜劇「往往是無主人公的」〔註61〕觀點。30 年代，我國在這方面最有代表性的是熊佛西的喜劇人物理論。他在《寫劇原理》中認為：「喜劇中的性格往往沒有悲劇裏面的深刻，因為喜劇的性格是派別的，而不是個性的，是團體的，而非個人的；反之，悲劇的性格是個性的，而非團體的，是情感的，而非理智的。」「有人說悲劇是有主人公的，喜劇是沒有主人公的。這話亦不無相當的道理。喜劇大都是由某階級或某團體選出數人作代表來表現一個動作，故無所謂主人公」〔註62〕。這種認為喜劇人物應當是派別的、集團的、喜劇無所謂主人公的看法顯然出自喜劇家們對於喜劇社會性、對於必然和普遍因素的重視和追求；但它在具體的人物塑造實踐中卻直接導致了喜劇作品裏大量類型的或扁平的人物出現。本時期大部分的喜劇人物都可以視作人類某種品格、弱點以及社會某一階級、階層的代表，劇作家們對於喜劇人物的複雜性則極少表現。這一點，在 30 年代的諷刺喜劇、宋春舫的風俗喜劇和一部分幽默喜劇中體現得尤為突出。喇叭先生代表的是實際生活中擅長吹喇叭的吹牛拍馬的人；政大爺代表的是假道學；丁圖將軍代表的是現實中的愚蠢癲狂的軍閥；陶近朱就是生活中買辦階層的化身；《永遠是女人的女人》中的女人集中表現的就是女性的孱弱；《屠戶》中的孔屠戶則是農村高利貸者的漫畫化；《縣長》中的賈仁材和崔民湖分別是現代官僚和新式軍閥的剪影；汪春龍是那種自視甚高的蠢材的肖像；《一個女人和一條狗》中的女人給人最突出的感受就是機智。

　　用今天的眼光，回過頭去反觀這些喜劇人物，人們會輕而易舉地發現他們身上的缺陷，但要想一概抹殺他們的歷史的藝術價值，卻並不科學。這種類型人物，由於強化的是事物某一個方面的特徵，因此，它們往往可以給人較為鮮明的印象，便於記憶，易於辨認，從而構成一種單純明快的藝術氣氛。這一點，顯然和當時劇作家、演員和觀眾的一般水平多相契合。如果我們可以將歷史理解為過去與現在的一場永無休止的對話，那麼就意味著「過去」和「現在」的權利同時應當受到人們的尊重。對於文學史家來說，現實感固然可貴，但歷史感尤其不可缺少。還在 17 世紀的時候，扁平人物曾被人們

〔註61〕　〔英〕阿・尼柯爾：《西歐戲劇理論》，北京：中國戲劇出版社 1985 年版，第224 頁。

〔註62〕　熊佛西：《寫劇原理》，中華書局 1933 年版，第 92 頁。

認為是「性格」人物，而現在卻被稱為類型人物乃至漫畫人物。〔註63〕圓型人物和典型人物的概念不但產生了出來，並且還迅速地沿階而上，佔據了人物理論中的高位。這使我們有理由認為「類型」是由散亂蕪雜的人物表現走向「典型」的一個必要的階梯。如果可以把這一點當作規律，我們就會看到，儘管二三十年代的我國新文藝界已經開始流行典型的理論，但從實際的戲劇創作觀之，人們仍然不得不行走在由類型通往典型的道路上。在這裏，我們也就發現了30年代為數衆多的類型化喜劇人物的歷史價值所在。

在當時的一部分幽默喜劇中，由於和細小的日常生活保持著較近的距離，一些人物形象具有一種輕靈的特性而較少一般類型人物的偏執和滯重，所以反倒保持了某些微妙的人物曲線。當然，另一方面又由於小場景的局限，故而人物的總體塑造又呈現出朦朧的風韻，難以達到典型的高度。在30年代為數不多的風俗喜劇中，人物刻畫則出現了複雜化的趨向。特別是在李健吾的喜劇裏已經體現出努力躍向典型的較為自覺的意向。李健吾在30年代中期以後發表的一系列戲劇評論中，開始表露出自己對於喜劇性格複雜化的濃厚興趣。對人物性格的心理層次、流動特徵、衝突內化和深厚的人性波瀾的逼進，使這位作家在激賞《雷雨》的成就、推崇莫里哀的傑作、批評文明戲遺風的同時，創造出了幾個與一般喜劇迥然不同的喜劇人物。《這不過是春天》中的廳長夫人讓我們領略了人性的複雜之美；在《以身作則》的徐守清身上，我們則進一步看到了人性的衝動和內心的交戰；《新學究》的康如水讓人感到了新舊交替時代某些知識分子內心的迷亂；馮顯利則暗示出作家對於人生與人性的思考和感喟。其實，即便是在陳白塵的諷刺劇《恭喜發財》中也明顯地出現了人物多角度刻畫的趨勢。在這種發展的趨勢中，我們看到了大幅度提高我國新喜劇藝術品位的希望和前景。

就狹義的喜劇人物塑造而言。至少有三個難點足以衡量出作家的功力。第一個是喜劇人物典型性格的創造，關於這方面，上文已經談及；第二個是如何塑造喜劇中的正面形象；第三個是如何處理好喜劇中諸多人物之間的關係。透過以上三點，人們可以窺測出新喜劇走向成熟的軌迹。

應當如何去塑造喜劇中的正面形象？從這一問題提出的本身，我們就不

〔註63〕參見〔英〕愛‧摩‧福斯特：《小說面面觀》，廣州：花城出版社1984年版，第59頁。福斯特（Edward Morgan Forster 1879～1970），英國小說家和文藝批評家。

難感到它的難度。這種形象，按照理想的尺度，必須是「正面」的，同時又是「喜劇」的；也就是說，它必須是嚴肅與滑稽的統一體。它需要同悲劇與正劇中的正面形象和喜劇當中的否定性人物同時劃清界限，這就是喜劇家們不得不煞費苦心的地方。一般說來，一部西方喜劇史在這方面提供的可資借鑒的經驗並不多，倒是我國的戲劇史在這一點上提供了不少成功的範例。中國現代喜劇在這方面的嘗試和努力可以看作是對世界喜劇史的一種特殊貢獻。我們不妨認為，正面形象的大量出現是本期現代喜劇中的一個重要特徵。

　　為了更能說明問題，我們可以把這些正面形象大致區分成喜劇性正面人物和非喜劇性正面人物兩種最基本的類型。在第一種基本類型中又可以進一步分成機智型、過失型、變化型三種。屬於機智型的有《一個女人和一條狗》中的女人，《捉狹鬼》中的妻子，《一幅喜神》中的大盜，《五里霧中》的羅小姐，《瞎了一隻眼》的先生和《裸體》中的年輕人等。這些人物的身上無一例外地都顯示出了智慧和機智的光華，因而，在戲劇嘲弄的過程中始終處於一種主導地位。他們的主體性更多地體現為主動性，他們是解決喜劇矛盾的最為活躍的因素，是戲劇嘲弄的嘲弄者。屬於過失型的有《徵婚》中的詩人，《藝術家》中的畫家，《瞎了一隻眼》的太太和朋友，《北京的空氣》的主人等。這些人物大都具有某種過失和弱點，但這種過失和弱點又絲毫不會影響他們作為正面人物的善良本質。他們儘管是戲劇嘲弄的被嘲弄者，但作家的嘲弄卻是溫和的，常是在嘲弄否定性人物同時的順帶一擊。變化型的正面喜劇人物的情況稍微複雜些，大體上可以理解為前兩種類型的中間狀態。如《屠戶》中的王大和王二，《以身作則》的徐女玉貞、方義生和寶善等。他們或者因為自身的弱點，或者由於對方力量的暫時強大而一度陷入困境，但終因善的力量而經歷了由弱變強的變化過程並逐漸掌握了戲劇嘲弄的主動權。

　　總的來說，我們可以用內容大於形式的公式去概括正面喜劇人物的內在本質，形式的滑稽和內容的嚴肅的統一是這類人物總體的美學特徵。優秀的喜劇作家總是千方百計地讓自己的正面人物具有這種特徵，讓他們盡可能深地捲入戲劇嘲弄的漩渦，讓他們對真善美的讚頌，對假惡醜的懲戒完美地和生動活潑的喜劇效應融合在一起。在這方面，丁西林的《瞎了一隻眼》和李健吾的《以身作則》取得了較高成就。前者三個劇中人都是正面人物，同時也都是喜劇形象，對於喜劇效應來說，沒有一人是餘贅和蛇足。先生的喜劇

性在於機智，太太的喜劇性在於她的小過失，朋友的喜劇性來自以假作眞和蒙在鼓中。這三者的結合和扭纏自然也就強化了劇本給人的喜劇感。《以身作則》人物較多，肯定人物和否定人物雜然紛陳，但仍然基本做到了這一點。由於劇中的正面人物屬於變化型，在戲劇嘲弄過程中，經歷了由被動到主動，先逆後順的曲線，因而給喜劇添加了更多的戲劇性波瀾。他們決不是喜劇性場面的旁觀者，而是活躍於其中的一個因子。他們是可笑的，但又絕不失其可愛；他們是可愛的，但這種可愛又始終是和可笑結伴而行的。他們的存在無疑爲喜劇性的充分展示帶來不可小視的添加力。應當承認，正面喜劇人物的塑造對幽默喜劇和風俗喜劇有著更爲重要的意義，而要想在諷刺喜劇中取得同樣的收穫，喜劇家們就不得不面臨著更爲困難的挑戰。

儘管根據理想的標準，喜劇中的正面人物都應是喜劇人物，至少都應是喜劇性較爲明顯的人物，但在實際創作中，特別是在人物較多的喜劇作品中，卻時常出現那種一般性的非喜劇性的正面人物。有的時候，他們只是擔任極爲次要的角色。如《國粹》中的婢女，《老少無欺》中的丫環春桃；有的時候，他們則處於重要的位置，如《蟋蟀》中的公主，《子見南子》中的南子，《灑了雨的蓓蕾》中的江文輝，《新學究》中的馮顯利和孟太大，《恭喜發財》中的魯效平等。如果說，對於喜劇中那些極爲次要的角色的缺乏喜劇性，人們尚可擲諸一旁，那麼，對那些在劇中佔有重要地位但是缺乏喜劇色彩的正面人物，人們卻難免要有一番非議。從嚴格的意義上看，這確實是一種敗筆，儘管它在很大程度上是一種值得寬容的敗筆。從劇作家的初衷看，無疑是想將他們處理成喜劇色彩較強的人物，但在創作實踐中，那種嚴肅的思想意蘊卻妨礙了他們內在喜劇性的開掘，以致他們即便是在悲劇和正劇中出現，人們也不會感到絲毫的驚詫。這顯然是中國現代的民族喜劇在形成自己獨特藝術風貌的過程中亟待解決的課題之一。只有當中國的喜劇家們普遍成功地解決了這個問題的時候，我們才能最終品鑒到中國現代喜劇在中西喜劇觀念融合基礎上生發出的奇花異卉。

喜劇語言，是 30 年代喜劇家取得重要收穫的又一領域。丁西林、歐陽予倩、李健吾、陳白塵、熊佛西、袁牧之、徐訏、王文顯和宋春舫等劇作家在他們的喜劇中都已經分別表現出各自獨特的功力。他們在喜劇語言方面所取得的成就，不僅對喜劇藝術，而且也對整個話劇藝術的提高都發生了極爲有益的重要影響。談到這方面的貢獻，應當首推丁西林。丁西林喜劇的成功，

在很大程度上體現為語言藝術上的成功。他在化用英國優秀喜劇創作經驗的
基礎上，利用「似是而非和似非而是」的原則，在人物對話當中嫻熟巧妙地
運用了反語和奇論等語言形式，為中國現代喜劇語言藝術的優化提供了成功
的範例，在二三十年代吸引了大批的效法者。

　　當然，作家語言特色中的獨特性只是遊移在某個區間當中的可變數，因
而，它並不妨礙我們對本期喜劇語言的整體性把握。總體上看，本期喜劇的
實際語言具有一種通俗淺顯、簡潔明快的特色。除開歐陽予倩、熊佛西、袁
牧之和陳白塵這些熱衷於民眾劇運和戲劇大眾化運動的人之外，在上述優秀
喜劇家中，丁西林、王文顯、徐訏、李健吾和宋春舫等人的作品可以算作是
「紳士」味較重的，但即便如此，上述那種語言風格也是存在的。至於說在
他們劇本中偶爾出現的英文單詞或個別冷僻的概念，並不能替代作品在語言
上給人的總體感受。

　　應當承認，喜劇從一開始就是和世俗生活扭結在一起的。它的世俗性決
定了其語言上的通俗、明快的特性，因此，早在《喜劇論綱》中，那位佚名
的著者就已經明確地昭示人們：「喜劇的言詞屬於普通的、通俗的語言。」〔註
64〕對於這一點，我們的喜劇家們往往有著明確的意識。這正如熊佛西所表述
的那樣，喜劇中應當「文辭通俗」，「多以語體文，不忌販夫走卒的言調，鄉
嫗村姑的俗語。」〔註65〕像熊佛西這樣的大學教授之所以能夠寫出《裸體》、
《屠戶》那樣本色的作品，像王文顯、宋春舫這樣大學教授的劇本中之所以
會出現諸如「狼心狗肺」、「天生狗種」、「狗干係」、「賤忘八」、「混帳」一類
言語，和這種自覺的意識恐怕大有關係。

　　現代喜劇家們經過藝術的戲劇運動之後，絕大部分人都具有了鮮明的舞
臺意識。寫作劇本，為的是上演，這在他們當中是不存在什麼問題的。這樣，
觀眾在他們的心目中就贏得了舉足輕重的地位。在當時的社會條件下，觀眾
群體的擴大和文化層次的下降總是成正比的，因之，隨著話劇影響在小市民
層延伸的過程，通俗淺顯的文風在喜劇語言中自然取得正宗的位置。此外，
寫喜劇的人總是想引觀眾發笑，從接受美學的角度看，笑是明澈的，喜劇只
有保持著語言的清晰度，使觀眾及時發現可笑之點，迅速引起審美感應，才
能保證喜劇效果。那種過於曲折、艱深隱晦，佶屈聱牙的語言，除了茫茫然

〔註64〕 轉引自余秋雨《戲劇理論史稿》，上海：上海文藝出版社 1983 年版，第 35 頁。
〔註65〕 熊佛西：《寫劇原理》，上海：中華書局 1933 年版，第 74、93 頁。

外，是不會給喜劇觀眾帶來什麼藝術感受的。這就要求喜劇語言在通俗之外，還要做到明快，而要想做到明快，又離不開簡潔，這些就決定了30年代喜劇語言的第一個首要特徵。

當然，對於喜劇語言來說，單純的通俗淺顯、簡潔明快是不夠的：使觀眾聽明白、不費解，這是引起笑的必要前提，但並非充分條件。因此，本期喜劇在語言方面的另一特徵是含蓄機智、富有才情和潛臺詞。丁西林的含蓄是人所共知的；袁牧之少了一點含蓄，但多的是機智；李健吾的語言在典雅的外表下包容了豐富的才情和睿智；即令是熊佛西這樣常被人認為是語言浮燥的作家，在喜劇創作中也有一種對於含蓄的追求，凡是不相信這一點的人，不妨去欣賞一下他在《蟋蟀》中關於周氏三兄弟為了獨佔公主的玉照和獲取陪同公主一起上和平山的權利而勾心鬥角的一段描寫。這些喜劇語言，有的是急中生智，有的是一語破的，有些是鋒芒犀利，有些是機趣橫生，有時是徵微索隱，有時是情致綿長，有的地方是怪誕醒目，有的地方是機巧取勝。一般來說。它們常能給人以新鮮感、機趣感、哲理感，而絕少陳詞濫調、冗長枯窘的印象。《一個女人和一條狗》、《買賣》、《委曲求全》、《一幅喜神》、《新學究》等作品都可以證實這一點。

30年代喜劇語言第三個特徵是喜劇家們在某種程度上已經注意到了語言形式和語言內容的統一。語言的通俗、明快、含蓄、機趣，這還只是喜劇語言的一個方面，事情的另一方面則是必須將這種語言集中使用到劇本中對於那些不協調的矛盾的現象、思想和行為的描寫上。為了保證這點，喜劇家們比較熟練地運用了荒謬推理、諧音誤會、矛盾對比、錯綜重複等項修辭手法，從而提高了我國現代喜劇語言的表現力。

除此之外，30年代喜劇語言在力求符合角色特徵、運用獨白和旁白、動作感較強等方面也都做出了貢獻。它的最大弱點是在個性化深度方面，這一局限顯然同本時期喜劇家們對喜劇人物的類型化理論是一脈相承的。在李健吾等人的大型喜劇的語言中，這種局限基本已被打破，在徐守清、徐玉貞、康如水、馮顯利等人物的語言中，我們完全可以領略到那種個性化的特殊風采。

在本書即將結束的時候，特別是在現實感受使我們終於認識到一個健全的戲劇世界不能沒有喜劇之後，人們似乎沒有什麼理由再去抱怨那些前輩喜劇作家們為什麼沒有給後來者留下更為豐厚的遺產。30年代的喜劇創作，在

今天的人們看來也許是貧弱的，但其仍然值得珍視。我們的先輩在那個多災多難的年代裏，在藝術的蠻荒之中，在來自多方面的指斥和輕蔑之下，在戲劇園地裏開闢了這喜劇的一角，用自己的心血和腦力，開掘、延續和傳遞著喜劇美的精髓。30 年代民國喜劇主流的反封建的批判傾向、深沉的道德感和社會責任感，對人性的崇尚，對未來的嚮往，對於一切人間的非理乖謬虛偽邪惡的撻伐，對觀眾的高度重視，對藝術的不斷探索與追求，將成為我們的歷史財富。我們不應當忘記那些曾經為了創建我國現代喜劇藝術而辛勤勞作過、奮鬥過的人們和他們的藝術業績！

附錄　林語堂的幽默思想

　　提到中國現代的喜劇觀念，有一個名字是不應忽略的。這不僅因為他是第一個將 Humour 譯為「幽默」的人，並且一度成為推進中國幽默文學發展的倡導者；也不僅因為幾十年的著述活動使其本人贏得了「幽默大師」的稱號，而且還因為他也是溝通中西方幽默觀念的重要橋梁之一。幾十年來，他對中國人反復申說著他心目中西方人的幽默思想，同時又向西方人不知疲倦地闡釋著他自己所理解的東方式的幽默意識。他為幽默注入了更多的人性色彩和理想的光輝，他顯然是將幽默視為全人類共有的一種精神財富。他的幽默思想，內容駁雜、瑕瑜互見，其中不乏哲人的睿智，也多有庸人的淺見，其中既有夢幻中的歌吟，也有源於現實的針砭，但有一點可以肯定，他始終是愛人的，他把自己的拳拳愛心通過幽默的窗口奉獻給人類和人類生活於其中的那個生機盎然但又絕不完美的世界。儘管他被人認為是現代文學史上「最不容易寫的一章」〔註 1〕，但他卻是一個令人不能漠視的存在。在中國現代喜劇思想的研究領域，人們可以反對他，可以超越他，然而最終卻無法繞過他。他就是林語堂。

自我的表現

　　幾乎所有的林語堂研究者，都曾指出過林語堂思想中錯綜複雜的矛盾性。就本質意義而言，林語堂是位浪漫主義作家。這種浪漫主義氣質為他的思想和理論帶來某種明顯的主觀隨意性，其著作中的種種矛盾正是直接來源

〔註 1〕 施建偉：《林語堂研究綜述》，《福建論壇》1990 年第 5 期。

於這種隨意性。也就是說，這已不僅僅是表面上的形式邏輯意義上的矛盾，而且還是一種內在的心靈意義上的矛盾。正因如此，林語堂本人絲毫不想掩飾自身的矛盾性，相反，他甚至以此爲榮。他不僅用「一團矛盾」作爲自己《八十自敘》一書第一章的標題，而且還不無得意地宣稱自己「喜愛矛盾」，他說：「我只是一團矛盾而已，但是我以自我矛盾爲樂。」〔註2〕矛盾，在這裏已經成爲作家標舉眞誠自我的自覺手段。

這種源於心靈的矛盾性不可避免地反映到林語堂的幽默觀念中。他曾主張幽默應該遠離政治，但又一再幽默地批評政治和那些被他稱之爲「肉食者」的統治者；他指出人類智慧對於幽默的決定意義，但又不時流露出對於這種智慧的懷疑和戒懼；他曾斷言中國缺少幽默，但不久又洋洋萬言地稱道中國式的幽默；他的幽默思想力主靜觀、超脫，但同時又說幽默應該近情、同情；他說現實主義是幽默最基本的品格，卻又從不遲疑地將自己的幽默觀建立在一種理想的烏托邦之上。指出林語堂幽默理論中的種種矛盾，看來並不困難，困難在於我們應當如何科學地把握它們。誠然，發現矛盾往往是深入研究的開始，但是僅僅局限於簡單地復述其有關幽默的闡釋並將各種相互矛盾的命題單擺浮擱地羅列在一起，我們的研究仍將是浮淺的，並會在很大程度上失去應有的意義。

林語堂的幽默觀並不是隨心所欲的拼湊，也不是陷於東西文化夾縫中的迷亂，而是作家主動汲取和選擇的結果，是站在人類思想的高度對人生進行認眞思考的產物。他的幽默思想在不少地方是錯誤的，但又自有其深刻之處。我希望自己能夠穿越表面的矛盾，在其幽默理論的深處找到那種一以貫之的東西。唐弢先生在《林語堂論》中曾稱引周作人有關「兩個鬼」的說法，並據此認爲：「紳士鬼和流氓鬼萃於一身，用來概括林語堂先生的爲人，也許再沒有比這個更恰當的了。」唐先生接著指出：把林語堂看作是由這兩個鬼組成的「混合體」，也即找到「使之貫穿前後的一點個人的特點」，「這是我們論述林語堂時不能不注意的地方。」〔註3〕儘管我對用「兩個鬼」概括林語堂是否準確這一點懷有某種保留，但我深信這位著名前輩學者已經正確地昭示出：在林語堂身上，包括他的幽默思想在內，確實存在著某種貫穿其一生的東西，它凌駕於林語堂的前期和後期思想之上，凌駕於他的種種表面矛盾之

〔註2〕林語堂：《八十自敘》，臺北：德華出版社1982年版，第3頁。
〔註3〕唐弢：《林語堂論》，《文藝報》1988年1月16日。

上，同時也構成了他主動汲取和選擇中西方喜劇觀念的內部動力和依據。

　　從 20 世紀 20 年代的《徵譯散文並提倡「幽默」》到 70 年代的《八十自敘》，林語堂講了整整五十年的「幽默」。而這半個世紀，無論是中國，還是世界都經歷了翻天覆地的變化，因此，他個人的生活和思想也就不能不承受著這個極度動蕩、變亂不居的外部世界的衝擊和洗禮。這些變化反映到他的幽默觀念中，必然造成其思想的階段性發展，就這一意義而言，一些學者對林語堂幽默觀所做的分期研究，無疑是必要而有益的。但是，林語堂幽默思想發展的階段性並不能、也不應該替代它的連續性。事實上，他的幽默觀念在前期和後期並不存在質的變化。林語堂在後期所做的，只是將其前期思想加以理論化和系統化而已，這就是我在進行了認眞研究之後所得出的結論。作家最初爲自己設立了一個基點，然後沿著這個基點所規定的方向一直走下去，其間當然也會有起伏、有調整，但他卻始終沒有違背自己的初衷。要想解釋這一現象並不困難，因爲這是一切強調自我表現，並且始終未能從自我拘囿中走出的作家的必然特徵。自我表現，爲林語堂的幽默思想帶來了深度，同時也造成了他的匱乏。從自我的表現出發，到自我的發展，到自我的重複，再到自我的封閉，林語堂正是在這種自我的往復循環中完成了自己對於幽默的思考。或許，正是爲了這些，林語堂才格外垂青「圓形」，他說：「宇宙中，什麼都是圓形及圓形的變體。」〔註 4〕

　　這種明確而強烈的自我表現意識就是深藏在林語堂幽默理論中並使其思想保持了一致性的東西。事實上，這不僅是林氏幽默觀的起點，而且也是它全部的基礎。

　　林語堂前期有關幽默的申說，多屬於直感式的言論，與此相應，其文體也採用了隨筆、雜話及信札的形式，儘管它們缺少那種理論的嚴整性，但其中卻包含了許多理論問題的胚胎。在這種尙未經過理論演繹和修飾的接近天然的形態中。我們可以比較容易地找出其幽默理論的基石：表現自我。雖然在林語堂最初提倡幽默的時候，這一思想還沒有凝聚成明確的概念，但作爲一種實在的意蘊卻已經深植在他的論說中。在《徵譯散文並提倡「幽默」》、《幽默雜話》和《答青崖論幽默譯名》等文章裏，他的議論始終都是圍繞著「爲什麼要提倡幽默和怎樣推進幽默」這樣一個中心論題而展開的。表面上看，

〔註 4〕林語堂：《啼笑皆非》，臺北：德華出版社 1982 年版，第 213 頁。該著最初成書於 1943 年。

這個論題與其說是理論性的，不如說是實踐性的，但在實際上它卻隱含了一個對於林語堂而言至關重要的理論判斷：中國之所以需要幽默的文學，是因為只有它才能夠真率自然地表現自我，而也只有真率自然地表現自我，文學才能一方面擺脫過於森嚴的理性束縛，一方面化解使自己趨向下流的扭曲力。他在解釋「太正經」的「正經話」和「太無體統」的「笑話」何以會在中國文學中「截然分徑而走」的原因時說：「因為仁義道德講的太莊嚴、太寒氣迫人，理性哲學的交椅坐的太不舒服，有時就不免得脫下假面具來使受折制的『自然人』出來消遣消遣，以免神經登時枯餒或是變態。」顯然，在他看來，由於道學傳統壓制了人的真實自我，於是真實的自我必然要反抗這種壓制，努力地表現自己。又由於道學傳統力量的強大，自我表現自身的欲求不能不被扭曲，以致自行淪為「妖異淫穢不堪」的「笑話」，而始終不能進入真正文學的殿堂，結果造成「中國文學史上及今日文學界的一個最大缺憾」。為了克服這一缺憾，他才提倡西洋式的「幽默」，為自我的表現鋪設一條正常而健全的通路，為國人提供一種「最高尚的精神消遣」。〔註5〕

幽默既被看作主體的一種自我表現，那麼主體對人生的看法自然也在表現之列。事實表明，人生觀問題進入林語堂對於幽默的思考，對其後期思想的發展具有重要意義。儘管前期的林語堂對於幽默的解說主要還停留在作者或作品風格的範圍，但他無疑已經意識到人生觀在幽默表現中的決定作用。這也就不難解釋他為什麼會在提倡幽默的第二篇文章裏竟然花去四分之一左右的篇幅去談論「幽默的人生觀」問題。他說：

　　故正經說，非易板面孔的人生觀以幽默的人生觀，則幽默文學
　不能實現；反而言之，一個人有了幽默的人生觀，要叫他戴上板面
　孔做翼道，輔道，明道的老夫子，就是打死他，也做不來的。〔註6〕

這不啻是說：一個具有幽默人生觀的「自我」，他的表現也必然是幽默的。接著，他對這種幽默的人生觀又做了具體的說明：「幽默的人生觀是真實的，寬容的，同情的人生觀。」林語堂對「真實」的概念表現出異乎尋常的熱情，這顯然和他的自我表現思想有關，正因如此，他才將它界定為幽默人生觀的首要質素。他說，「大家誠誠實實，嘻嘻哈哈的談談學理多好」，這在很大程度上就是對林語堂「真實觀」的最好腳註。「真實」在這裏並不是那種講求主

〔註 5〕林語堂：《徵譯散文並提倡「幽默」》，《晨報副刊》1924 年 5 月 23 日。
〔註 6〕林語堂：《幽默雜話》，《晨報副刊》1924 年 6 月 9 日。

觀認識和客觀實際相符合的科學意義上的「眞」，而是一種主觀抒發與表達意義上的「誠」。因此，對於幽默作品的創作來說，是「不能勉強」的，重要的不是「做」，不是「技巧」，而是眞實的自我在不受外界壓抑和扭曲情況下的一種自然而然的坦誠的表露〔註7〕。對於「寬容」和「同情」，我們暫且可說的不多，要等到後期的林語堂將他的幽默思想系統化之後，我們才能進一步看清這兩個概念同自我表現意識的邏輯聯繫。現在我們只須記住，它們在林語堂的幽默體系中同樣佔據著顯赫的位置。三十多年以後，林語堂在他的一部學術專著中曾經贊許過上帝的誡命，他說上帝講話從不解釋、從不假設、從不辯論，因爲他對自己所說的懷有一種無需言喻的確信〔註8〕。如果我們可以借用這段表述來說明林語堂對於「寬容」和「同情」的總體看法的話，那麼我們將會發現，林語堂一開始就把它們看作是人類眞正自我的一部分，它們既然是人生而具有的，自然也就是無需論證的。表達眞我，而缺乏寬容和同情，對於這位在基督教氛圍中長大的中國作家來說，顯然是不可思議的。

當林語堂將表現自我作爲其幽默思想的基本驅動力以後，他的思想能量實際上是在兩個向度上發展的：向外，通過自我的外化，要在作爲對象世界的大宇宙中確證自己、擴張自己；向內，通過自我的內化，在心靈深處的小宇宙中延伸自己、舒展自己。

沿著外化的線路，林語堂勢必和鉗制自我的封建傳統以及那個缺乏自由民主的社會發生不可避免的衝突。這就使林語堂的幽默主張具有一種明顯的反封建的意義。早在其 20 年代的文章中，他就明確指出了中國文學「欠幽默」的巨大缺憾，並正確地將其歸咎於封建禮教和傳統道學。他說：這種缺憾從根本上看是「端賴於禮教沾化之方」〔註9〕。可見，由於禮教是壓制自我坦誠表現的最大壁壘，他的幽默觀從一開始就是以和封建道學相對立的面貌出現的。在林語堂的心目中，禮教破除之日，才會是幽默興盛之時，幽默儼然成爲禮教和道學的死敵。他熱情洋溢地說：

> 不管你三千條的曲禮，十三部的經書，及全營的板面孔皇帝忠臣，板面孔嚴父孝子，板面孔賢師弟子一大堆人的袒護、維護、掩護、維護禮教，也敵不過幽默之哈哈一笑。〔註10〕

〔註7〕以上見林語堂：《幽默雜話》，《晨報副刊》1924 年 6 月 9 日。
〔註8〕林語堂：《從異教徒到基督徒》，臺北：德華出版社 1982 年版，第 209 頁。
〔註9〕林語堂：《幽默雜話》，《晨報副刊》1924 年 6 月 9 日。
〔註10〕林語堂：《幽默雜話》，《晨報副刊》1924 年 6 月 9 日。

然而在上述引文中，我們同時也不難發現，林語堂從他的幽默觀出發對於封建禮教的反抗，很可能是脆弱和溫和的。他對「幽默之哈哈一笑」顯然寄託了過高的期冀；在他認爲禮教「被幽默一笑便糟」〔註11〕的樂觀中明顯包含著幻想的成分。而凡此種種，對於林語堂來說，又是不可避免的。

　　林語堂出身於一個鄉村牧師的家庭，他的小學、中學和大學教育都是在教會學校中完成的，這種獨特的經歷使他從兒時起就深受西方文化的濡染。他的父親是長老會的信徒，早年曾給他重要影響的林樂知是美國監理會的傳教士，聖約翰大學是聖公會出資創辦的，儘管這些教派各異，但卻同屬新教系統。新教內部固然派別林立，但作爲歐洲宗教改革後的產物，一般都具有不同程度上的反封建的資產階級性質，它們普遍重視個人同上帝的直接聯繫，其中不少教派甚至主張民主選舉一部分基層的神職人員。這些，再加上西式教育的影響，使得林語堂從童年開始就對個性、自由、民主和自我充滿了眞誠的嚮往。

　　就在《新青年》由上海遷至北京的那一年，大學畢業的林語堂也來到了北京，並在這裏工作了三年。這段時間，他經受了五四新文化運動的洗禮。

　　1919 年秋天，林語堂赴美留學。他在哈佛大學學習期間，參與了白璧德和斯平加恩之間的論戰〔註12〕。他加入表現主義者的行列，批評了講求秩序和紀律的新人文主義。關於這次爭論，他曾寫道：「對於一切批評都是『表現』的原由方面，我完全與意大利哲學家克羅齊的看法相吻合。所有別的解釋都太淺薄。」〔註13〕事實或許並不完全這樣簡單，克羅齊的表現說不僅和林語堂對於文學的原有觀點相合，同時也爲後者的樸素認識提供了理論昇華的新機運。20 世紀 20 年代後期，當新人文主義和表現派的爭論在中國文壇上重演的時候，林語堂再次爲維護表現自我的權利而戰。他肯定「表現派認爲文章（及一切美術作品）不能脫離個性，只是個性自然不可抑制的表現」的看法，並且明確認爲「文學創造的神秘」就在「表現」兩字上〔註14〕。可見，表現自我的意識早已融入這位作家的生命中。這就難怪他要聲稱：「我要有能做我

〔註11〕林語堂：《幽默雜話》，《晨報副刊》1924 年 6 月 9 日。
〔註12〕白璧德（Irving Babbitt 1865～1933 年），斯平加恩（Joel Elias Spingarn 1875～1939），均爲美國文學批評家；前者爲新人文主義的代表人物，後者爲克羅齊的追隨者。
〔註13〕林語堂：《八十自敍》，臺北：德華出版社 1982 年版，第 69 頁。
〔註14〕《林語堂文選》下集，北京：中國廣播電視出版社 1990 年版，第 10 頁。

自己的自由」；他要斷言：「凡在寫作中不敢用『我』字者，決不能成爲一個好作家」〔註15〕。幽默，無論是作爲一種藝術風格還是一種對於人生的看法或態度，在他看來，都當然是也只能是主體的自我表現。這裏，我們看到，林語堂的幽默觀同他的文藝觀在「表現」問題上一開始就保持了一致性。當然，林語堂並不完全是克羅齊的信徒，那種強調「表現」和「直覺」的美學觀給他的幽默思想提供的只是一種基礎工程。因此，誰要想在克羅齊美學中找到林語堂幽默觀的直接源頭，他肯定會大失所望，因爲克羅齊是藝術分類的頑敵，他的直覺理論使其否定包括喜劇性在內的審美範疇區劃的可能性，同時，他似乎也是同情說的批評者。〔註16〕

　　1920 年，林語堂離開美國，在法國停留的時間不長，然後進入德國。先是在耶拿大學，後來在萊比錫大學繼續求學。在這些地方，他盡情享受了德國特有的那種自由自在的大學生活，並且開始眞正地接觸到德國文化，開始受到德國近代美學中浪漫主義傳統的影響。關於這種影響，現的林語堂研究者往往忽略不計，實際上，林語堂即使到晚年仍然沒有忘記康德、叔本華等人的名字，並且在自己的著述中一再表現出對於他們學說的領悟。林語堂認爲思想界眞正具有獨創精神的思想家爲數極少，爲他認可的只有五位：佛、康德、弗洛伊德、叔本華和斯賓諾莎。至於其他人，在林氏看來，只是對別人思想的復述或再加工〔註17〕。在這五人中，除佛是東方人外，其餘都是西方人，而其中竟有兩位是德國思想家；一位奧地利人，但仍屬德語文化系統；至於最後一位，雖然是荷蘭人，但他對德國啓蒙思想家和德國古典哲學的影響是眾所周知的。談到林語堂的幽默觀，人們總是把梅瑞狄斯當作它的源頭。林語堂本人也曾直言不諱地談到他寫於 30 年代中期的《論幽默》是以梅氏的《論喜劇思想與喜劇精神的功用》一文爲依據的〔註18〕。《論幽默》中有大段大段出自梅氏論文的引文，要想證明梅氏對於林語堂的影響是不難的。但有一個基本的事實，我們不應該忘記：梅瑞狄斯並不認爲幽默是喜劇精神的眞

〔註15〕《林語堂幽默金句》，臺北：德華出版社 1982 年版，第 163、146 頁。

〔註16〕參見〔意大利〕克羅齊《美學原理》第 12、15 章，北京：外國文學出版社 1983年版。

〔註17〕以上參見《林語堂名著全集》第 10 卷，長春：東北師範大學出版社 1994 年版，第 178 頁。

〔註18〕參見《林語堂名著全集》第 10 卷，長春：東北師範大學出版社 1994 年版，第 294 頁。

正代表，林語堂對於幽默的評價顯然高於梅氏。而有材料表明，梅氏對於喜劇的許多看法——尤其是爲林語堂徵引的那些觀點——恰恰來自德國〔註19〕。這些使我們不得不考慮到德語世界近代美學觀念對於林語堂的影響。這些觀念進一步堅定了林語堂關於自我表現、直覺、同情、心靈等問題的信念，進而構成其幽默觀的直接思想來源之一。

1923 年 9 月，林語堂進入北京大學。八個月後，他寫下最初提倡幽默的兩篇文章。基於那種廣義的浪漫主義立場，他當然傾心於新文化運動，不滿意於祖國的現狀，要求衝破封建的束縛和道學的桎梏，他需要有所行動。但是十多年的西式教育又使他對於中國的文化傳統知之不多，儘管兒時父親曾向他講授過四書五經一類的啓蒙讀物，儘管留學德國的時候他也曾涉獵過中文古籍，但是所有這一切都無法從根本上改變他同中國文化的疏隔狀況。這一方面使他不可能像魯迅等人那樣對於禮教的嚴酷產生切膚之感，意識到反封建鬥爭的艱巨性和嚴重性；一方面又使歷史悠久的傳統文化對他產生一種神秘而特殊的「攝力」，他渴望重新發現自己的祖國，就像當年哥倫布發現新大陸那樣。這就造成他對民族文化的矛盾情感，使他徘徊於新舊愛惡之間而不能自己。〔註20〕而這些就使他終於選擇了一種「在道學先生跟前說些頑皮話」〔註21〕的幽默調侃的方式作爲他表現自我、反抗封建主義的最初手段，同時，這也就決定了其反封建思想的溫和性和搖擺性。

林語堂開始提倡幽默，正值中國現代革命運動處於低潮的時期，人們總愛籠而統之地認爲 20 年代是林語堂的激進期，但林語堂真正激進的語絲時代當時還沒有開始。儘管那時中國的南方已透露出革命風暴即將到來的歷史信息，但北洋軍閥統治下的北京卻依然處在令人沉悶的暮靄陰霾之中。北京當時特有的歷史氛圍，加上那種溫和而又不徹底的反封建意識，無疑限制了這位歸國不久的年輕學子表現自我的外在空間，作爲一種必然的選擇，他在自己的幽默觀中自覺不自覺地流露出對自我表現內在空間的神往。

在整個 20 年代，對於幽默究竟是什麼的問題，林語堂似乎一直在躲閃著，

〔註19〕 參見〔美〕衛姆塞特等：《西洋文學批評史》，北京：中國人民大學出版社 1987
年版，第 349 頁；〔美〕韋勒克：《近代文學批評史》第 2 卷，上海：上海譯
文出版社 1989 年版，第 130 頁；《古典文藝理論譯叢》第 7 輯，北京：人民
文學出版社 1964 年版，第 78 頁。

〔註20〕 參見《林語堂自傳》，石家莊：河北人民出版社 1991 年版，第 34、85、86 頁。

〔註21〕 林語堂：《幽默雜話》，《晨報副刊》1924 年 6 月 9 日。

盡量避免做出正面的回答。1924 年 5 月，他說：「幽默是什麼東西，讓我在此地神秘一點兒別說穿了妙」〔註 22〕。同年 6 月，他還在爲自己的「神秘」之說而辯解：「固然我這樣詭秘神奇的介紹，原以爲幽默之爲物無從說起，與其說不明白，不如簡直不說，故謂『懂的人（識者）一讀便懂，不懂的人打一百下手心也還不知其所言爲何物。』至今我還有點相信這話，並且相信『別說穿了妙』」〔註 23〕。對此，我們固然可以解釋爲他對自己所提倡的幽默一時還缺乏深入的體認，或者乾脆將其視爲一種故弄玄虛的伎倆，但更爲深入的研究可以告訴我們：作家在這裏主要是想表明，他所謂的幽默實際是一種內在於心靈的東西，對於這種內在於心的東西，人們最好的辦法是用心靈去感受和領悟。結果，幽默對於個體的自我，也就自然成爲「只可意會不可言傳」的東西。由此可見，林語堂的幽默觀念在其提出的一開始就對主觀心靈性的成分表現出明顯的熱忱，它不僅帶著主觀論喜劇思想的鮮明印記，而且具有心靈哲學的某種神秘性。在我看來，正如前文已經提到的，這和德語文化系統的美學沉思對林語堂的啓示有關。

幽默人生觀

　　林語堂在幽默界定問題上的「神秘」之說，很自然地使人聯想到弗洛伊德關於幽默的某些觀點。弗洛伊德顯然是將幽默看作是所有喜劇形態中最爲自足的一種，他認爲幽默的過程「只在一個人身上完成自己，而另一個人的介入不會給他增加任何新的內容。」接下去，他說：「我可以自我欣賞幽默樂趣而經常感覺不到有必要把它告訴給別人。」〔註 24〕林語堂在他的《論幽默》中曾批評弗洛伊德的幽默學說「太專門」，但這並不能抹殺弗氏對他的影響，事實上，弗洛伊德包括其幽默學說在內的整個喜劇思想都對林語堂幽默觀產生了或隱或顯的啓示作用。在弗氏的喜劇美學中，幽默佔據了重要的位置，他把它看作「一種最高心理功能」，而後又稱之爲一種「高貴形式」〔註 25〕；

〔註 22〕林語堂：《徵譯散文並提倡「幽默」》，《晨報副刊》1924 年 5 月 23 日。
〔註 23〕林語堂：《幽默雜話》，《晨報副刊》1924 年 6 月 9 日。
〔註 24〕〔奧地利〕弗洛伊德：《機智及其與無意識的關係》，上海：上海社會科學院出版社 1989 年版，第 208 頁。
〔註 25〕參見〔奧地利〕弗洛伊德：《機智及其與無意識的關係》，上海：上海社會科學院出版社 1989 年版，第 207、209 頁。

而林語堂則說幽默是一種「人類智慧的最高形式」〔註 26〕。弗洛伊德將喜劇和人性中的自然本能聯繫起來，而這一點後來也成為林語堂幽默理論的一個支點。弗洛伊德整個喜劇思想都建立在自我保護的基礎上，通過自我的內心調適而擺脫遭受壓抑的痛苦，這也正是其學說的核心內容。而這些實質性的思想，在林語堂幽默觀念的發展中得到了愈來愈明晰的體現。

當然，林語堂的幽默觀並不是對於弗洛伊德喜劇觀的簡單的因襲，這位一貫具有強烈的自我獨立意識的作家完全清楚自己需要的是什麼，不需要的又是什麼。他在闡釋笑的機制時曾引述弗氏《論機智》中某窮人因借錢吃魚受到債主責難的例證，並解釋說：「那富友（即債主——引者注）的發問是緊張之際，我們同情那窮人，以為他必受窘了，到了聽窮人的答語，這緊張的局面逐變為輕鬆了。這是笑在神經作用上之解脫。」〔註 27〕弗洛伊德的本意是要證明幽默的心理機制是一種「感情消耗的節省」，首先節省的就是同情〔註 28〕，而林語堂卻在例證的解釋中巧妙地做了修正，保留了「同情」，從而顯示出他對「同情」的鍾愛。「同情」之所以在林語堂的幽默中佔有重要位置，是因為它具有雙重的意義：一方面它適合林語堂溫和地反封建的精神需要；另一方面它又體現出了作家對於主觀心靈的重視，這是因為，同情在本質上是以自我內心的情感體驗為基礎的。

正是在這個方面，德國近代美學中的浪漫主義傳統為他提供了理論的依據。從弗洛伊德美學思想的學術背景出發，圍繞林語堂的幽默觀問題，我們應注意的德國美學家至少有叔本華和立普斯。

儘管林語堂在專論幽默的文章中並沒有直接提到叔本華的名字，但對他的基本思想卻並不陌生。林語堂在論及自己思想歷程的時候曾一再提起叔本華的學說，除「苦行主義」這一點外，他對這種學說贊許有加，他認為叔本華有一顆獨創的心〔註 29〕。從林語堂的傳記材料來看，在 1919 年出國前，他已經接觸了王國維的著作，而王國維正是叔本華哲學在中國的早期傳播者。

〔註 26〕林語堂：《生活的藝術》，北京：中國戲劇出版社 1991 年版，第 76 頁。

〔註 27〕參見林語堂：《論幽默》，該文上篇和中篇載《論語》第 33 期，1934 年 1 月
16 日；下篇載《論語》第 35 期，1934 年 2 月 16 日。

〔註 28〕參見〔奧地利〕弗洛伊德：《機智及其與無意識的關係》，上海：上海社會科
學院出版社 1989 年版，第 216、210 頁。

〔註 29〕參見《林語堂名著全集》第 10 卷，長春：東北師範大學出版社 1994 年版，
第 178～179 頁。

《屈子文學之精神》是王國維運用叔本華等人的幽默觀分析中國古代文學的重要文獻，而從林語堂寫於 30 年代中期的《論幽默》裏可以發現，王氏的這篇文章對他已經產生了實際上的影響。因此，中文也同德文和英文一樣，成了叔本華進入林語堂思想視界的重要媒介。

叔本華從自己悲觀主義人生觀出發，在其名著《作爲意志和表象的世界》一書中不止一次地譏嘲過喜劇。幸好他在很大程度上將幽默從喜劇美學範疇中分離了出來。否則他對幽默也未必能說上幾句好話。他將幽默理解爲一種深藏在詼諧背後的嚴肅與崇高，並且認爲它的出現有賴於一種主觀的心境，其實質在於對主體心境與外部世界衝突的一種調節。而「莊諧並出」、「心境」、「調節」以及類似的詞彙恰恰也是林語堂後來論幽默時常用的字眼兒。叔本華在自己的體系中並沒有賦予幽默以決定性的意義，事實上，他論述幽默的地方並不多，但是這些不多的論述卻集中體現出一種要將幽默人生化的理論追求，而這一點無疑打動了林語堂的心。

雖然林語堂對「純粹美學的理論」表示過欣賞〔註 30〕，但他的「幽默」卻從來不是一種「純粹」的美學概念，它和林語堂對於人生的整體思考緊密相關。因此，叔本華對於林語堂的影響也就不僅僅體現在有關幽默的具體的個別結論中，而且還體現在他們對於整個人生的哲學思考中。叔本華在貝克萊主觀唯心論的基礎上，清洗了康德在「物自體」問題上的二元論，他在使物自體徹底意志化的過程中，同時也使它徹底地人生化和倫理化了，叔本華喜歡談論人生，正如林語堂喜歡談論人生一樣。但這裏所謂的人生卻不同於一般意義上的世俗人生，而是指一種智慧的人生，一種經過智者心靈化的人生。就此意義而言，叔本華寫有《人生的智慧》，林語堂寫有《生活的藝術》，或許並非偶然的巧合。30 年代中期以後，林語堂對智慧同樣表現出有如叔本華一般的虔誠，以致接二連三地寫下了《老子的智慧》、《孔子的智慧》、《美國的智慧》、《中國的智慧》和《印度的智慧》等書，其中所談無一例外都是有關人生的智慧。正是出於這種對於人生智慧的重視，叔本華強調了內在的主體意識，尤其是人生觀的決定意義，他說「文學家的先決條件是，先要洞悉人生和世界。由他們見解的深淺與否，來決定作品的深度」〔註 31〕；又說：

〔註30〕　參見《林語堂名著全集》第 13 卷，長春：東北師範大學出版社 1994 年版，第 233～238 頁。
〔註31〕　《叔本華論文集》，天津：百花文藝出版社 1987 年版，第 24 頁。

「風格，即是心靈之外觀」〔註32〕；同時，他還認爲：詩人的作品既可以是悲劇的，也可以是喜劇的，既可以表現出崇高的情操，也可以反映出卑鄙的胸襟，而這一切都以「興致和心境爲轉移」〔註33〕。至此，我們也就不難理解林語堂的幽默理論中爲什麼人生觀被賦予首要的意義，不難理解他爲什麼會那樣自然地由幽默是一種風格的看法滑向幽默是一種人生觀、一種心境的觀點。叔本華之所以看重人生的智慧，是因爲他自以爲在一種「純粹智慧」〔註34〕中找到了救世的寶筏，這使林語堂從中體會到了「叔本華的人類愛」和「同情心」〔註35〕，並由此進一步激發了他對叔本華哲學中「觀審」和「超脫」兩個概念的感悟力。純粹的智慧帶來純粹的觀審，而後者又導致超脫。在這一心靈的過程中，同情具有關鍵的作用，因爲只有有了同情，才能看穿個體化原則，導致個人意志的否定，從而進入心靈的和諧〔註36〕。這些至少可以部分地解釋林語堂幽默觀之所以重視「旁觀」、「超脫」、「同情」以及「閒適」的原因。

當然，叔本華的學說同樣不能完全滿足林語堂的需要，這不僅是因爲叔本華的苦行主義和悲觀主義，而且是因爲叔本華哲學隱含的前提——原罪說，這不能不給叔本華的整個學說蒙上一層暗淡的陰影，令人感到壓抑。林語堂需要比較輕鬆的思想來調整自己的理論。立普斯的學說在某種意義上恰恰符合這個需求。林語堂曾經批評過柏格森的笑論「不得要領」，弗洛伊德的喜劇理論「太專門」，曾經表示過他最喜歡的是梅瑞狄斯的喜劇觀念〔註37〕，而對立普斯的《喜劇性和幽默》，僅僅提到名字，卻未加絲毫的評論。但這並不能從林語堂的幽默理論中抹掉立普斯的影子。立普斯對林語堂的影響主要體現在幽默人生觀和同情說兩個方面。

立普斯認爲幽默有三種存在方式，關於其中的第一種，他說：

〔註32〕 《意欲與人生之間的痛苦——叔本華隨筆和箴言集》，上海：上海三聯書店 1988年版，第76頁。

〔註33〕 〔德〕叔本華：《作爲意志和表象的世界》，北京：商務印書館1982年版，第 345頁。

〔註34〕 《意欲與人生之間的痛苦——叔本華隨筆和箴言集》，上海：上海三聯書店 1988年版，第90頁。

〔註35〕 林語堂：《從異教徒到基督徒》，臺北：德華出版社1982年版，第177頁。

〔註36〕 參見〔德〕叔本華：《作爲意志和表象的世界》，北京：商務印書館1982年版，第513〜519頁。

〔註37〕 參見林語堂：《論幽默》，《論語》第33、35期，1934年1〜2月。

　　　　我幽默地或者帶有幽默地觀照了世界，觀照了它的舉止行爲，
　　最後又觀照了我自己。在這種情況下，幽默是我本身的一種狀態，
　　一種自有的心境。〔註38〕

叔本華重視人生觀，強調了它的決定意義，但他沒有提到、也不可能重視幽默人生觀；立普斯雖然沒有使用「幽默人生觀」這一概念，但他在實際上卻談到了這種東西，並且把它擺到了重要的位置上。當然，作爲人生觀的幽默，在立普斯看來並不屬於審美範圍，但這對林語堂絕非什麼問題，因爲他從來就不是一個眞正的唯美主義者。我以爲立普斯的上述思想就是林語堂將幽默當成一種人生觀、一種心境的最爲直接的理論來源。

　　立普斯的「審美同情說」對林語堂的影響也是十分明顯的。儘管立普斯並不是第一個使用這一術語的人，他卻無疑是這一美學流派最重要的代表人物。李斯托威爾認爲由立普斯等人所代表的這派理論「已經成功地變成了本世紀初被普遍地承認的關於美的哲學」〔註39〕。立普斯的學說於 20 世紀初業已傳入我國，成爲中國剛剛起步的現代喜劇理論重要的思想資源。他的同情說實際上是自我表現理論在審美問題上的進一步申說。在他看來，美感不是別的，而是審美主體在對象身上所感受到的自我價值感。他認爲：在一種物我同一的審美活動中，人將自身的內在情感外射到對象之中，然後加以觀照，從而使「我的感到愉快的自我」和「直接經驗到的自我」即存活在對象中的自我達到同一〔註40〕，因此，在審美活動中，客體是不重要的，重要的是主體內部的自我活動。立普斯在建構自己體系的過程中還就喜劇和幽默的問題進行了具體細緻的研究，這使他不但強調了幽默當中主體性的精神因素，強調了同情，而且還以主體對於世界的看法和心境爲標尺詳細入微地考察了幽默、諷刺、隱嘲（反諷）之間的區別，從而爲林語堂對於幽默問題的系統化審視提供了重要的理論依據。

　　立普斯的理論受惠於費舍爾，而後者對於喜劇性的看法又直接和中國讀者不太熟悉的一位德國浪漫派作家讓‧波爾有關。讓‧波爾早年曾就讀於萊

〔註38〕〔德〕立普斯：《喜劇性和幽默》，《古典文藝理論譯叢》第 7 輯，北京：人民文學出版社 1964 年版，第 92 頁。

〔註39〕〔英〕李斯托威爾：《〈近代美學史評述〉序言》，《近代美學史評述》，上海：上海譯文出版社 1980 年版，第 2 頁。

〔註40〕參見朱光潛：《西方美學史》下卷，北京：人民文學出版社 1979 年版，第 610 頁。

比錫大學，而這也是後來林語堂曾經留學過的地方之一。這位著名的德國作家除以小說名世而外，還寫有《美學入門》一書。書中專論機智、諷刺、幽默和喜劇性的幾節文字在許多方面都被認爲是「最有創見的」，並「產生了異乎尋常的影響。」〔註41〕在德國近代美學對於喜劇性的研究中，這部著作同立普斯的《喜劇性和幽默》、費舍爾的《美學》可謂比肩而立。讓·波爾的喜劇思想給英國的梅瑞狄斯很大影響，梅氏在自己的喜劇論文中也明確地稱讚過讓·波爾的喜劇觀。因此，林語堂至少可以經過立普斯和梅瑞狄斯兩條途徑走向讓·波爾。同林語堂一樣，讓·波爾也是一位鄉村牧師的兒子，並且在農村度過了自己的童年。在他的思想中有著一種濃重的基督教的超然色彩，這使他在德國文壇當時的派系鬥爭中保持了獨立的地位，不過這似乎也使他在兩邊都不討好。他對文學是一種自我表現的看法，有所保留，但又從未否認自我心靈在喜劇性中的重要地位，他曾明確地表示：「喜劇性也和崇高一樣，決不在於客體中，而在於主體中。」〔註42〕他把幽默視爲藝術的頂峰，這或許是因爲他本人就是一位幽默作家。爲了獨尊幽默，他甚至把機智和諷刺劃出了喜劇性的範圍。讓·波爾的幽默觀，一方面強調對於宇宙人生至理的洞察，另一方面又強調要以一種同情和寬容去看待這個並不完美的世界。他重視藝術中的人性因素，爲了維護人類的精神自由，他指出了近代理性主義的片面性，這使他在自己的幽默理論中強調了「萬能而迅速的感性觀照」〔註43〕，實際上是將直覺引進了幽默。他的同情和叔本華、立普斯的同情不盡相同，叔本華同情的是痛苦，立普斯的同情是審美的並且是純淨的，而讓·波爾同情的是愚蠢。讓·波爾先是讓人們認識愚蠢，而後又原諒它；後來又發展到讓人們認識不幸，並且面對不幸而笑。他推崇那種含淚的笑，爲此，他研究了喜劇和悲劇的聯繫。總之，以上所有這些思想，都是我們在林語堂有關幽默的著述裏能夠一再明顯地感受到的。

　　至此，我想我已經證明了德語文化系統的近代喜劇美學對於林語堂幽默觀的極爲重要的影響。我之所以不惜筆墨地證明這一點，是因爲迄今爲止還

〔註41〕〔美〕韋勒克：《近代文學批評史》第 2 卷，上海：上海譯文出版社 1989 年版，第 130 頁。

〔註42〕〔德〕讓·波爾：《美學入門》，《古典文藝理論譯叢》第 7 輯，北京：人民文學出版社 1964 年版，第 24 頁。

〔註43〕〔德〕讓·波爾：《美學入門》，《古典文藝理論譯叢》第 7 輯，北京：人民文學出版社 1964 年版，第 24 頁。

沒有人眞正注意到這一點，同時也想藉此廓清林語堂幽默理論的哲學意蘊和實質。在以上我們考察過的四位美學家的思想中，有一種共同的取向，即浪漫主義的取向，他們從維護人類精神自由的目的出發，高度強調了喜劇性問題和自我心靈的內在聯繫，爲了說明這種心靈的自由活動，他們同時也強調了「觀照」在喜劇性中的關鍵作用，而這裏的所謂的「觀照」又含納了「直覺」、「同情」和「超脫」等多種質素。這種廣義的浪漫主義取向給了林語堂以重要的啓示，它已經化入到他的幽默理論體系中。這種取向是建立在德國主觀唯心主義哲學基礎上的，這也就從根本上決定了林語堂幽默觀的哲學實質。

　　1970 年，在第 37 屆國際筆會上的演講中，林語堂說：「我認爲幽默的發展是和心靈的發展並進的」，「幽默是人類心靈開放的花朵」〔註 44〕。人們把這種表述當作林語堂 70 年代重主觀的力證，當然是正確的。但是，林語堂幽默理論之「重主觀」卻不僅僅是 70 年代的事情，事實上，從他提倡幽默的 1924年開始，他就是「重主觀」的。如果說，他 20 年代幽默觀中實際存在的「重主觀」還處於一種「自在」的狀態，那麼至少到了 30 年代中期，這種「重主觀」已經上升到自覺的高度。30 年代的中期，關於幽默的發生，他曾做過這樣的表述：

　　　　幽默本是人生之一部分，所以一國的文化，到了相當程度，必有幽默的文學出現。人之智慧已啓，對付各種問題之外，尚有餘力，從容出之，遂有幽默——或者一旦聰明起來，對人之智慧本身發生疑惑，處處發見人類的愚蠢、矛盾、偏執、自大，幽默也就跟著出現。〔註 45〕

有的論者據此認爲「這是林語堂從完全唯心的解釋幽默，進到具有一定唯物辯證的因素來解釋幽默文學的出現。」〔註 46〕這個結論，顯然值得商榷，因爲我們在這段完整的引文中絲毫感覺不出那種可以解釋爲「唯物辯證的因素」的東西。或許是因爲林語堂在這裏使用了「文化」和「人生」兩個概念才使人們產生了誤解，但是「文化」在林語堂的詞典中，從來都是精神性的，同時也並非只有唯物主義者才可能談到人生。叔本華是愛談人生的哲人之一，

〔註 44〕《林語堂論中西文化》，上海：上海社會科學院出版社 1989 年版，第 283 頁。
〔註 45〕林語堂：《論幽默》，《論語》第 33、35 期，1934 年 1〜2 月。
〔註 46〕王惠廷：《林語堂三十年代幽默文學漫議》，《福建學刊》1990 年第 4 期。

但沒有人據此認為他是一位唯物主義者，這一點對林語堂也同樣適用，因為林語堂和叔本華一樣，注重的都是一種智慧化和心靈化的人生。實際上，就在上述引文的下面，林語堂就曾再次表示：「幽默只是一種從容不迫達觀態度」。就在同一篇論文中，他還認為最能體現幽默真諦的，「自然是表示『心靈的光輝與智慧的豐富』」那一類幽默〔註47〕。由此可見，林語堂的幽默觀在認識論上的基本傾向是很清楚的。多年以來，我們對林語堂的幽默觀一直持有一種過低的評價，以致於不屑於對之做深入的梳理和辨證，這是不公正的。但是改變這一不公正的研究狀況，需要科學的態度和求實的精神，那種將林語堂的思想貼上硬性的標籤，使其攀附「高枝」的做法，非但不能推進林語堂研究的進一步發展，而且可能使我們忽略了其幽默理論中真正具有價值的所在。

精神伊甸園

從 20 世紀 30 年代開始，林語堂的幽默思想進入一個理論化和系統化的新階段。如果說他 1924 年提倡幽默的時候，注重的是以「誠」為核心的「真實」，那麼到了此時，他開始強調「同情」和「超脫」。這種新的理論信息的出現，說明了 1927 年以後極度動蕩不安的社會現實在他身上的歷史投影。自 30 年代初他為英文版《小評論》撰稿開始，他成為一位「超然獨立的批評家」〔註48〕。1933 年 6 月楊杏佛遇刺之後，他徹底退出了實際的社會政治活動。就在同一年，他發表了《論幽默》的長文，這是他在闡釋自己幽默理論方面的得意之作。1935 年他出版了《吾國與吾民》，1937 年又出版了《生活的藝術》，兩書中都有專論幽默的章節。尤其值得注意的是後一著作，書中相當的部分都與幽默問題直接相關。30 年代中期，對於林語堂幽默觀來說是一個極為重要的時期，隨著「閒適」由一種有關小品文的主張向幽默理論內部的滲入，他的幽默系統最終得以完成。此後，他的幽默理論再沒有出現明顯發展的迹象，只是在原有基礎上不斷地重複自己。70 年代的《論東西文化的幽默》僅僅是他 30 年代中期思想的自然延伸，而《八十自敘》中的《論幽默》一章只留下了對二三十年代遙遠的回憶。

〔註47〕林語堂：《論幽默》，《論語》第 33、35 期，1934 年 1～2 月。

〔註48〕林語堂：《八十自敘》，臺北：德華出版社 1982 年版，第 113 頁。

　　在半個世紀的漫長歲月中，林語堂幾乎不間斷地談論著幽默，有時他談得比較系統，但更多的時候，他談論得比較零散，這使得這些論說常常出現自相矛盾的地方。對於任何一個試圖研究林語堂幽默觀的人來說，在研究伊始的時候，難免會產生一種撲朔迷離的感覺，但深入系統的研究結果表明：林語堂的幽默理論最終是不難把握的。

　　他的幽默觀完全可以簡要地表達為：人先是在人生中發現世界的種種「愚笨、矛盾、偏執、自大」〔註 49〕，發現這個「不完備的社會」中「有多少的弱點，多少的偏見，多少的迷蒙，多少的俗欲」，總之是發現了各種形式的「失態」〔註 50〕；然後，通過將這些反常的乖訛的「失態」轉化為可笑的方法，釋放人由於發現這些「失態」而產生的壓抑感和緊張感，從而達到內在心靈的和諧；這整個的心理活動就是「幽默」。

　　從林語堂幽默觀內在的邏輯順序來說，他的體系始自「發現」，即幽默主體首先要找出生活中的反常，為此，林語堂提出要人們在「視世察物」的過程中「另具隻眼」，具有獨立的思想，不因循，脫窠臼，以提高「揭穿真相」、看破「假冒」的能力〔註 51〕。在這個意義上，林語堂說：幽默是一種「對人生的批評」〔註 52〕。沿著這條思想路線發展下去，林語堂完全可能建構起一種注重認知因素的客觀論體系，但他沒有這樣做，而是迅速折回到其自我表現的思想基點上。既是要發現反常，就必定要有一種常態作為參照的依據，這個依據同時也是對人生進行批評的標準。這個依據或標準又是什麼呢？林語堂說它們是一種有關「人間宇宙人情」的「至理」和「真理」〔註 53〕。就這一意義，林語堂說：「幽默是基於明理」〔註 54〕。那麼，怎樣才能「明理」呢？林語堂的答案只有一個：靠作為幽默主體的自我，靠個人，因為「哲學以個人為開端，亦以個人為依歸。個人便是人生的最後事實。」〔註 55〕幽默

〔註 49〕林語堂：《幽默雜話》，《晨報副刊》1924 年 6 月 9 日。

〔註 50〕林語堂：《論幽默》，《論語》第 33、35 期，1934 年 1～2 月。

〔註 51〕參見林語堂的《答青崖論幽默譯名》（《論語》第 10 期，1932 年 9 月 16 日）、
　　　　《論幽默》（《論語》第 33、35 期，1934 年 1～2 月）、《幽默雜話》（《晨報副
　　　　刊》1924 年 6 月 9 日）等文章。

〔註 52〕林語堂：《論幽默》，《論語》第 33、35 期，1934 年 1～2 月。

〔註 53〕參見林語堂的《跋〈西洋幽默專號〉》（《論語》第 56 期，1935 年 1 月 1 日）、
　　　　《答青崖論幽默譯名》（《論語》第 10 期，1932 年 9 月 16 日）等文章。

〔註 54〕林語堂：《論幽默》，《論語》第 33、35 期，1934 年 1～2 月。

〔註 55〕林語堂：《生活的藝術》，北京：中國戲劇出版社 1991 年版，第 85 頁。

既是人生的批評，而一切批評又都是「我」的表現，那麼，衡量外物的標準只能存在於「我」當中，由「我」來「自行決定什麼是善、什麼是美、什麼不是」〔註56〕。而「我」作為實體可以分為「靈」與「肉」兩個方面，在「靈」的範圍又有理智和情感，此外還有處於兩者之間的「直覺」。靠「我」的哪一部分呢？林語堂認為：靠「我」的直覺。有的時候，林語堂把這種直覺說成是直觀的悟性；有的時候又把它說成「常識」；又有的時候，則乾脆稱它是「良心」或「本能」。總之，這是一種直接發自內心深處的、未經充分考慮的、不計後果的「命令」。它是一種健全的本能、天賦的道德意識；它已經達到高度的真實可信的程度，以致無須說明也無法說明；它是人對宇宙的整體反應，是超越理性的理性，是「看見真物自身睿智的一瞥」。從認識宇宙的真理出發，卻又突然跳到自我內心直覺的跳板上，這種思想跳躍的助力主要來自康德的物自體學說。儘管林語堂對康德過於龐雜的思辨體系略有微詞，但在《從異教徒到基督徒》一書中卻充分肯定了康德對他的影響。他在書中談到正是康德的學說，使他終於認識到人類認識能力的有限，人注定要隔著一張幕紗看東西，所以他永遠不能認識到現象世界背後的「物體本身」，因而真正可靠的只有發自本心的直覺〔註57〕。當然，在直覺最為適用的範圍上，林語堂是有所保留的。他在《吾國與吾民》第 3 章中曾批評過中國人的直覺式思維，但這並不意味著他從根本上反對直覺。他把人類思想分為兩大領域：科學領域和人文領域，在前一領域，單靠直覺是遠遠不夠的，而在後一領域，直覺卻具有決定意義。幽默無疑屬於後一領域。

有人或許會提出疑問：林語堂的上述思想既然是在 50 年代表述的，那麼是否可以說明其二三十年代的思想呢？另外，這些思想並非直接針對幽默而言，那麼，對於說明林語堂的幽默理論是否真正具有認識價值呢？事實是，這種思想的萌芽早在 20 年代已經出現於林語堂提倡幽默的文章中。他對於幽默只可意會不可言傳特性的強調，顯然和他對於直覺的重視有關。他幾乎從一開始就強調幽默和人情的聯繫，要求幽默「洞達人情」，「合情合理」，而「情理」的概念也顯然同「常識」和「直覺」相聯。到 30 年代中期，他的有關幽默的直覺理論有了明確發展，他把人們「心智上的一些會辨別矛盾、愚笨和

〔註56〕《林語堂文選》下集，北京：中國廣播電視出版社 1990 年版，第 447 頁。
〔註57〕以上參見《林語堂名著全集》第 10 卷，長春：東北師範大學出版社 1994 年版，第 191～199 頁。

壞邏輯的微妙力量」說成是使幽默「成爲人類智慧的最高形式」的重要原因〔註58〕。爲了說明人類心智中的這種微妙力量,他比較了幽默家和理論家在思維上的各自特點。他認爲:理論家比較注重觀念,因而思想變得非常複雜,以致作繭自縛;而幽默家恰好相反,他們具有一種「思維的簡樸性」,因而常能「浸沉於突然觸發的常識或智機,它們以閃電般的速度顯示我們的觀念與現實的矛盾」。林語堂將後一種明確界定爲「幽默的思維方式」〔註59〕。由此可見,林語堂50年代關於直覺的哲學表述,並非偶然,是他幾十年思想發展的概括和總結;同時,它們和林語堂的幽默觀也一直保持著內在的聯繫,並且是後者在認識論方面的哲學基礎之一。

和多數幽默理論家的看法不同,林語堂並不認爲幽默的對象必須具備與重大人生問題無涉的瑣碎性質。而這樣一來,當人意識到這個世界的嚴重缺失的時候,他的心境就不會是輕鬆而平靜的,他會產生一種壓抑感和緊張感,他會受到精神的困擾,感到憂慮乃至痛苦。在林語堂看來,「人類是靈與肉所造成,哲學家的任務應該是使身心協調起來,過著和諧的生活。」〔註60〕而這一點同樣也適用於幽默家,因此,和諧也是幽默的最高圭臬。他之所以偏愛陶淵明,稱他爲「成熟的幽默之大詩人」〔註61〕,其主要原因就是因爲在林語堂看來後者有一種最爲和諧的內心生活,以致在其中找不到「一絲一毫的衝突」〔註62〕。因此,這種和諧的圭臬同人看到缺失以後的不和諧之間必然會形成巨大的矛盾。如何克服這個矛盾。林語堂認爲:「我們所應關心的是我們對於環境的反應而不是環境的本身。」〔註63〕也就是說,克服這種矛盾的可能性是存在的,這種可能性來自我們主體性心靈中的調整。而這種調整是通過「靜觀」過程完成的。

林語堂幽默理論中的這種「靜觀」思想早在20世紀20年代已見端倪。他對「幽默」譯名的選擇本身已經暗示出幽默主「靜」的趨向,而他的「觀」則主要體現在對於「假冒」的識辨上。30年代中期,他將梅瑞狄斯喜劇論文中的 contemplating 譯爲「靜觀」,同時又將原文中的 unsolicitous observation

---

〔註58〕林語堂:《生活的藝術》,北京:中國戲劇出版社1991年版,第76頁。

〔註59〕林語堂:《生活的藝術》,北京:中國戲劇出版社1991年版,第80頁。

〔註60〕林語堂:《生活的藝術》,北京:中國戲劇出版社1991年版,第25頁。

〔註61〕林語堂:《論幽默》,《論語》第33、35期,1934年1~2月。

〔註62〕林語堂:《生活的藝術》,北京:中國戲劇出版社1991年版,第113頁。

〔註63〕林語堂:《生活的藝術》,北京:中國戲劇出版社1991年版,第87頁。

譯為「閒逸的觀察」。在英語中，contemplate 有長時間地觀察和沉思的含義，同時帶有超然的意味；而 unsolicitous observation 則是指一種從容不迫的多少有些冷漠淡然的觀察。這兩者的結合也就構成了林語堂對「靜觀」思想的總體把握〔註64〕。正是從這種把握出發，林語堂提出：「幽默只是一位冷靜超遠的旁觀者，常於笑中帶淚，淚中帶笑」；又說：幽默文學的創作者首先應有一種對於人生獨到的「觀察」〔註65〕。而到 70 年代的《論東西文化的幽默》中，他終於正式使用了「靜觀」概念，這次不是作為翻譯，而是作為自己的術語。如前所述，林語堂的靜觀思想同讓‧波爾和立普斯的「觀照」有關，同時也是叔本華「觀審」的翻版。我將它比喻成一個直立著的等腰三角形，其中的一個斜面是「超脫」，另一個斜面是「同情」，而兩個斜面的相交之處即是「靜觀」的視點。

「超脫」之「超」，意味著主體所處的位置要高於客觀對象，而「脫」，意即要拉開距離，對此，林語堂曾做出過多次的表述。林語堂喜歡談山，所以他愛以高山為喻來說明這個問題。他在自傳體小說《賴柏英》中借書中人物之口提出了「高地的人生觀」和「低地的人生觀」之說。在後者看來，主體和對象是水平關係，因此它們必然會纏繞在一起，主體自然會受到環境的壓迫；而在前者中，一切都是以高山為標準，凌空視下，你會發現人生中的一切是那麼的細小、可笑，以致微不足道〔註66〕。在這個比喻中，高山象徵著宇宙的高處，也即神所處的位置，而人由低地走向高地的過程，也就是人走向神的過程。因為這一切實際上只能是一種人與宇宙間的心靈的交感，所以這個過程也就是自我精神超昇的過程，是人由有限、相對、個別走向無限、絕對、一般的過程，是人的心靈同宇宙合一的過程。這時，那個渺小的自我消失了，而那個偉大的獲得神性的自我產生了，他成了並僅僅成了宇宙的一隻眼，成了最純粹的觀照主體，整個人類及其生活於其中的世界成為他廣闊視野的一部分。這時，你會意識到在宇宙和自然崇高的比照下，人類是何等渺小，「人生本來是一場夢」，而我們無非是猴子的子孫，因此我們的能力畢

〔註64〕梅瑞狄斯的原文見賽弗（Wylie Sypher）編《喜劇》，巴爾的摩：霍普金斯大學出版社 1980 年英文版，第 47～48 頁。林譯見《論幽默》。

〔註65〕參見林語堂：《論幽默》，《論語》第 33、35 期，1934 年 1～2 月。

〔註66〕參見林語堂：《八十自敘》第 2 章、《賴伯英》第 95 頁，臺北：德華出版社 1982 年版。

竟有限，難免會犯錯誤，於是，我們會產生出一種「無必」、「無可無不可」的心態，從而「終於能夠輕視我們的罪惡和缺點，同時讚歎我們的猴子式的聰明」，進而產生一種眞正的「人類喜劇的意識」〔註 67〕。由於產生了這樣一種高遠超脫的特殊心境，對於包括我們自己在內的整個人類的缺失和弱點，我們才能做到「不會怒，只會笑」〔註 68〕。而「笑的裏面有一種微妙的長處，人們可以一面笑而一面仍含著一些同情和友愛」〔註 69〕。人們由對象的「可笑」而「覺得其可憐，因其可憐又覺得其可愛」〔註 70〕，這就引導我們去思考林語堂靜觀思想的另一個方面：同情。

在林語堂幽默理論中，最先出現的是「同情」，然後是「超脫」，最後是「靜觀」，因此，就其「靜觀」思想這一點而言，「同情」顯然是它潛在的基礎，屬於一個更深的層位。如前所述，林語堂高度重視直覺在靜觀中的意義，而「同情」實際上是被他視爲直覺的重要內容之一，林語堂曾經表示：「對人類的愛」，「必須是一種直覺」〔註 71〕。而在同情說方面曾給他以重要影響的叔本華則認爲：愛即同情，這兩者其實是一而二、二而一的東西。在林語堂眼中，愛也是和同情緊密相關的，它既是同情的邏輯起點，也是同情的終點。這種對於愛的強調，清楚地反映出基督教精神對林語堂的深刻影響。在經歷了多年的信仰探索之後，他將基督精神的核心歸結爲主的「兩條誡命」，其中之一就是「愛鄰居」，並且要「愛人如己」〔註 72〕。由於這種深廣的宗教精神，使得林語堂的「同情」不完全等同於叔本華和立普斯的「同情」。叔本華的「同情」基本上是倫理的，立普斯的這一概念基本上是審美的，而林語堂的「同情」既是倫理的，又是審美的，它是兩者的結合。立普斯曾就「同情」做過「實用的」和「審美的」的區分，他的「同情」實際上是和「實用的同情」相對立的概念。這種同情，至少具有兩個明顯的特點：一是和日常生活中的同情有別，因此它並不關心這一感情在客觀意義上的眞假問題，它的眞正意義在於說明純粹審美觀照

〔註 67〕 參見林語堂：《生活的藝術》第 3 章及第 6 章，北京：中國戲劇出版社 1991 年版。
〔註 68〕 參見林語堂：《論幽默》，《論語》第 33、35 期，1934 年 1~2 月。
〔註 69〕 林語堂：《生活的藝術》，北京：中國戲劇出版社 1991 年版，第 133 頁。
〔註 70〕 林語堂：《幽默雜話》，《晨報副刊》1924 年 6 月 9 日。
〔註 71〕 林語堂：《生活的藝術》，北京：中國戲劇出版社 1991 年版，第 131 頁。
〔註 72〕 參見《林語堂文選》下集，北京：中國廣播電視出版社 1990 年版，第 483 頁；《新約全書·馬太福音》第 22 章。

活動中的「移情」現象〔註73〕；二是在審美同情中，對象一般來說要具有使主體能夠認同的正面倫理價值，因此「他彷彿認爲反面的人物很難引起審美的移情作用，因爲它們不能引起同情」〔註74〕。對於林語堂來說，「實用的」和「審美的」的區別並不重要，他的「幽默」連同「同情」早已溶化了藝術和生活的邊界；他既然要化解那些人生中的負面價值，他在理論中自然也就不會排斥它們，這就使他的同情說帶有了更多的「寬恕」、「憐憫」和「慈悲」的意蘊，而這一切又都是建立在「推己及人」的基礎上的。

在「推己及人」的過程中，我們又一次看到他的同情說和自我表現理論的深層聯繫，因爲「及人」是以「推己」爲先決條件的。然而林語堂並不是一個徹底的唯我主義者，他的「自我」是一個復合的意義結構。有的時候，他的「自我」指的是林語堂本人；有的時候，這個概念指的是作爲一個個個體的人；而在另外一些時候，它指的是作爲人類整體的自我。由林語堂本人的自我，到人類個體的自我，再到人類整體的自我，在這條自我擴展的道路上，「同情」一直是最爲重要的推動力。爲了實現這種自我的擴展，就必須消解人們反同情的心理阻力，在這方面，讓・波爾的理論對林語堂無疑深有啓發。讓・波爾將人生中的缺失統統歸併爲一種抽象的「愚蠢」，林語堂雖然對此做了不盡相同的解釋，但其基本思路是完全一致的。在林語堂看來，人類的各種敗行惡德都是人類的慧心受到蒙蔽的結果，人由於未能識破名、利、成功三個最大的「騙子」的眞正面目，結果才做出了種種錯事乃至罪行〔註75〕。無論讓・波爾還是林語堂，試圖說明的都是《聖經》中的一個重要的思想：人之所以做錯事，只是因爲他並不知道自己到底做了些什麼，會產生什麼樣的後果〔註76〕。這就自然爲「恕道」打開了便利之門，從而也使同情達到了自身的極限——同情你的敵人。談到幽默主要特徵的時候，林語堂最愛使用的最簡潔的表述是「莊諧並出」和「謔而不虐」〔註77〕，而這裏的「莊」或「不虐」正是林語堂上述同情說的替代詞。

〔註73〕 以上參見〔英〕李斯托威爾《近代美學史評述》，北京：中國廣播電視出版社1990年版，第55頁。

〔註74〕 朱光潛：《西方美學史》下卷，北京：人民文學出版社1979年版，第612～613頁。

〔註75〕 參見《生活的藝術》，北京：中國戲劇出版社1991年版，第99頁。

〔註76〕 參見《從異教徒到基督徒》，臺北：德華出版社1982年版，第209～210頁。

〔註77〕 林語堂：《答青崖論幽默譯名》，《論語》第10期，1932年9月16日。

在幽默的靜觀過程中，透過含淚的笑眼或是含笑的淚眼，人終於認可了他必須面對的世界，一個儘管不如人意但畢竟沒有失卻美好一面的世界。於是苦悶被化解，一切不適感被排除，人性得到淨化，心靈恢復了寧靜，從而產生了一種從容而達觀的心境，獲得了一種「向憂愁微笑」〔註 78〕的力量。由於這種靈魂的富足和智慧的光輝，幽默的航船最終駛入輕鬆快適的港灣。這個港灣也正是體現林語堂在倫理和藝術兩方面最高追求的一種和諧的精神境界。人們一般總是愛將林語堂的「閒適」理解為一種小品文的格調，但這樣的理解是不夠的。按照林語堂的邏輯，閒適的格調不能不來自一種閒適的心境，而這種心境在紛擾的塵世間又必然和幽默的人生觀聯繫在一起。閒適，是幽默的一部分，因此，只有當林語堂把「閒適」引入他的幽默系統，他才最終完成了自己的幽默三部曲：發現、靜觀和閒適。在《生活的藝術》一書中，他充分發揮了自己的閒適理論，他說：「我認為文化本來就是空閒的產物。所以文化的藝術就是悠閒的藝術」〔註 79〕。閒適被認為是人與自然、靈與肉高度和諧之後所達到的理想境界。林語堂之所以將其視為文化與人生的最高理想，則是因為在它身上體現了人對於「自由自主的生活」〔註 80〕的渴望，更確切地說，是一種對人類精神自由的渴望。他曾這樣說過：「我們的生活太狹仄了，使我們對精神生活的美點，不能得到一個自由的視野。我們精神上的屋前空地太缺少了」〔註 81〕。這就再清楚不過地表明林語堂的幽默理論注重和追求精神自由的實質。他的幽默理論實際上是、也只能是一種精神意義上的伊甸園。

向憂愁微笑

林語堂的幽默觀具有一種明顯的浪漫主義性質，這和他早年受到的德國近代美學思想影響有關，因為德國近代美學就是一種典型意義上的浪漫主義。〔註 82〕

〔註 78〕林語堂：《八十自敍》，臺北：德華出版社 1982 年版，第 129 頁。
〔註 79〕林語堂：《生活的藝術》，北京：中國戲劇出版社 1991 年版，第 144 頁。
〔註 80〕參見林語堂：《生活的藝術》，北京：中國戲劇出版社 1991 年版，第 147 頁。
〔註 81〕參見林語堂：《生活的藝術》，北京：中國戲劇出版社 1991 年版，第 145 頁。
〔註 82〕參見〔美〕韋勒克：《文學思潮和文學運動的概念》，北京：中國社會科學出版社 1989 年版，第 149 頁。

關於浪漫主義的特色，林語堂曾經做過這樣的表述：「放逸」、「清高」、「遁世」和「欣賞自然」〔註 83〕。不難看出，他有關幽默的論說和上述特點完全吻合。這裏的「放逸」和「清高」在林語堂的幽默觀中主要體現爲對於自我表現的強調和對於精神自由的追求；這裏的「遁世」和「欣賞自然」則主要體現於林語堂「回歸自然」的思想中。這裏的回歸自然不僅是指重返大自然的青山綠水之中，更重要的是說人在幽默中應當走出現實，進入內心，依從本性的指引，達到和宇宙的同一。當然，我並不認爲林語堂對於浪漫主義特徵的領悟是無可挑剔的，比如他並沒有強調浪漫主義對於主觀和情感的張揚，但是，他對於幽默問題的實際闡釋卻在無意之中彌補了這一缺陷。

在談到浪漫主義的時候，羅素有一個觀點具有啓示意義，他把「對一般公認的倫理標準和審美標準的反抗」看作是浪漫主義運動的「最根本的形式」〔註 84〕。有時，我們爲了能真正認識一種理論主張，最好的辦法是先去弄清楚它所反對的究竟是什麼。在林語堂看來，浪漫主義反對的是一種絕對化的理性主義，他說：「理性主義跟著是浪漫主義」，後者是「對純理性的不可免的心理反動」，並且接著指出：在這一點上，東西方皆然。〔註85〕他的幽默觀作爲這種浪漫主義在喜劇美學領域中的具體表現，其所反對的首先也是這種「純理性」。但是在 20 世紀 20 年代中期和 30 年代中期，他對這種「純理性」的具體理解是不完全相同的。因此，準確地把捉這種反對「對象」的轉換，也就成爲我們科學評估林語堂幽默理論歷史價值的一個關節之點。

20 世紀 20 年代中期，林語堂的「幽默」所要反對的是傳統的封建道學。這種道學是中國古代文化的主流——儒家思想日趨僵化的產物。早期儒家從維繫一種理想的社會秩序出發，十分注重情與理之間的中庸狀態，儘管當時「禮」已經成爲他們思考的中心，但畢竟爲「情」的泄導保留了一條謹慎的通路。經過漢儒的詮釋，這些思想到了宋儒的手裏，加之佛教思想的滲入，終於有了「存天理滅人欲」的信條，於是以後的儒學逐漸走向了人性的反面，成了阻礙社會進步的壁障。近代以降，傳統道學的這種反人性、反進步的思想傾向日益明顯。由此可見，林語堂在新文化運動的推促下，提出西洋幽默與傳統道學相抗衡，志在促進中國的「精神復興」和國民性的再造，其進步

〔註83〕林語堂：《有不爲齋隨筆》，臺北：德華出版社 1982 年版，第 98 頁。
〔註 84〕〔英〕羅素：《西方哲學史》下卷，北京：商務印書館 1976 年版，第 213 頁。
〔註85〕林語堂：《從異教徒到基督徒》，臺北：德華出版社 1982 年版，第 89 頁。

意義是不言而喻的。正是在這種幽默思想的統領下，他寫出了著名的幽默喜劇《子見南子》，在全國的輿論界掀起了一場軒然大波。封建頑固派對這個劇本的瘋狂敵意恰好成了林語堂幽默思想進步性的最好注解。〔註86〕

　　儘管在林語堂 70 年代的著作中仍然可以發現反對新儒家的歷史回響，但在 30 年代中期以後，隨著《吾國與吾民》和《生活的藝術》等書的寫作，先是由於讀者對象的改變，後來又加上作者生活空間的變換，他所反對的「純理性」主要成了西方工業社會中的「科學的物質主義」。他認為 20 世紀世界的騷亂正是這種「科學的物質主義侵入了我們的文學和思想的直接結果」〔註87〕。在西方，文藝復興促成了人類自我意識的覺醒，人類理性因而得到了應有的殊榮，由此促進了科學的發展和社會物質文明的長足進步。但是「人研究物質太成功，自己也變成了物質的一部分」〔註88〕。人發明了鐘，但是最後人也變成了鐘〔註89〕；人發明了機器，但最後人本身卻「變成旋轉不息的機器中之一原子」〔註90〕。林語堂的結論是：「人類危機是在社會太文明」，人要活著必須獲取食物，但現在問題是人在獲取食物的過程中，連「吃東西的胃口也失掉了」〔註91〕。科學敲開了人文領域的大門，成為君臨一切的帝王。經濟的狂潮淹沒了情感的價值，成了人生的主宰。面對西方世界的這種精神的混亂、信仰的喪失和人性的異化局面，敏感的林語堂憂心忡忡，他把法西斯主義的出現視為對於這個被異化和扭曲了的人類社會的懲罰。這些使他再度提出幽默與變亂不居的外部世界相抗衡。林語堂這一時期的「幽默」，已不是以西方文化為本位反觀中國傳統文化的結果，而是東西方幽默觀念高度融合的產物，在這種已經體系化的幽默理論中，對於自我表現的張揚、對於心靈自由的推崇、對於直覺判斷的沉迷、對於客觀外物的拒斥，總之所有一切能夠表明浪漫主義基本立場的東西，都被林語堂拿來當作反對人性異化的武器。不能簡單地把這一切籠統地斥為反歷史主義，事實上，即便是當今的西方世界也正在試圖調整自己，以便重新找回在

〔註86〕 1929 年，山東曲阜的省立第二師範學校因上演《子見南子》觸怒了地方封建頑固勢力，孔族的「聖裔」向地方當局和教育部「告狀」，致使一部分教師被開除，校長「撤差」。事件公諸報端之後，立即在全國範圍內引起轟動，激起各界進步人士的反對，成為一時之要聞。

〔註87〕 林語堂：《啼笑皆非》，臺北：德華出版社 1982 年版，第 206 頁。

〔註88〕 林語堂：《啼笑皆非》，臺北：德華出版社 1982 年版，第 203 頁。

〔註89〕 參見林語堂：《生活的藝術》，北京：中國戲劇出版社 1991 年版，第 156 頁。

〔註90〕 林語堂：《啼笑皆非》，臺北：德華出版社 1982 年版，第 203 頁。

〔註91〕 參見林語堂：《生活的藝術》，北京：中國戲劇出版社 1991 年版，第 140 頁。

物質文明高度發達的同時已經失落的某些東西。就反對西方工業社會中異化現象而言，林語堂的幽默觀仍然具有一定的積極意義。當他的幽默觀站立在以世界爲本位的基點上之後，他實際上推動了東西方喜劇觀念的融彙，並從一個側面反映出當代資本主義社會中的價值危機，從而在一定程度上暴露了西方文明的弊端。

　　無論是 20 年代的反對封建道學，還是 30 年代中期以後的反對人性異化，都表現出林語堂幽默思想中的一個最基本的價值取向：一種深沉的人文主義。正是這種人文主義成了他整合基督精神和浪漫情懷的調色板。因此，人性成了林語堂始終關心的問題。他之所以排擊道學，是因爲道學壓制了人性，使人「內在的情愫」不得發表；他之所以反對「科學的物質主義」，是因爲它造成人性的失落，使值得人類珍愛的愛心、良心、仁慈遭受遺棄。從人文主義的立場出發，他標舉精神和意志上的「自由」，並把人權的概念和這種自由緊緊地聯繫在一起，同時又賦予自由以一種「革命的力量」〔註92〕，從而反映出許多世紀以來人類對於自身的認識，對於無限、永恒和更高的生活理想的追求。就此而言，他的著作在西方獲得衆多的讀者，他本人也因此而獲得了世界性的聲譽，都是可以理解的。但與此同時，我們也不能不看到林語堂幽默觀中明顯的局限性。由於他的整個幽默體系都建立在和其人性觀念直接相關的自我心靈的表現的基礎上，這就必然給他的理論帶來種種內在的矛盾性。

　　在林語堂的幽默觀以及文藝觀中，他對人性和自我的理解主要是建立在一個生物學的觀念——「自然人」——之上的，這就使這兩個概念顯得格外抽象和空泛。一般人往往以爲他的幽默理論只是梅瑞狄斯喜劇觀念的中國版，但在實際上，他在借用後者理論的同時，在很大程度上抹去了這一理論原有的社會內容，這種社會內容主要體現在梅瑞狄斯對於諷刺喜劇的重視之中。林語堂先是將幽默和諷刺小心翼翼地做出了並非全無道理的辨析，指出幽默並不必然包含諷刺，然後便全力提倡一種「愈是空泛、籠統的社會諷刺及人生諷刺」「愈近於幽默本色」〔註93〕的諷刺。而在這一主張背後的，正是那種空泛而籠統的人性與自我的觀念。這使林語堂最終無法從更高的層面上解釋它們，他因此而放棄一切解釋，把它們說成是受之於天的不言自明的東西。從人性和自我的抽象化到神秘化，使得這兩個基本概念一步步接近了林

〔註92〕參見林語堂：《啼笑皆非》，臺北：德華出版社 1982 年版，第 192～197 頁。
〔註93〕參見林語堂：《論幽默》，《論語》第 33、35 期，1934 年 1～2 月。

語堂心目中的上帝，進而使他的後期幽默思想具有了一種準宗教的色彩。人性絕非抽象的東西，自我只有在一種「關係」中才有意義。人畢竟不是孤立不群的動物，只要社會生活存在一天，人性和自我的觀念就不能算是人類思想唯一的原則。

　　從忽視社會性出發，林語堂的幽默觀必然選擇了一條心靈化的徑路來實現他的人性和自我，於是他的理論又在更大的程度上排斥了人類的社會實踐。他徜徉在自己心靈的世界裏，他說自己「最喜歡在思想界中馳騁奔騰」〔註94〕，他一再以「思想的人」自詡，並為此而自得。我們並不要求每一個思想家都能走上街頭，也不要求他們都能持槍荷彈地投身於捍衛自由的戰鬥，但我們有權要求他們在自己的體系中為人類的實踐保留一個至關重要的位置，然而林語堂卻做不到這一點。社會實踐使他感到由衷的迷惘，於是他退回心靈的壁壘，用思想的甲冑衛護著自己。在《林語堂自傳》中，他提到童年的自己曾多次幻想能夠走出故鄉四面環山的深谷，去看一看外面的世界〔註95〕。如果可以把這深谷比喻成自我的心靈，那麼應當承認他至死沒能走出這片谷地，他確實嘗試過實現兒時的幻想，但又總是從光榮的路上折回。他曾讚美過莎士比亞，說：「他只是活在世界上，觀察人生而終於離開了」。事實上，這或許應當理解成林語堂的自我寫照：他活著，他僅僅是觀察和思考著人生而「不打擾世間一切事物的配置和組織」〔註96〕。他以一個「譏評」的「旁觀者」的身份「靜觀」著這個異己的世界，卻無力改變它。他太愛光明，結果卻忽略了為自己開拓出一條通向光明的實踐之路。這就使他的一些著作中時常回蕩著一種起自《聖經》的聲音：「神的國在人心裏」〔註97〕，就這一意義而言，林語堂的幽默觀只能是一種烏托邦式的夢想。是人都有夢想，因此我們似乎不應抹殺林語堂式的幽默在日常人生中所具有的某種價值。人生不會永遠順利。當我們面對困擾的時候，我們需要那種幽默的調整、精神的撫慰和心靈的小憩。正如魯迅所言：「只要並不是靠這來解決國政，布置戰爭，在朋友之間，說幾句幽默，彼此莞爾而笑，我看是無關大體的。就是革命專家，有時也要負手散步。」〔註98〕然而，在現實人生中，人們不僅僅需要這

〔註94〕林語堂：《一夕話》，臺北：德華出版社1982年版，第4頁。
〔註95〕《林語堂文選》下集，北京：中國廣播電視出版社1990年版，第428頁。
〔註96〕參見林語堂：《生活的藝術》，北京：中國戲劇出版社1991年版，第32頁。
〔註97〕林語堂：《從異教徒到基督徒》，臺北：德華出版社1982年版，第215頁。
〔註98〕《魯迅全集》第15卷，北京：人民文學出版社1981年版，第473頁。

種心理上的慰藉，更重要的是，他們還需要那種直面人生、改造現實的實踐力量，這後一點顯然是林語堂的幽默觀所不能提供的。因此，當林語堂把自己的幽默理論上升到人生觀的高度，並且大談：「幽默對於改變我們整個文化生活的可能性——幽默在政治上，在學術上，在生活上的地位」〔註 99〕的時候，其理論的消極面也就隨之暴露了出來。

林語堂曾自稱唯物主義者，但那只是指他喜愛牛肉甚於詩歌而言；他也曾自稱現實主義者，他甚至說：「幽默感似乎和現實主義或稱現實感有密切的聯繫」，他甚至認為幽默的基本功用在於「糾正人類的夢想」〔註100〕，但這只是一種知足認命意義上的「現實主義」。歸根結底，他是一個理想主義者，到老他都是他出生的那個家庭——「一個絕對的夢想主義的家庭」〔註101〕——中的一員，而「幽默」則是他裝在理想當中的調適器。在理想和現實衝突的巨大震蕩中，這種調適器的功能顯然是十分有限的。他強調寬容，而在人們寬恕邪惡的同時會不會又助長了新的邪惡？他寄語同情，而當人們同情敵人——一種真正而嚴格意義上的敵人——的時候，會不會同時也消滅了「同情」本身？他標舉超脫，但正如他自己所說：他在討論本國政治的時候，永遠做不到冷靜超然而不動感情〔註102〕。凡此種種，都似乎暗示著他在理論和實踐中的失敗。在一種動蕩而冷酷的世界裏，在一個民生多艱而且烽火連天的時代中，在現實的鐵則面前，他的失敗是必然的。

於是，我們在他有關幽默的闡釋中發現了一種失敗感的潛流，他在《吾國與吾民》中說：「一個幽默家常常為失敗論者，樂於追述自己之失敗與困難」〔註103〕；他在《生活的藝術》中說：「一個幽默家始終是像一個負責者將壞的消息溫和地告訴垂死的病人」〔註104〕；而在《論東西文化的幽默》中，他再次讚美孔子「對挫折付之一笑」的能力，說孔子「能笑他自己所以失敗和挫折的遭遇」〔註105〕；到了《八十自敘》中，他明確地提出「向憂愁微笑」。這樣，他的幽默觀最初由讓·波爾的美學思想出發，最後又歸結於讓·波爾的

〔註99〕 參見林語堂：《生活的藝術》，北京：中國戲劇出版社 1991 年版，第 75 頁。
〔註100〕 參見林語堂：《生活的藝術》，北京：中國戲劇出版社 1991 年版，第 5、4 頁。
〔註101〕 林語堂：《從異教徒到基督徒》，臺北：德華出版社 1982 年版，第 11 頁。
〔註102〕 林語堂：《八十自敘》，臺北：德華出版社 1982 年版，第 11 頁。
〔註103〕 林語堂：《吾國與吾民》，北京：寶文堂 1988 年版，第 62 頁。
〔註104〕 林語堂：《生活的藝術》，北京：中國戲劇出版社 1991 年版，第 5 頁。
〔註105〕 《林語堂論中西文化》，上海：上海社會科學院出版社 1989 年版，第 288 頁。

一個重要命題上：幽默應當能使人對自己的不幸微笑。〔註106〕

　　在《八十自敘》中，林語堂彈唱起他的早秋之歌，在那翠綠與金黃相間的人生季節，他咀嚼著那種悲傷與歡樂交融的人生感受，儘管他是「幽默」的，卻無法抹去心中的苦澀之感。他愛秋天，但是秋天已經來臨，冬天還會遠嗎？是的，冬天過後就是春天，但是人們在迎來春天之前，必須經受冬天肆虐的考驗，而林語堂的幽默思想在總體上恰恰缺乏那種直面冬天並成功地與之抗爭的能力。林語堂並不缺少正義感，他有一顆孩子般的童心和可貴的坦誠，他的精神伊甸園令人神往，他的人類愛使人尊敬，但必須指出，在本質的意義上，他的「幽默」似乎也只能是一種失敗者溫婉的歌。

〔註106〕參見《古典文藝理論譯叢》第 7 輯，北京：人民文學出版社 1964 年版，第 41 頁。

附錄　朱光潛的喜劇思想

　　20 世紀初至 30 年代，注重人的研究、尤其是注重人的心理研究一直是中國現代喜劇思想史中的重要傾向。這種主觀論的取向，始自王國維，成熟於朱光潛。後者作爲這一學術徑路的集大成者，其影響無論是在當時還是在今天都是巨大的。我們甚至在朱光潛反對者的身上也不難發現這種影響的印記。正因如此，我們有足夠的理由將他作爲我們審視的重點之一。

直覺本能與遊戲精神

　　朱光潛 1918 年進入香港大學就讀。從那時開始，西方近代心理學就開啓了這位年輕學子的心扉。1921 年，他發表了自己的處女作──《福魯德的隱意識與心理分析》。自此以後，他陸續發表了一系列介紹西方近代心理學多種學說流派的論文，這使他成爲在中國介紹弗洛伊德、行爲主義和完形心理學的第一人〔註1〕。1925 年赴歐留學以後，他在心理學方面的造詣有了進一步提高。1927 年，他在愛丁堡大學心理學研究班宣讀了自己的論文《論悲劇的快感》，這篇論文後來成爲其博士論文的基礎。1930 年至 1933 年間，他先後出版了《變態心理學派別》、《悲劇心理學》和《變態心理學》等專著，可見其對心理學的興趣至少保持到了 30 年代初。正是由於這種獨特的學術背景，當朱光潛開始涉足喜劇美學領域的時候，他實際上是從笑感和喜劇美感及快感入手的。喜劇本身對於這位美學家似乎是一種不言自明的東西，眞正對他產

〔註 1〕　參見高覺敷：《〈變態心理學派別〉序》，《朱光潛全集》第 1 卷，合肥：安徽教育出版社 1987 年版，第 193 頁。

生誘惑力的問題是：「喜劇何以能引起快感」，我們「何以發笑」，「何以覺得暢快」，「這種快感是否盡是美感呢？」〔註2〕這些問題顯然沒有超出文藝心理學的範圍。這一點，是我們考察朱光潛喜劇思想時首先要注意到的。

朱光潛的喜劇思想比較集中地表現在《文藝心理學》的第17章《笑與喜劇》中。該章曾作為單篇論文在國內雜誌上發表。此文被認為是中國戲劇理論史上的「第一篇重要的喜劇理論文章」〔註3〕。在這篇文章中，朱光潛向國內學人第一次全面地評價了柏拉圖、亞里斯多德、霍布斯、康德、叔本華、柏格森、斯賓塞、立普斯和弗洛依德等人的喜劇學說。由於文章主要是以介紹他人之說的面貌出現的，因此很容易給人以錯覺，認為文章的價值主要在於評介，實際卻並非如此。關於朱光潛的《文藝心理學》，朱自清先生曾經指出：「這是一部介紹西洋近代美學的書」，「但是這部書並不是材料書，孟實先生是有主張的。他以他所主張的為取捨衡量的標準，折衷和引申都從這裏發腳。有他自己在裏面，便與教科書或類書不同。」〔註4〕如果我們能對朱光潛有關諸家學說的評點詳加比較，並將這些評點同他在寫作《文藝心理學》之前及以後有關喜劇的申說聯繫在一起加以考察，我們就不難領會朱自清先生對於朱光潛這部美學論著的評語是正確的。對於新興的中國現代喜劇美學來說，朱光潛的學術思想完全可以稱得上是一座「寶山」〔註5〕。

他在比較諸家學說同異短長基礎上建立起來的喜劇觀大致包括兩個有機的部分，即他關於笑和喜劇的美感本質論與他的喜劇藝術品級論。

朱光潛在笑與喜劇本質的問題上，誠如當代喜劇理論家陳孝英所指出的，持有的是「直覺形象說」〔註6〕。眾所周知，朱光潛30年代包括喜劇觀念在內的整個美學思想都是建立在「直覺形象」基礎上的。他在《克羅齊哲學述評》中指出：直覺問題，是理解克羅齊哲學的關鍵，事實上，對他本人30年代的審美哲學亦可以作如是觀。既然，直覺形象問題並不單純是朱光潛

〔註2〕《朱光潛美學文集》第1卷，上海：上海文藝出版社1982年版，第262頁。

〔註3〕佴榮本：《〈笑與喜劇美學〉序言》，《笑與喜劇美學》，北京：中國戲劇出版社1988年版，第6頁。

〔註4〕朱自清：《〈文藝心理學〉序》，《朱光潛美學文集》第1卷，上海：上海文藝出版社1982年版，第327～328頁。朱序1932年寫於倫敦，序中的「孟實」即朱光潛。

〔註5〕朱自清：《〈文藝心理學〉序》，《朱光潛美學文集》第1卷，上海：上海文藝出版社1982年版，第330頁。

〔註6〕陳孝英：《幽默的奧秘》，北京：中國戲劇出版社1989年版，第41頁。

喜劇美學的核心，我們也就有理由不滿足上述那種簡單而寬泛的結論，而有必要進一步瞭解這頂「直覺形象說」大帽子下面的東西。

在這方面，《文藝心理學》為我們提供了啓示。在《笑與喜劇》中，朱光潛對伊斯特曼的學說給予了更多的好評。他認為伊斯特曼學說唯一的缺陷是對「鄙笑」「置之不論」，而伊氏的「笑為快樂的表現說」卻是「和常識相符合的」，「它可以補救霍布士和柏格森兩說的欠缺」，「至於他和杜嘉、薩利諸人所共同主張的『遊戲說』，也可以包涵『自由說』而卻可以免去『自由說』的弱點，在近代各家學說之中可以說是最合理的」〔註7〕。這就無疑透露出一種信息：在朱光潛對伊斯特曼學說的評述的背後實際隱藏著的正是他本人的喜劇觀。伊斯特曼1922年曾寫有著名的《幽默感》一書。他在麥獨孤的本能定義基礎上，將「詼諧」（Humour）看作是一種本能。這實際上也正是朱光潛自己的一種看法，在他的心目中，從直覺到本能實質上只有一步之遙。由於笑是一種在背後隱含著追求歡樂的人類本能，因此人們能夠以一種「遊戲態度」來看待事物。朱光潛借伊斯特曼之口說：人們總是殫精竭慮來求世事恰如人意；一旦世事盡不如人意的時候，人們則說：「好，我就在失意事中尋樂趣罷！」山既然不去就穆罕默德，穆罕默德於是去就山，「詼諧就像穆罕默德走去就山。它的生存是對於命運開玩笑。」〔註8〕對於引文中的最後一句話，朱光潛尤其欣賞，在《詩論》中，他不但再次引證了伊氏這段話，並且強調指出：「『對於命運開玩笑』這句話說得最好。」〔註9〕由於笑是一種追求歡樂的本能，因此，「連失意的事也可以變成快感的來源」〔註10〕。在朱光潛看來，這種看法一方面克服了霍布斯的局限，因為後者錯誤地「把一切笑都當作了鄙笑」；另一方面又彌補了柏格森的缺憾，因為後者「最大的缺點」就是「沒有解釋笑時何以發生快感」〔註11〕。出於對獨斷論的警惕，朱光潛並沒有把這種本能的快樂表現說推到絕對化的程度，從而在笑廊中也為鄙笑保留了一席之地，但是他的主觀傾向是明顯的，他的同情顯然在前者身上。

〔註7〕　《朱光潛美學文集》第1卷，上海：上海文藝出版社1982年版，第277頁。
〔註8〕　《朱光潛美學文集》第1卷，上海：上海文藝出版社1982年版，第276頁。
〔註9〕　《朱光潛美學文集》第2卷，上海：上海文藝出版社1982年版，第30～31頁。
〔註10〕　《朱光潛美學文集》第1卷，上海：上海文藝出版社1982年版，第276頁。
〔註11〕　《朱光潛美學文集》第1卷，上海：上海文藝出版社1982年版，第265、268頁。

　　《笑與喜劇》中評點的各家學說，幾乎全部都是從心理學立論的，只有一個例外，那就是亞里斯多德的學說。朱光潛對它的介紹極為簡短，這再次表明，朱光潛對於成說的介紹從來沒有脫離自己的標尺。但是，他對亞里斯多德有關喜劇對象的界定是肯定的，因此他提請人們注意亞里斯多德「以喜劇為藝術取醜為材料」這一點，事實上他本人也正是這樣將那種「無傷大節的」「醜拙」、「醜陋」、「欠缺」——總之一句話就是「醜」——視為笑與喜劇的對象的〔註12〕。儘管這種醜在根本上說是無傷大節的，也不會使我們「深惡痛疾」，但是它「究竟是醜拙鄙陋乖訛，是人生中一種缺陷，多少不免引起惋惜的情緒，所以同時伴有不快感」〔註13〕。那麼，笑的本能或者說詼諧的本能，為什麼能夠將令人不快的對象、失意的情境變成「快感的來源」呢？再進一步說，來源醜感的這種快感又怎麼會再升格為更高一級的美感呢？伊斯特曼的，同時也是朱光潛的答案是：靠「遊戲態度」〔註14〕。朱光潛批評柏格森的錯誤之一就在「沒有顧到笑的遊戲性」，他對喜劇性諷刺和譏嘲的界定則是「以遊戲的口吻進行改正的警告」〔註15〕。他甚至將這種遊戲性當作區分喜劇性和非喜劇性譏刺的界碑，因為後者「沒有開玩笑的意味」，因此也就算不上喜劇性的藝術；他對諧趣（Sense of humour）的定義性解釋是：「以遊戲態度，把人事和物態的醜拙鄙陋和乖訛當成一種有趣的意象去欣賞」；又說，「凡是遊戲都帶有諧趣，凡是諧趣也都帶有遊戲」。〔註16〕可見，「遊戲」在朱光潛的喜劇觀中已經佔據了中心的位置，被賦予了一種本體性的意義。

　　朱光潛之所以如此青睞「遊戲」，同他的「形象直覺」理論有關。按照他的理解，美感經驗既然建立在形象直覺的基礎上，就必然要淨化實用目的，並和現實保持一定的距離〔註17〕。喜劇既然以醜為對象，這一點對於喜劇來

〔註12〕參見《朱光潛美學文集》第 1 卷，上海：上海文藝出版社 1982 年版，第 264、283～284 頁。

〔註13〕《朱光潛美學文集》第 2 卷，上海：上海文藝出版社 1982 年版，第 28～30 頁。

〔註14〕參見《朱光潛美學文集》第 1 卷，上海：上海文藝出版社 1982 年版，第 276、277、282 頁。伊氏的答案見 276 頁；朱氏的答案見 277、282 頁。

〔註15〕《朱光潛美學文集》第 1 卷，上海：上海文藝出版社 1982 年版，第 277、283 頁。

〔註16〕《朱光潛美學文集》第 2 卷，上海：上海文藝出版社 1982 年版，第 29、27 頁。

〔註17〕參見《朱光潛美學文集》第 1 卷，上海：上海文藝出版社 1982 年版，第 174 頁。

說，意義也就尤為重要。在朱光潛看來，喜劇的主要對象有三：一是「容貌的醜拙」，二是「品格的虧缺」，三是「人事的乖訛」〔註18〕。而不管是其中哪一種，在現實生活中都會引起人們的倫理性或實用性反應，造成某種痛感，從而對人產生某種壓迫或限制，使人們在有限和缺失當中感到不自由。而人類的天性卻要求能夠自由地活動，這也正是生命的本質。亞里斯多德曾經說過：人生最終的目的在於追求幸福，而「幸福」就是「不受阻撓的活動」，也即自由的活動。朱光潛把亞氏的這句話稱作「至理名言」，這就表明，他完全贊同這一觀點。〔註19〕那麼，一方面是現實生活的缺失、有限和不自由，另一方面人類又要追求圓滿、無限和自由，如何調整其間的矛盾？這就要靠朱光潛所謂的「遊戲的態度」。這是因為遊戲和幻想一樣具有一種特殊的功能，即它可以「拿意造世界來彌補現實世界的缺陷」〔註20〕。在這個「意造世界」中，人的倫理感和現實感被消解，人獲得了他渴望得到的自由，當人們把「笑的實用目的丟開」的時候，他們面對「失意的事」才能做到「一笑置之」，才能「把人事和物態的醜拙鄙陋和乖訛當作一種有趣的意象去欣賞」，從而將痛感化為快感，「使心境的緊張變為弛懈」，「在醜中見出美，在失意中見出安慰，在哀怨中見出歡欣」，並最終使「嬉笑和詼諧的情感成為一種真正的美感」。〔註21〕在這裏，朱光潛實際上已經將本能的歡樂表現說、遊戲說、自由說以及弗洛伊德的「移除壓抑」說有機地融合到了一起。

當朱光潛在《笑與喜劇》中宣佈「我們承認笑是一種遊戲」的時候，他肯定是有所保留的，所以他很快又就這一點加以補充說：「笑雖是一種遊戲，卻不完全和遊戲是一件事。」「笑是人類所特有的。遊戲則為人和一般動物所公有的。我們可以說，笑是一種進化程度較高的遊戲。」那麼，笑〔註22〕和遊戲的主要區別在哪裏呢？在社會性的有無和多寡上。這裏，朱光潛又為自己的喜劇觀添加了一種社會性的成分。他說：「笑是一種社會的活動」。至於喜劇，「喜劇家大半在無意識中都明白這些笑的來源，把它們利用在舞臺上

〔註18〕《朱光潛美學文集》第2卷，上海：上海文藝出版社1982年版，第28頁。
〔註19〕參見《朱光潛美學文集》第1卷，上海：上海文藝出版社1982年版，第185頁。
〔註20〕《朱光潛美學文集》第1卷，上海：上海文藝出版社1982年版，第182頁。
〔註21〕參見《朱光潛美學文集》第1卷第277、276、282頁和第2卷第27、30頁，上海：上海文藝出版社1982年版。
〔註22〕這裏的「笑」，主要是指和喜劇相聯繫的作為藝術的笑。

面，所以懂得日常生活中的笑，對於藝術上的喜劇也就能明白大要了。」也就是說，喜劇同樣也具有社會性。與此相反，「純粹的遊戲缺乏社會性」。朱光潛對笑與喜劇的社會性是很重視的，他顯然是把這一點當作評判各家學說的尺度之一。基於此，他才批評了「自由說」忽略社會性的缺點，並且再次肯定了柏格森「笑不能離去社會的成分」的結論。〔註 23〕

關於笑和喜劇的社會性，一直是左翼文化人士和客觀論者喜歡談論的話題，但朱光潛對社會性的理解顯然與之有別。他的出發點不是現實社會中的矛盾和衝突，而是——並且又是——「本能」的概念。「本能」曾經是聯繫「直覺」和「歡樂意識」的紐帶，這裏它又開啓了「直覺」通向「社會性」的大門。讓我們再回到朱光潛對於伊斯特曼學說的評點上。伊氏將笑看作是語言之外的「把社會聯絡在一起的最重要的媒介」。笑的本能和人類合群的本能是並肩攜手的。因此，「微笑是普遍的歡迎的符號，大笑是向碰到的朋友致敬禮，都是一種很確定的親善的表示」，「一聲微笑是使兩個人相接近的媒介，不笑就是明白的告別。」這裏，由「合群本能」推出了「善意」的結論。朱光潛讚賞這個結論，並且認爲正是由於這個結論，伊斯特曼等人的遊戲說不僅吸納了自由說的精髓，同時又克服了其忽視社會性的弱點〔註 24〕。在幾年以後出版的《詩論》中，朱光潛再次強調了這個結論，不過，這一次不再是借用伊氏之口，而是通過自己的語言。他說：「諧」（即笑）「最富於社會性」，當「諧趣發動時」，人與人之間無形的隔閡「便渙然冰釋，大家在謔浪笑傲中忘形爾我，揭開文明人的面具，回到原始時代的團結與統一」，「社會最好的團結力是諧笑」〔註 25〕。

儘管朱光潛將笑與喜劇的社會性，在意義的蘊含上實際已經化簡爲「合群」，但這一理論在他的整個喜劇觀裏仍然不可能佔有核心的位置。這種社會性同樣離不開「遊戲態度」，沒有那種超脫現實利害關係網絡的遊戲心境，「合群」永遠不會實現。就此意義而言，「遊戲」才是處於朱光潛喜劇觀中心地帶的成分，它是確保喜劇各種功能實現的關鍵性機制，借用策動心理學的觀點，笑與喜劇作爲一種行爲，它們的整個基礎都是座落在人類追求快樂這一本能

〔註 23〕以上參見《朱光潛美學文集》第 1 卷，上海：上海文藝出版社 1982 年版，第
　　　277～278、283、191、275 頁。
〔註 24〕以上參見《朱光潛美學文集》第 1 卷，上海：上海文藝出版社 1982 年版，第
　　　277 頁。
〔註 25〕《朱光潛美學文集》第 2 卷，上海：上海文藝出版社 1982 年版，第 27 頁。

傾向上的，這一行為的目的指向「合群」，但又不止於「合群」。「直覺」在這裏大體上站在「本能」的位置，從而制約著「遊戲」和「合群」。笑與喜劇含有「合群」的效用，但不必是一種預定的有意識的目的，笑與喜劇的真正目的或許並不是外在的，它只存在於那種藝術化了的遊戲本身，存在於對快感和美感的不斷尋覓之中。

喜劇詼諧與悲劇詼諧

　　在《文藝心理學》之後，朱光潛開始較多地注意到笑與喜劇的品級問題，這主要體現在他的《詩論》和《談文學》當中。當然，評判品級的標準事實上早已存在於他有關喜劇本質的考察之中，不過在《笑與喜劇》裏，他不得不照顧到諸家學說間的微妙平衡，以保證那種持平與兼容的學術立場。但是在品級論中，他卻可以比較自由地發揮自己的看法，從而使人們比較容易地把握其審美理想的真實取向。這不僅可以反過來再次印證我們在本質論中對他的審視，而且也可以使我們的研究進一步切入朱光潛喜劇思想的底蘊。

　　研究朱光潛的笑與喜劇的品級論，首先會遇到一個令人感到頭痛的難題，即概念的混亂。在《文藝心理學》中，經常出現的喜劇美學概念有三個：笑、喜劇和詼諧〔註26〕。這裏的詼諧又至少有兩個含義：humour 和 wit〔註27〕。事實上，他把這三者當成一而三、三而一的東西，因此在具體的論述中，往往自由地變換概念，在這三個基本術語上往返跳躍，而不加任何解釋。在《詩論》和《談文學》中，他不僅繼續使用上述概念，而且為了說明笑與喜劇的品級以及喜劇美學範疇在中國文學中的體現，又陸續引入一系列新的概念，如諧、諧趣、滑稽、幽默、俏皮等，這些概念一部分來自中國的傳統美學，一部分源自西方近代美學。朱光潛常常將來自不同系統的概念相互參照，互為發明，這種中外兼融古今共治的學術風格又加劇了已有的概念混亂的程度。此外，就版本學角度而言，《談文學》是在40年代寫作並出版的，而《詩論》的情況卻複雜的多。它的初稿是繼《文藝心理學》之後，於1931年左右完成的。回國後，書稿成為教材，並多次做了修改，1943年首次出版面世。

〔註26〕朱光潛偶爾用過諷刺、譏嘲等術語，見《朱光潛美學文集》第 1 卷，上海：上海文藝出版社 1982 年版，第 283 頁。
〔註27〕分別見《朱光潛美學文集》第 1 卷，上海：上海文藝出版社 1982 年版，第 276、278 頁。

五年之後，作者又加入新內容，出版了增訂版。也就是說，《詩論》是作者近 20 年潛心研究的結晶，經歷了不同的學術發展時期，反映到概念的運用上必然是新舊雜陳，這就爲我們的研究工作，進一步增加了難度。因此先來廓清這些基本的概念顯然是必要的。

和魯迅一樣，朱光潛一開始似乎也是不大情願將 Humour 譯成「幽默」的。不同的是，魯迅在 1926 年的年底終於認可了林語堂的翻譯，儘管多少有點勉強；而朱光潛在整個 30 年代都極少提到「幽默」這個概念，他寧可將 Humour 譯成「詼諧」。但幾乎是同時，他又將 Wit 也譯作「詼諧」，這就使他的「詼諧」具有了某種歧義性，因此，很難說朱光潛的譯名是可取的。在《詩論》中，他將 Humour 有時譯爲「諧」，有時譯爲「詼諧」，有時譯爲「幽默」〔註28〕。而到《談文學》裏，他開始較多地運用「幽默」一詞，並且對幽默的層次做了進一步辨析。從其認爲幽默當中包含著不同層次這一點看來，這實際指的是一種「廣義的幽默」，它同諧、詼諧以及中國古代意義上的「滑稽」屬於同位概念。這一組概念同《文藝心理學》中笑和喜劇概念當然有聯繫，但同時又有區別。後者要強調的是作爲審美心理活動的「笑」，前者要強調的是從文學藝術角度的「使人笑」；後者強調的是「欣賞」，前者強調的是「創造」。因此，朱光潛在其 40 年代出版的美學論著中，實際上是從喜劇創造的角度，去談論那些「使人笑」的文藝作品的美學品位問題的。

朱光潛在《談文學》中說：「幽默有種種程度上的區別」，有一種是「高一點」的，有一種是「低一點」的。他稱前者爲「高度的幽默」或「高等的幽默」〔註29〕；關於後者他只枚舉了例證，但沒有提出一個明確的概念。不過，他既然明確表示他在《詩論》中提到的「諧」「就是幽默」，並且接著指出他對諧也即幽默的思考不僅適用於詩，而且也適用於一般文藝領域〔註30〕，那麼他對於「諧」的分類在這裏自然也是適用的。《詩論》中，朱光潛將詼諧分爲「遁逃」和「征服」兩種，前者的品位明顯低於後者，而這種「遁

〔註28〕 參見《朱光潛美學文集》第 2 卷，上海：上海文藝出版社 1982 年版，第 27、30～31 頁。

〔註29〕 參見《朱光潛美學文集》第 2 卷，上海：上海文藝出版社 1982 年版，第 271、245 頁。

〔註30〕 參見《朱光潛美學文集》第 2 卷，上海：上海文藝出版社 1982 年版，第 270～271 頁。

「逃」式的詼諧的主要特徵就在「滑稽」〔註31〕。朱光潛所謂的「高度的幽默」或「高等的幽默」顯然是指一種狹義的幽默，爲了概念的明確起見，我稱之爲「幽默性幽默」〔註32〕，而對他所謂「低一點」的幽默，則稱之爲「滑稽性幽默」。需要說明的是，朱光潛在另一處曾經說過：「諧」也就是人們從古到今所說的「滑稽」〔註33〕，這裏的「滑稽」只能從廣義上去理解，而和我所謂「滑稽性幽默」中的狹義滑稽有別。在朱光潛的喜劇觀念中，在「滑稽性幽默」下面大致又可以分作三種類型：一種是譏刺（Satire）也即諷刺；一種是俏皮話；最後一種是「說相聲、玩雜耍、村戲打諢、市井流氓鬥唇舌、報屁股上的餘興之類玩藝」〔註34〕，我借用徐淩霄當年的一個術語，用「胡調」〔註35〕概括之。

　　《詩論》中，朱光潛再次引證了伊斯特曼在《詼諧意識》（亦可譯成《幽默感》）中有關穆罕默德就山的一段論說，並且申言「對於命運開玩笑」不僅是這段話的點睛之筆，而且也是廣義幽默的真髓〔註36〕。在此基礎上，他對幽默（笑與喜劇）進行了藝術品級方面的分類。其中的滑稽性幽默，被他稱爲一種「遁逃」，其主要特點是「滑稽玩世」。在這種較爲低等的幽默中，滑稽的主體在喜劇的情境中看到人事的乖訛，感到自身的「聰明」與「優勝」，「於是嘲笑以取樂」。由於這種幽默「出發點是理智」，感動欣賞主體的力量也在於理智，因此，它缺少感情，「有時不免流於輕薄」。朱光潛將這類幽默命名爲「喜劇的詼諧」。對於其中的「諷刺」，朱光潛認爲其雖可成爲特殊的一體，但終難在藝術上取得最高的成就，他說：「理勝於情者往往流於純粹的譏刺（Satire）。譏刺詩固自成一格，但是很難達到詩的勝境。像英國蒲柏和法國伏爾泰之類聰明人不能成爲大詩人，就是因爲這個道理。」而純粹的譏刺，在他看來已不能算入幽默的範疇，他說：幽默雖然都有幾分譏刺的意

〔註31〕參見《朱光潛美學文集》第 2 卷，上海：上海文藝出版社 1982 年版，第 31 頁。
〔註32〕此概念源自立普斯：《喜劇性和幽默》，《古典文藝理論譯叢》第 7 輯，北京：人民文學出版社 1964 年版，第 93 頁。
〔註33〕《朱光潛美學文集》第 2 卷，上海：上海文藝出版社 1982 年版，第 30 頁。
〔註34〕《朱光潛美學文集》第 2 卷，上海：上海文藝出版社 1982 年版，第 271 頁。
〔註35〕徐氏對「胡調」的界定，見 1933 年 2 月《劇學月刊》第 2 卷第 2 期所載《從蕭伯訥說到中國的幽默》一文。
〔註36〕參見《朱光潛美學文集》第 2 卷，上海：上海文藝出版社 1982 年版，第 30 ～31 頁。

味，但譏刺卻不一定就是幽默。他以《詩經》中的《伐檀》一詩為例，說明此詩雖然是在譏刺人事的乖訛，但作者「心有怨望，直率吐出，沒有開玩笑的意味」，因此不能算是幽默。對於俏皮，朱光潛直接的評論不多。在分析李商隱《龍池》一詩時，他說：「這首詩的詼諧可算委婉俏皮，極滑稽之能事。但是我們如果稍加玩味，就可以看出它的出發點是理智，沒有深情在裏面。我們覺得它是聰明人的聰明話，受它感動也是在理智方面」〔註37〕。對於俏皮，這已經算是比較客氣的評語，而在《談文學》中，他乾脆將它和「市井流氓鬥唇舌」、「流氓顯俏皮勁」聯繫在一起〔註38〕。對於胡調，他的鄙夷更是溢於言表，認為主體在此類最下等的幽默中「憨皮臭臉，油腔滑調」，屬於一種「文學上的低級趣味」。被他歸於這類幽默的有兩類文藝作品：一是屬於民間文藝作品，如相聲和雙簧等；一是有些作家為了逢迎「一般男女老少」的低級趣味而寫作的作品，如當時正在流行的「幽默小品」。朱光潛批評這些作家「不惜自居小丑，以謔浪笑傲為能事」。就滑稽性幽默而言，朱光潛可以容忍諷刺和俏皮，但是不能容忍胡調，不能容忍那種援「幽默」作「護身符」的「幽默刊物」和「幽默小品」。當然，這並不表明他反對「幽默」，他反對的是「假」幽默，傾心的是「真」幽默。他多次表達過這樣一種思想：凡「文藝都離不掉幾分幽默」，因此，「我們須承認幽默對於文藝的重要」；但「同時也要指出幽默是極不容易的事」，因為「幽默之中有一個極微妙的分寸，失去這個分寸就落到下流輕薄。」他一再提醒人們注意幽默「最易流於輕薄」這一傾向，目的顯然是在張揚他所謂的「高等的幽默」〔註39〕。

他把這種「高等的幽默」，也即我所說的「幽默性幽默」稱為「悲劇的詼諧」〔註40〕，以便和上文所說的「喜劇的詼諧」相對立。這表明朱光潛的「幽默」在概念的內涵上是可以大於「喜劇」和「悲劇」的，同時也說明比之喜劇，他更傾心於悲劇藝術。這對於一位寫過《悲劇心理學》專著，而未專門寫過《喜劇心理學》的美學家來說，是不難理解的。但是如果有人據此

〔註37〕 以上參見《朱光潛美學文集》第 2 卷，上海：上海文藝出版社 1982 年版，第 29～34 頁。

〔註38〕 以上參見《朱光潛美學文集》第 2 卷，上海：上海文藝出版社 1982 年版，第 271 頁。

〔註39〕 以上參見《朱光潛美學文集》第 2 卷，上海：上海文藝出版社 1982 年版，第 268～271 頁。

〔註40〕 以上參見《朱光潛美學文集》第 2 卷，上海：上海文藝出版社 1982 年版，第 31 頁。

得出結論，認爲高級幽默僅僅存在於悲劇當中，那將是一種誤解。因爲，這裏的「悲劇的詼諧」中的「悲劇」主要指的不是作爲戲劇基本類型之一的悲劇，而是一種人生中的悲慘的事實。他在《詩論》中曾經這樣說過：「凡詩都難免有若干諧趣。情緒不外悲喜兩端。喜劇中都有諧趣用不著說，就是把最悲慘的事當作詩看時，也必在其中見出諧趣。」〔註 41〕這裏的「諧趣」，按朱光潛本人的解釋就是「幽默感」〔註 42〕。從他有關「悲劇的詼諧」的論述中，我們可以看出他更加重視那種由於將生活當作藝術欣賞而在生活悲劇中發現的幽默。可見，幽默——這裏指的是「高等的幽默」——並不僅僅存在於悲劇藝術中，正如朱光潛所說：「許多大詩人、悲劇家、喜劇家和小說家常有這副本領」〔註 43〕。

朱光潛把這種幽默性幽默在本質上理解爲一種「征服」，它的主要之點在於「豁達超世」。主體在人生的缺陷與不幸中「參透人生世相」，其幽默出之於「至性深情」，因此，「表面滑稽而骨子裏沉痛」，「高度的幽默和高度的嚴肅常化成一片，一譏一笑，除掉助興和打動風趣以外，還有一點深刻雋永的意味，不但可耐人尋思，還可激動情感，笑中有淚，譏刺中有同情」。因此，它往往是「謔而不虐」和「啼笑皆非」的。由於這種幽默的「出發點是情感」，而欣賞主體之「受感動也以情感」，所以創造主體「雖超世而不忘懷於淑世，他對於人生，悲憫多於憤嫉」〔註 44〕。由於這種幽默是莊諧兼濟，悲喜圓融的，故它不再是那種「淺薄的嬉笑」。它既有深沉的「感慨」，又有由衷的「欣喜」。前者是始終不能忘懷於人生世情使然，產生於「淑世」之情；後者是調和衝突、徹悟人生所致，來自「超世」之心。幽默性幽默由此而達到了文藝的「最高的境界」〔註 45〕。

在這種理想的幽默中，朱光潛顯然不僅融入了自己的審美理想，而且灌

〔註41〕參見《朱光潛美學文集》第 2 卷，上海：上海文藝出版社 1982 年版，第 33 頁。
〔註42〕參見《朱光潛美學文集》第 2 卷，上海：上海文藝出版社 1982 年版，第 27、271 頁。
〔註43〕參見《朱光潛美學文集》第 2 卷，上海：上海文藝出版社 1982 年版，第 271 頁。
〔註44〕以上參見《朱光潛美學文集》第 2 卷，上海：上海文藝出版社 1982 年版，第 29～31、271 頁。
〔註45〕以上參見《朱光潛美學文集》第 2 卷，上海：上海文藝出版社 1982 年版，第 221、244～245 頁。

注了他的人生追求。我們在這部分理論文字中感到這位美學家做了全身心的投入，也正因如此，這裏也就更加明晰地表現了朱光潛個人的親疏愛惡，從而也就更深刻地體現出其思想的矛盾性。

征服與遁逃

在《文藝心理學》初稿中，當朱光潛建立自己的喜劇美感論的時候，其美學理論體系內部至少是和諧的，他對「本能」、「遊戲」以及「合群」的論述都和他的「形象直覺」的理論內核相協調。但在《文藝心理學》之後，當他營造喜劇藝術品級論的時候，其理論內部卻出現了明顯的邏輯矛盾，這主要體現在其幽默理想中「超世」和「淑世」的對立上。

就最直接的意義而言，這種對立來自朱光潛「直覺」理論內部的矛盾。

按照他自己的說法，美感經驗中的「直覺」是超現實、超倫理和超實用的，對象在審美直覺活動中孤立絕緣。這種「直覺」觀顯然建立在直覺與審美同一的理論基礎上。從這一點出發，主張在藝術活動乃至幽默中「超世」、「豁達」是符合朱光潛理論的內在邏輯的。問題是「淑世」、「同情」以及「憐憫」，用這種「直覺」理論無法解釋。這就迫使朱光潛在一定程度上偏離克羅齊「直覺＝審美＝藝術」的等式，他承認等式的前一半，而否認了其後一半。他不無道理地認為，直覺只是一種一瞬即逝的印象，人們當然來不及深入地品味和思考。但是藝術卻不是這樣，它不僅需要表現，而且需要傳達，也就是說，它需要把一種直覺印象固定下來並傳達給其他人，這就離不開有關現實、倫理乃至實用方面的綜合判斷。因此，直覺不等於藝術，它僅僅是藝術過程中的一個階段，為了把握藝術的實質，不僅要考察「直覺」，而且還要研究直覺階段之前和之後的情況。於是，他修正了自己最初的理論認識，說：「美感經驗只能有直覺而不能有意志及思考，整個藝術活動卻不能不用意志和思考。」「在實際上直覺並不能概括藝術活動的全體，它具有前因後果，不能分離獨立。形式派美學既然把美感經驗劃分為獨立區域，看見在這片刻的直覺中文藝與道德無直接關係，便以為在整個的藝術活動中道德問題也不能闖入，這也未免是以偏概全，不合邏輯。」〔註46〕在這一點上，朱光潛是對的。從這一點出發，當然可以解釋「淑

〔註46〕以上參見《朱光潛美學文集》第 1 卷，上海：上海文藝出版社 1982 年版，第 119～121 頁。注意：這裏的「道德」，據著者自己解釋，實際指的是「政治」，見該書第 131 頁。

世」、「同情」和「憐憫」在藝術中的存在權利。但是這樣一來，也就在他的「直覺」說和「前因後果」說之間形成了矛盾。因為既然在藝術活動中，主體是「科學的」、「倫理的」、「美感的」三位一體的人〔註47〕，那麼在審美經驗的國度中，同樣的主體為什麼卻可能做到擯棄「科學」和「倫理」的人而單單留下一個經過肢解的「美感的」人呢？可見，朱光潛幽默理想中「超世」和「淑世」之說正是其理論體系內部已經產生裂痕的一種具體表征和生動體現。

　　就更深一層意義而言之，上述這種理論邏輯上的矛盾同時也應該被理解為美學家本人人生觀中矛盾的一種必然反映。

　　朱光潛的青少年時代受過比較嚴格的傳統文化教育，桐城派對他的影響一度較深。據他的侄女說：他由於在桐城中學學習成績十分優異，以致使當時的「一些老師指望他來接桐城派古文一線之傳」〔註48〕。桐城派的「義法」之說，主張內容與形式的統一，朱光潛30年代對西方形式派美學的懷疑和批評，顯然與此有關。桐城派的文章在思想上多為「闡道翼教」之作，「文以載道」的目的是很清楚的。這些思想在經過西方近現代思想揚棄後為朱光潛所接受，他對於「為藝術而藝術」的微詞，對於「文以載道」在肯定中的新解釋，都能證明這一點〔註49〕。因此，他儘管極力要分清有道德影響和有道德目的的界限，但從不懷疑文藝與道德的聯繫。具體到喜劇問題，他承認：

　　　　一切喜劇和諷刺小說都不免有幾分道德目的，都要使人知道個人言動笑貌和社會制度習慣的缺點可笑，應該設法避免。這類作品如果在藝術上成功，無形中都可以產生道德影響。法國如果沒有拉伯雷、莫里哀和伏爾泰諸諷刺作家，人情風俗的變遷也許另是一樣。
　〔註50〕
因此，他並不否認喜劇在入世方面的意義。傳統文化尤其是儒家文化的薰染和教育，在他的人生態度中植入了一種希望積極入世、淑世的基本傾向，這使他關注人生和現實。

　　同時，五四新文化運動和多年的西方文化教育培養了他的個性主義、科

〔註47〕《朱光潛美學文集》第1卷，上海：上海文藝出版社1982年版，第121頁。
〔註48〕朱式蓉等：《朱光潛——從迷途到通徑》，上海：復旦大學出版社1991年版，第13頁。
〔註49〕參見《朱光潛美學文集》第2卷，上海：上海文藝出版社1982年版，第243～245頁。
〔註50〕《朱光潛美學文集》第1卷，上海：上海文藝出版社1982年版，第123頁。

學思想以及自由平等民主等觀念，當他以這種新的價值觀去注視極度動蕩的中國社會現實和人生時，必然要產生內心的苦悶和心靈的壓抑，於是他希望解脫。早在港大求學期間，他就曾在《學生雜誌》第 10 卷第 5 期上發表了一篇題為《消除煩悶與超脫現實》的文章，認為超脫現實是擺脫理想與現實衝突所帶來的心靈困擾的良方。但是由於這種困擾是關注現實所致，並且儘管受到困擾，作者並不打算從根本上放棄對於現實的關注，所以朱光潛認為這種超脫不應當是永恒的超脫，而是為了「讓心靈偷點空兒休息」，以便「養精蓄銳」，「把樂觀，熱心，毅力都保持住，不讓環境征服」。這也就是說，他要把超脫看作是一種「為征服環境的預備」〔註 51〕，把入世當作出世的起點和終點。這就無怪乎朱光潛要在自己的喜劇論中一方面強調喜劇的遊戲特徵，強調它的超功利、超實用、超倫理、超現實，強調使人的心境由緊張化為鬆弛的自由說，強調喜劇所具有的排除壓抑化解苦悶的功能，而同時在另一方面又將自己理想中的幽默表述為一種「征服」。儘管幽默性幽默同滑稽性幽默一樣，都是「對於命運開玩笑」，都是對不幸或不如意的「一笑置之」，但是後者一味「玩世」，當然難以得到朱光潛的首肯；而前者表示的卻是「自己比命運強悍」〔註 52〕，它可以保護主體不致於為命運所擊垮，從而帶著一種被更新的生命力再度入世，因此，很自然得到美學家的垂青。總的看，他的喜劇理想大體上是同他建立在直覺說和前因後果說基礎上的文藝觀，同他入世──出世──入世的人生觀相合的。

但是，這種文藝觀和人生觀本身卻又是矛盾的。隨著以超脫為代表的出世思想在朱光潛人生觀始終不能忘情於入世的底色中不斷地被凸現和強化，這種人生觀內在的矛盾就會一再地被表現出來，並且還會表現得愈來愈明顯。就在他開始意識到現實的苦悶並且尋求解脫的時候，他通過王國維接觸到了康德和叔本華的理論，所以他在《消除煩悶與超脫現實》一文中，將文藝視為獲得超脫的主要途徑之一。赴歐留學之後，他又正好趕上康德、叔本華、尼采和克羅齊等人的美學思想聲名遠播的時候，於是進一步從中汲取了養分，從而使他原已產生的審美超脫思想充分系統化和理論化了，結果是超脫意識在其觀念體系中的迅速膨脹。他在留學期間的 1928 年曾寫有《談人生與我》一文，談到他自己往往以兩種方法看取人生，一種是「把我自己擺在

〔註 51〕《朱光潛全集》第 8 卷，合肥：安徽教育出版社 1993 年版，第 95 頁。
〔註 52〕《朱光潛美學文集》第 1 卷，上海：上海文藝出版社 1982 年版，第 282 頁。

前臺，和世界一切人物在一塊玩把戲」，另一種是「把我自己擺在後臺袖手看旁人在那兒裝腔作勢」。回國後不久，他又寫了《談學文藝的甘苦》，文中說：「我本是世界大舞臺裏的一個演員，卻站在臺下旁觀喝採」，並且還不無得意地將這種態度稱爲「超世觀世」的「文藝的觀世法」〔註53〕。可見在20年代後期到30年代期間，朱光潛已經意識到在自己的思想中同時並存著入世與超脫兩種因素，不過當時他很樂觀，相信自己完全可以駕馭與調和這兩個相互對立的方面，並且爲此而自得。他在《談美·開場話》中曾把這種調和入世與超脫之間矛盾的思想歸結爲一句話，即「人要有出世的精神才可以做入世的事業」〔註54〕。這裏，超脫已不再是入世前的一種準備、一種短暫的心靈小憩，而是直接變成入世的前提、關鍵以至核心，它已經成爲入世事業的一個極爲重要的組成部分。《談美》是朱光潛1932年的作品，在異國那種學院式的生活環境中，德國近代唯心主義美學的思想影響同儒家注意內心修養的傳統以及道家清靜無爲的主旨的結合，明顯增強了超脫精神在美學家心中的張力。朱光潛回國之時，正值中國的社會形勢急劇變化的時期。階級的分野以及各種思想的巨大衝突，不能不使這位同中國社會現實久已隔膜的剛從海外歸來的學子惘然若失。身處「京派」和「海派」（主要指「左聯」）之間，又不得不做出選擇，這對於朱光潛來說無疑是一種「壓迫」和痛苦〔註55〕。希望擺脫這種壓迫和痛苦自然也就成了他極力標舉超脫的一個潛在的現實動機。朱光潛的喜劇美感論正是在這種背景下形成的。淑世之心，使他注意到「中國社會鬧得如此之糟」這一事實，他有心從事一番「入世的事業」；主觀論的思想立場，又使他認爲：這種「如此之糟」，「不完全是制度的問題」，「大半由於人心太壞」，於是，他所謂的「入世的事業」就具體化爲一種「洗刷人心」的事業。他在自己的喜劇美感論中再三申說「直覺」、「遊戲心態」、「合群」的意義，就是企圖通過這些言說去強調對於功利、實用、政治的超脫，並通過這種超脫去「怡情養性」，去美化人生，去打破現實「密密無縫的利害網」，從而做到「人心淨化」〔註56〕、社會清明。這些自然也就成爲了朱光潛

〔註53〕　《朱光潛美學文學論文選集》，長沙：湖南人民出版社1980年版，第18頁。

〔註54〕　《朱光潛美學文集》第1卷，上海：上海文藝出版社1982年版，第446頁。

〔註55〕　參見朱光潛：《作者自傳》，《朱光潛美學文集》第1卷，上海：上海文藝出版社1982年版，第9頁；朱光潛：《中國思想的危機》，載於1937年4月4日的天津《大公報》。

〔註56〕　以上參見《朱光潛美學文集》第1卷，上海：上海文藝出版社1982年版，第446頁。

喜劇美感論的深層內容。超脫，事實上已經成為理解其喜劇理論的一把鑰匙。

在《中國思想的危機》中實際已經透露出一種信息，即在現實的巨大矛盾糾葛中，超脫並非一件很容易的事。而到 40 年代，他開始感到：在入世與出世、演戲與觀戲之間，矛盾很可能是難以排解的。在《回憶二十五年前的香港大學》中，他說：「我教了十年的詩，還沒有碰見一個人真正在詩裏找到一個安頓身心的世界」〔註 57〕。在《看戲與演戲——兩種人生理想》中，他說：在入世和出世之間，「能入與能出，『得其圜中』與『超以象外』，是勢難兼顧的」〔註 58〕。由於越來越真切地意識到這一點，他開始試圖調整自己同現實的距離，並對自身理論的主觀論框架產生了某種動搖和懷疑。他的喜劇藝術品級論大體上正是這一時期的產物。他的品級論一方面是其喜劇美感論的延伸和擴展，一方面又彙入了一些新的思想成分，從而表現出更為明顯的矛盾性和複雜性。他開始較多地注意到喜劇藝術的對象問題，對於那些只知「玩世」而於世無補的喜劇作品表露出某種輕視的意味，而對那種雖然超脫但仍不忘世情的幽默作品則表現出由衷的感佩。他開始感到喜劇的遊戲情境並不是一個孤立自足的世界，有必要用「淑世」去對「超脫」加以限制。而他以「人心淨化」為標的的「淑世」思想在現實的黑暗面前實際是無能為力的，這使他又必然返回到「超脫」上來，這時的「淑世」早已不是真正的入世，而是變成站在旁觀地位上對於現實的一種悲憫，一種對自我心靈的撫慰。我們可以借用他本人的一句話說明他自己的這種矛盾的感受，他曾說：「蝸牛的觸鬚本來藏在硬殼裏，它偶然伸出去探看世界，碰上硬辣的刺激，仍然縮回到硬殼裏去，誰知道它在硬殼裏的寂寞？」〔註 59〕嚴格說，這種被意識到的「寂寞」早已不是單純的寂寞，而是一種對於「不甘寂寞」的不無痛苦的確認。這種確認在另一方面不能不加強了他對喜劇美感中痛感的思考。

在朱光潛包含其喜劇美感論和品級論在內的整個喜劇思想中，他對喜劇本質和功能的理解都是和其對「人心」的理解相聯繫的。就這一點而言，他和王國維一脈相承，但兩人又有所區別，區別之一就在於他們對喜劇快感和痛苦之

〔註57〕 朱光潛：《回憶二十五年前的香港大學》，《文學創作》第 3 卷第 1 期，1944年 5 月。

〔註58〕 朱光潛：《看戲與演戲——兩種人生理想》，《文學雜誌》第 2 卷第 2 期，1947年 7 月。

〔註59〕 朱光潛：《談學文藝的甘苦》，《朱光潛美學文學論文選集》，長沙：湖南人民出版社 1980 年版，第 17 頁。

間關係的闡釋是不完全相同的。王國維在喜劇理論上的一大貢獻是他把自己的喜劇觀建立在痛苦說的基礎上，但在王國維那裏，痛苦對於喜劇快感主要具有的是一種外在意義，也就是說，痛苦包圍著喜劇，而喜劇本身所提供的仍然是一種比較單純意義上的快樂。在朱光潛這裏，情況有了進一步發展，痛感已不僅僅具有外在意義，它已進入喜劇的內涵，變成喜劇美感本身內在的構成因素之一。在朱光潛建立自己喜劇理論的初始階段，他已經接觸到喜劇美感中既包含著快感又包含著痛感的問題，但由於他當時的樂觀態度以及在調和人生矛盾上的自信，他並未意識到這個問題的重要性，因此，也就沒有對這一點進行理論上的昇華。只有到他建立品級論的時候，當他已經比較清楚地意識到自己人生理想中入世與出世之間的矛盾難以調和之後，他才發現痛感對於喜劇的深刻意義，於是他才將自己心目中的理想幽默解釋成一種「笑中有淚」、「啼笑皆非」的幽默，他才明確提出「悲劇的詼諧」之說。由此可見，朱光潛對於其人生觀中內在矛盾的自我體認同他在喜劇理論中對痛苦因素的強調是互為表裏的兩種過程。也正因如此，我們不能忽視朱光潛喜劇觀中的內在矛盾。在這種矛盾中包含了深刻的人生內容，它不僅從一個側面折射出中國現代喜劇觀念正以孔武有力的步履走向現實的歷史大趨勢，而且生動體現了思維主體在這一大趨勢面前發自內心的眩惑、不安和心靈的衝突。

當然，意識到自身理論的矛盾，並不意味著一定能夠正確解決它，事實上，即便是在朱光潛思想已經開始有所變化的 40 年代，他也仍然未能為自己的喜劇思想找到通往現實的路徑。他在《看戲與演戲》中曾由衷地贊許過那些演戲的人們，但是那些讚語仍然出自一位觀戲者之口，他始終是一個沉思者，一個現實主潮的旁觀者，一個讚賞酒神但更加崇尚日神的人。由此，我們想到了尼采。「一般讀者都認為我是克羅齊式的唯心主義信徒，現在我自己才認識到我實在是尼采式的唯心主義信徒。在我心靈裏植根的倒不是克羅齊《美學原理》中的直覺說，而是尼采《悲劇的誕生》中的酒神精神和日神精神。」〔註 60〕這位美學家在耄耋之年的自白是真實可信的。在中國現代喜劇美學史上，朱光潛和王國維以及主觀派的另一位主將林語堂一樣，同康德開創的德國近代美學思想有很深的精神聯繫，不過，王國維和林語堂更傾心於叔本華，而朱光潛偏好的是尼采。

〔註60〕朱光潛：《〈悲劇心理學〉中譯本自序》，《悲劇心理學》，北京：人民文學出版
社 1983 年版，第 1～2 頁。

　　朱光潛至遲在 20 年代已經接觸到尼采的學說。他的看戲與演戲之辨，把戲劇分為偏於情感的悲劇與偏於理智的喜劇的看法都和尼采對於酒神和日神的論述有關，這一點不僅影響了他的《悲劇心理學》，而且也明顯影響了他的喜劇觀念。他把喜劇藝術的起源歸於人的原始本能，他用有無至性深情作為區分幽默品位的標準〔註 61〕，這些顯然同他對酒神精神的理解有著內在的聯繫。而他一再強調的「觀照」以及由觀照而產生的「超脫」和「豁達」也正是日神精神的一個本質的方面。當然，朱光潛對於德國近代美學和尼采學說的吸納是有所選擇的。因此，他所理解的尼采和實際上的尼采並不完全一致。在酒神和日神之中，尼采更傾心的是前者，而朱光潛更鍾愛的是後者，這顯然同朱光潛吸納尼采學說時主體心理中的前結構——中國傳統的審美理想有關。包括尼采學說在內的近代美學有兩個重要的特點，一是它對於精神生活的重視，一是它對「自我」的充分肯定。不管朱光潛在領會德國近代美學主旨方面存在著多大的誤差，但他對上述兩點卻是頗具好感的。他作為深受五四反封建運動影響而成熟起來的一代知識分子，同張揚自我的精神有著當然的內在聯繫，事實上，他正是從自我實現的角度去理解看戲與演戲這兩種人生理想的〔註 62〕。由於他和他的德國精神導師們往往是從抽象的生物學角度去理解「自我」的，所以儘管他已經開始意識到了「小我」的局限〔註 63〕，但是他畢竟沒有能力去根本改變「自我」在嚴酷現實面前的蒼白和軟弱。於是，他只有乞靈於人類的精神力量，他希望借助陶淵明式的「遊心」，在現實的樊籠之外找到一個「天空任鳥飛」的宇宙〔註 64〕。德國近代美學再次滿足了他的這一思想需求。穆罕默德因為山不去就他，而去就山。但是，山卻依然是原來的山，被改變的是行為的主體而不是客體。這樣，朱光潛最終至多只能在精神界的遊戲中去尋找他一直渴慕的自由、獨立和無限。就此意義而言，他的喜劇思想哺育的絕非是什麼改造客觀世界的力量，而只能是一種苦悶中的自我內心的慰藉和自我心理的調整。用他自己的話說；喜劇最終只能

〔註 61〕參見《朱光潛美學文集》第 2 卷，上海：上海文藝出版社 1982 年版，第 34 頁。

〔註 62〕參見《朱光潛美學文集》第 2 卷，上海：上海文藝出版社 1982 年版，第 550 頁。

〔註 63〕參見《朱光潛美學文集》第 2 卷，上海：上海文藝出版社 1982 年版，第 245 頁。

〔註 64〕參見《朱光潛美學文集》第 2 卷，上海：上海文藝出版社 1982 年版，第 216 頁。

是「人類拿來輕鬆緊張情境和解脫悲哀與困難的一種清瀉劑」〔註65〕。由此看來，他在自己的幽默理想中，儘管表達了其本人對於征服命運的嚮往，但就本質意義而言，他的整個喜劇思想最終只能是一種對於命運的遁逃。

　　抱著征服的初衷，得到的卻是遁逃的結局，這不能不說是朱光潛喜劇思想中的一種悲劇性的存在。命運最終是不能靠「遊戲」征服的，征服命運需要的是戰鬥。中國現代喜劇的進一步發展顯然需要一種強有力的靈魂，不僅是在哲理的沉思中，更要在行動中為自己開拓出一條擁抱現實的路徑。而這一點，是包括朱光潛喜劇思想在內的整個主觀論喜劇美學所不可能做到的。

〔註65〕參見《朱光潛美學文集》第 2 卷，上海：上海文藝出版社 1982 年版，第 30 頁。

附錄　民國喜劇主要作品編目[註1]
（1927～1939）

1927 年

瞎了一隻眼（獨幕劇）

　　西林著[註2]，載 1927 年 1 月《現代評論》第 2 週年紀念增刊。

善人的惡運（獨幕劇）

　　朋其著[註3]，載 1927 年 1 月《狂飆》第 17 期；收入黃鵬基著的獨幕劇
　　集《還未過去的現在》，由上海光華書局 1928 年 2 月出版。

狹路（兩幕劇）

　　查士元著，載 1927 年 2 月《小說世界》第 15 卷第 7 期。

博士的勝利（獨幕劇）

　　潑皮男士著，載 1927 年 2 月《幻洲》半月刊第 9 期。

女人的需要（獨幕劇）

　　張春信著，載 1927 年 3 月《國聞周報》第 4 卷第 8 期。

〔註 1〕 本編目總體上按發表或出版年代排列；一般選用最早發表或出版的文本；含
　　　　有部分改譯作品。
〔註 2〕 西林，即丁西林。
〔註 3〕 朋其，即黃鵬基。

灑了雨的蓓蕾（兩幕劇）

　　胡也頻著，載 1927 年 3 月 16～17 日《晨報副刊》；收入其劇作集《鬼與人心》，由上海開明書店 1928 年 4 月出版。

劊子手（獨幕劇）

　　沈從文著，載 1927 年 5 月《東方雜誌》第 24 卷第 29 號。

美的究竟（三幕劇）

　　張慧劍著，載 1927 年 6 月《小說世界》第 15 卷第 22 期。

貧賤夫妻（獨幕趣劇）

　　黎烈文著，載 1927 年 6 月《小說世界》第 15 卷第 24、25 期。

送醬（獨幕喜劇）

　　老西著〔註4〕，載 1927 年 6 月《國聞周報》第 4 卷第 24 期。

女店主（三幕劇）

　　〔意大利〕哥爾多尼原著，焦菊隱改作，由上海北新書店 1927 年 9 月出版。

謊話（獨幕劇）

　　克勤女士著，載 1927 年 11 月《紅玫瑰》周刊第 3 卷第 46 號。

神童（兩幕劇）

　　熊佛西著，載 1927 年 11 月《古城周刊》第 1 卷第 10 期；收入《佛西戲劇》第 1 集，由北平古城書社 1927 年 12 月出版，集內尚收有作者於 1926 年在紐約完成的三幕喜劇《洋狀元》。

捉狹鬼（獨幕劇）

　　胡也頻著，載 1927 年 12 月 24～31 日《晨報副刊》；收入其劇作集《別人的幸福》，由上海華通書局 1929 年 12 月出版。

1928 年

她的兄弟（獨幕劇）

　　黃鵬基著，收入其獨幕劇集《還未過去的現在》，由上海光華書局 1928 年 2 月出版。

〔註 4〕老西，即馮叔鸞。

刮臉之晨（獨幕劇）

　　黃鵬基著，收入其獨幕劇集《還未過去的現在》，由上海光華書局 1928 年 2 月出版。

合歡樹下（獨幕喜劇）

　　鄭伯奇著，收入其小說戲劇集《抗爭》，由上海創造社出版部 1928 年 2 月出版。

別人的幸福（獨幕劇）

　　胡也頻著，收入其同名劇作集，由上海華通書局 1929 年 12 月出版。

人盡可夫（兩幕劇）

　　周鵑紅著，收入其劇作集《情絲萬丈》，由天美出版社 1928 年 5 月出版。

紳士的請客（兩幕劇）

　　胡也頻著，載 1928 年 7 月 14～21 日《現代評論》第 8 卷第 188～189 期。

藝術家（獨幕劇）

　　熊佛西著，載 1928 年 7 月《小說月報》第 19 卷第 7 期。

蟋蟀（四幕劇）

　　熊佛西著，載 1928 年 9～10 月《東方雜誌》第 25 卷第 17～19 期。

縣長（三幕劇）

　　馮乃超著，載 1928 年 11 月《創造月刊》第 2 卷第 4 期。

子見南子（獨幕悲喜劇）

　　語堂著〔註5〕，載 1928 年 11 月《奔流》第 1 卷第 6 號。

一幫蠢材（兩幕劇）

　　漪西著，載 1928 年 12 月 15、17 日《廣州民國日報·晨鐘》。

結婚前的一吻（獨幕劇）

　　袁昌英著，載 1928 年 12 月《現代評論》第 9 卷第 209 期；收入其劇作集《孔雀東南飛及其他獨幕劇》，由上海商務印書館 1929 年 5 月出版。

〔註 5〕語堂，即林語堂。

1929 年

同胞姊妹（獨幕劇）

〔英〕霍頓原著，顧仲彝改編，收入同名劇作集，由上海眞美善書店 1929 年 2 月出版。

究竟誰是掃帚星（獨幕劇）

袁昌英著，載 1929 年 2 月 2 日《眞美善》壹週年紀念號外・女作家專號；收入其劇作集《孔雀東南飛及其他獨幕劇》，由上海商務印書館 1929 年 5 月出版。

租妻官司（獨幕劇）

楊邨人著，載 1929 年 5 月《海風周報》第 17 期。

屏風后（獨幕劇）

歐陽予倩著，載 1929 年 5 月《戲劇》第 1 卷第 1 期。

活詩人（獨幕劇）

袁昌英著，收入其劇作集《孔雀東南飛及其他獨幕劇》，由上海商務印書館 1929 年 5 月出版。

喇叭（三幕劇）

熊佛西著，載 1929 年 6 月《戲劇與文藝》第 1 卷第 2 期。

背時的菩薩（獨幕劇）

黎民著，由中華平民教育促進會 1929 年 6 月出版。

寄生草（三幕劇）〔註6〕

〔英〕臺維斯原著，朱端鈞改譯，載 1929 年 6 月《現代戲劇》第 1 卷第 1 期；由上海光華書局 1930 年 1 月出版。

生之意志（獨幕劇）

田漢著，載 1929 年 6 月《摩登》雜誌第 1 卷第 1 期。

〔註 6〕《寄生草》的另一個改譯本，由上海雜誌公司 1940 年 1 月在重慶出版，改譯者洪深。

難為醫生（三幕劇）

〔法〕莫利哀原著，陳治策改譯，載 1929 年 7 月《戲劇與文藝》第 1 卷第 3 期。

偶像（獨幕劇）

熊佛西著，載 1929 年 7 月《東方雜誌》第 26 卷第 13 期。

期待（獨幕喜劇）

萬籟天著，載 1929 年 8 月 20〜27 日《中央日報・青白》。

姨娘（獨幕劇）

白薇著，載 1929 年 10 月《現代小說》第 3 卷第 1 期；收入其劇作集《打出幽靈塔》，由上海春光書店 1931 年 12 月出版。

太太！（獨幕劇）

小石改譯〔註7〕，載 1929 年 12 月《南開大學周刊》第 74 期。

魔力（獨幕劇）

李昌鑒著，收入其同名劇作集，由上海東華書局 1929 年 12 月出版。

矛盾（獨幕劇）

李昌鑒著，收入其劇作集《魔力》，由上海東華書局 1929 年 12 月出版。

1930 年

對近視眼（獨幕滑稽劇）

熊佛西著，載 1930 年 1 月《戲劇與文藝》第 1 卷第 8、9 期合刊。

愛的勝利（獨幕劇）

玉痕著，收入其劇作集《愛的犧牲》，由女作家小叢書社 1930 年 1 月出版。

愛的面目（獨幕劇）

袁牧之著，收入其劇作集《愛神的箭》，由上海光華書店 1930 年 1 月出版。

〔註 7〕 小石，即曹禺。

偽君子（五幕劇）

〔法〕莫利哀原著，陳治策改譯，載 1930 年 3 月《戲劇與文藝》第 1 卷第 10、11 期合刊。

北京的空氣（獨幕劇）

西林著〔註8〕，載 1930 年 3 月《新月》第 3 卷第 1 號。

白姑娘（兩場劇）

歐陽予倩著，載 1930 年 4 月《戲劇》第 1 卷第 6 期。

蜂起（獨幕劇）

葉沉著，載 1930 年 6 月《沙侖》第 1 卷第 1 期。

裸體（獨幕劇）

熊佛西著，載 1930 年 11 月《小說月報》第 21 卷第 11 期。

結婚禮服（獨幕劇）

典華著，載 1930 年 11 月《女青年》第 9 卷第 9 期。

白眼狼（獨幕兒童劇）

張友鈞著，由中華平民教育促進會 1930 年 11 月出版。

姑母的侄女（獨幕劇）

各它著，載 1930 年 12 月《清華周刊》第 34 卷第 6 期。

青春（獨幕劇）

徐訏著，寫於 1930 年，收入其《燈尾集》，上海宇宙風社 1939 年 9 月出版。

1931 年

蒼蠅世界（三幕劇）

熊佛西著，載 1931 年 1 月《東方雜誌》第 28 卷第 1 期。

忘了帽子（獨幕劇）

顧仲彝著，載 1931 年 1 月《文藝月刊》第 2 卷第 1 期。

〔註 8〕西林，即丁西林。

寒暑表（獨幕劇）

袁牧之著，收入其獨幕劇集《兩個角色演的戲》，由上海新月書店 1931 年 1 月出版。

甜蜜的嘴唇（獨幕劇）

袁牧之著，收入其獨幕劇集《兩個角色演的戲》，由上海新月書店 1931 年 1 月出版。

買賣（獨幕劇）

歐陽予倩著，載 1931 年 4 月《戲劇》第 2 卷第 5 期。

模特兒（獨幕劇）

熊佛西著，載 1931 年 4 月 9、10 日《北平晨報・北平學園》第 73、74 期。

皆大勝利（獨幕劇）

顧仲彝改譯，收入其學校劇本集《劉三爺》，由上海開明書店 1931 年 5 月出版。

門外漢（獨幕劇）

〔法〕莫里哀原著，顧仲彝改譯，收入其學校劇本集《劉三爺》，由上海開明書店 1931 年 5 月出版。

我愛，天亮了（獨幕劇）

顧仲彝著，收入其學校劇本集《劉三爺》，由上海開明書店 1931 年 5 月出版。

國粹（獨幕六景劇）

歐陽予倩著，載 1931 年 6 月《創作月刊》第 2 卷第 6 期。

戲劇家之妻（獨幕喜劇）

馬彥祥著，載 1931 年 6 月《戲劇》第 1 卷第 2 期。

各有所長（獨幕劇）

馬彥祥改譯，載 1931 年 8 月《現代文學評論》第 2 卷第 1、2 期合刊。

假洋人（獨幕劇）

白薇著，載 1931 年 9 月《北斗》創刊號；收入其劇作集《打出幽靈塔》，由上海春光書店 1931 年 12 月出版。

交換（兩場劇）

　　顧仲彝改譯，載 1931 年 10、11 月《新時代月刊》第 1 卷第 3、4 期。

野花（獨幕劇）

　　徐訏著，寫於 1931 年，收入其《燈尾集》，上海宇宙風社 1939 年 9 月出版。

男女（兩幕劇）

　　徐訏著，寫於 1931 年，收入其《燈尾集》，上海宇宙風社 1939 年 9 月出版。

公寓風光（獨幕劇）

　　徐訏著，寫於 1931 年，收入其《燈尾集》，上海宇宙風社 1939 年 9 月出版。

忐忑（獨幕劇）

　　徐訏著，寫於 1931 年，收入其《燈尾集》，上海宇宙風社 1939 年 9 月出版。

糾紛（獨幕劇）

　　徐訏著，寫於 1931 年，收入其《燈尾集》，上海宇宙風社 1939 年 9 月出版。

1932 年

一幅喜神（獨幕劇）

　　宋春舫著，由上海新月書店 1932 年 1 月出版。

新十八扯（獨幕諷刺喜劇）

　　胡底著，由紅軍第 12 軍政治部 1932 年 4 月編印。

定計化緣（兩場社會趣劇）

　　徐淩霄整理，載 1932 年 5 月《劇學月刊》第 1 卷第 5 期。

財神（獨幕劇）

　　熊式戈著，由北平立達書局 1932 年 5 月出版。

男女問題（三幕劇）

　　徐公美著，由南京書店 1932 年 5 月出版。

委曲求全（三幕劇）

王文顯著，李健吾譯，由北平人文書店 1932 年 7 月出版。

賣柴（獨幕劇）

彭彤彬著，載 1932 年 8 月《現代》第 1 卷第 4 期。

心底的一星（獨幕劇）

徐訏著，寫於 1932 年，收入其《燈尾集》，上海宇宙風社 1939 年 9 月出版。

大鐵錘（兩幕諷刺活報劇）

鄭貽周著，由中國工農紅軍後方政治部 1932 年 10 月印發。

1933 年

口號（獨幕劇）

谷劍塵著，載 1933 年 1 月《新時代》月刊第 3 卷第 5、6 期合刊。

一個女人和一條狗（獨幕劇）

袁牧之著，載 1933 年 1 月《現代》第 2 卷第 3 期。

參加（獨幕劇）

徐訏著，載 1933 年 3 月《時代》月刊第 4 卷第 2 期。

屠戶（三幕劇）

熊佛西著，收入《佛西戲劇》第 4 集，由上海商務印書館 1933 年 3 月出版。

籠面紗的女人（獨幕劇）

黎錦明著，載 1933 年 5 月《文藝月刊》第 3 卷第 11 期。

一夕醋波（獨幕劇）

周信生著，載 1933 年 5 月《南風》月刊第 8 卷第 1 期。

傻男子（獨幕劇）

冷秋著，載 1933 年 6 月《文藝戰線》第 2 卷第 13、14 期。

四個乞丐（獨幕劇）

陳治策著，由中華平民教育促進會 1933 年 7 月出版。

一件美術品（五幕趣劇）

徐行後著，載 1933 年 10 月《學生文藝叢刊》第 1 卷第 4 期。

乞丐（滑稽短劇）

單德三著，載 1933 年 10 月《學生文藝叢刊》第 1 卷第 4 期。

愛人如己（獨幕劇）

〔俄〕安德烈夫原著，陳治策改編，由中華平民教育促進會 1933 年 12 月出版。

女性史（三幕擬未來派劇）

徐訏著，寫於 1933 年，收入其《燈尾集》，上海宇宙風社 1939 年 9 月出版。

1934 年

時代的英雄（獨幕劇）

張天翼著，載 1934 年 2 月《中國文學》第 1 卷第 1 期。

宣誓就職（三幕劇）

魏金枝著，載 1934 年 3 月《春光》第 1 卷第 1 號。

老少無欺（獨幕劇）

張天翼著，載 1934 年 4 月《春光》第 1 卷第 2 號。

永遠是女人的女人（獨幕劇）

萬蔓著，載 1934 年 4 月《現代》第 4 卷第 6 期。

狗眼（獨幕劇）

洪深著，載 1934 年 4 月《文學》第 2 卷第 4 號。

自救（四幕劇）

張道藩著，載 1934 年《時事月報》5 月號；由南京正中書局 1935 年 8 月出版。

鬼哭（獨幕笑劇）

君薔著，載 1934 年 7 月《學文月刊》第 1 卷等 3 期。

這不過是春天（三幕劇）

　　李健吾著，載 1934 年 7 月《文學季刊》第 1 卷第 3 期；收入同名劇作集，由上海商務印書館 1937 年 6 月出版。

虛偽的婦女運動家（獨幕劇）

　　歐陽成著，收入其作品集《女兒經》，由上海開華書局 1934 年 10 月出版。

遺產（獨幕劇）

　　徐訏著，寫於 1934 年，收入其《燈尾集》，上海宇宙風社 1939 年 9 月出版。

1935 年

驢馬問題（獨幕劇）

　　萬曼著，載 1935 年 3 月《東方雜誌》第 32 卷第 5 期。

文壇幻舞（獨幕劇）

　　袁昌英著，載 1935 年 4 月《文藝月刊》第 7 卷第 4 期。

說謊集（獨幕劇）

　　〔英〕蕭伯納原著，李健吾改譯，載 1935 年 5 月《文學》第 4 卷第 5 號；收入其劇作集《這不過是春天》，由上海商務印書館 1937 年 6 月出版。

人約黃昏後（三幕獨角劇）

　　雪濃著，載 1935 年 5 月《劇學月刊》第 4 卷第 5 期。

夫婦之間（獨幕喜劇）

　　林石著，載 1935 年 5～6 月《申報月刊》第 4 卷第 5～6 號。

徵婚（獨幕劇）

　　陳白塵著，載 1935 年 7 月《創作月刊》第 1 卷第 1 期。

心有靈犀（獨幕劇）

　　佟晶心著，載 1935 年 7 月《劇學月刊》第 4 卷第 7 期。

第一次的雲霧（獨幕劇）

　　張道藩改譯，收入其劇作集《自救》，由南京正中書局 1935 年 7 月出版。

二樓上（獨幕劇）

陳白塵著，載 1935 年 8 月《創作月刊》第 1 卷第 2 期。

彼此彼此（獨幕劇）

陳凝秋著，載 1935 年 8 月《創作月刊》第 1 卷第 2 期。

一杯牛奶（獨幕劇）

石靈著，載 1935 年 9 月《創作月刊》第 1 卷第 3 期。

搶親（三幕劇）

蔚川著，載 1935 年 9 月《中學生文藝季刊》第 1 卷第 3 期。

半斤八兩（獨幕劇）

畢青予著，收入謝燕子編《戲曲甲選》，由上海群衆圖書公司 1935 年 10 月出版。

人類史（三幕擬未來派劇）

徐訏著，寫於 1935 年，收入其《燈尾集》，由上海宇宙風社 1939 年 9 月出版。

鬼戲（三幕短劇）

徐訏著，寫於 1935 年，收入其《燈尾集》，由上海宇宙風社 1939 年 9 月出版。

1936 年

以身作則（三幕喜劇）

李健吾著，由上海文化生活出版社 1936 年 1 月出版。

五里霧中（三幕劇）

宋春舫著，由上海文學出版社 1936 年 3 月出版。

多年的媳婦（獨幕劇）

洪深著，載 1936 年 3 月《文學》第 6 卷第 3 號。

一間鬧鬼的屋子（獨幕喜劇）

谷劍塵著，載 1936 年 3 月《文藝月刊》第 8 卷第 3 號。

原來是夢（一幕三場劇）

宋春舫著，由褐木廬 1936 年 5 月出版。

恭喜發財（四幕喜劇）

陳白塵著，載 1936 年 7、8 月《文學》第 7 卷第 1、2 號。

喬裝的女律師（五幕劇）

〔英〕莎士比亞原著，陳治策改編，由中華平民教育促進會 1936 年 9 月再版。

平步登天（獨幕喜劇）

宋之的著，載 1936 年 11 月《中流》第 1 卷第 6 期。

誰是誰的太太（獨幕劇）

李一非著，收入其《民眾戲劇集》，由山東省立劇院 1936 年 12 月出版。

中秋月（獨幕喜劇）

徐至著〔註 9〕，載 1936 年《婦女生活》第 1 卷第 6 期。

夫唱婦隨（獨幕趣劇）

文子著，載 1936 年《婦女共鳴》第 5 卷第 1 期。

鍍金（獨幕劇）

〔法〕臘比希原著，曹禺改編，寫於 1936 年，載 1943 年 10 月《戲劇時代》創刊號。

1937 年

鹹魚主義（獨幕劇）

洪深等著，載 1937 年 1 月《光明》半月刊第 2 卷第 3 號。

貓（三幕劇）

左兵著，載 1937 年 2～3 月《光明》半月刊第 2 卷第 6～8 號。

新學究（三幕劇）

李健吾著，由上海文化生活出版社 1937 年 4 月出版。

〔註 9〕徐至，即夏衍。

1938 年

健飛的求婚（三幕劇）

王銳著，收入其劇作集《教授之家》，由正中書局 1938 年 2 月出版

賠罪（獨幕劇）

王銳著，收入其劇作集《教授之家》，由正中書局 1938 年 2 月出版。

出征（獨幕劇）

宋之的著，載 1938 年 6 月《抗戰文藝》第 1 卷第 10 期。

交際花（三幕劇）

〔法〕柏克原著，岳焜改譯，由上海戲劇出版社 1938 年 7 月出版。

魔窟（四幕劇）

陳白塵著，載 1938 年 7 月《文藝陣地》6～7 期；由重慶生活書店 1938 年 10 月出版。

家賊難防（三幕劇）

王林著，由冀中軍區火線社 1938 年 8 月出版。

夫妻之間（獨幕劇）

予且改譯，收入其獨幕劇集《訓育主任》，由上海中華書局 1938 年 12 月出版。

回去（獨幕劇）

于伶著，作於 1938 年，收入其獨幕劇集《江南三唱》，由上海珠林書店 1940 年 1 月出版。

1939 年

亂世男女（三幕劇）

陳白塵著，重慶上海雜誌公司 1939 年 5 月出版。

阿福的出路（獨幕喜劇）

馬翎著，收入時代劇社編《時代劇選》第 6 集，由上海時代劇社 1939 年 5 月出版。

契約（獨幕劇）

　　徐訏著，載 1939 年 6 月《宇宙風》（乙刊）第 7 期。

理想夫人（三幕劇）

　　〔法〕莫里哀原著，孫樟改編，由上海文化生活出版社 1939 年 8 月出版。

撒謊世家（四幕劇）

　　〔美〕費齊原著，李健吾改譯，由上海文化生活出版社 1939 年 8 月出版。

人之初（四幕劇）

　　〔英〕巴若萊原著，顧仲彝改譯，由上海新青年書店 1939 年 9 月出版。

包得行（四幕劇）

　　洪深著，由重慶上海雜誌公司 1939 年 10 月出版。

未死的人（獨幕劇）

　　董每戡著，收入其同名獨幕劇集，由成都航空委員會政治部 1939 年 11 月出版。

代用品（獨幕諷刺喜劇）

　　洗群著，載 1939 年 11 月《戲劇崗位》第 1 卷第 2、3 期合刊。

銀包（獨幕劇）

　　〔法〕米爾波原著，于伶改編，載 1939 年 11 月《戲劇崗位》第 1 卷第 2、3 期合刊。

一齣戲（獨幕喜劇）

　　寇嘉弼著，載 1939 年 11 月《戲劇崗位》第 1 卷第 2、3 期合刊。

寄生草（三幕劇）

　　〔英〕臺維斯原著，洪深改編，作於 1939 年，由重慶上海雜誌公司 1940 年 1 月出版。

我是首相（獨幕劇）

　　易加著，作於 1939 年，收入易喬等著獨幕劇集《自由的靈魂》，由上海劇藝出版社 1940 年 3 月出版。

蛻變（四幕劇）

　　曹禺著，作於 1939 年，載 1940 年 4 月 16 日～6 月 3 日《國民公報》；由長沙商務印書館 1940 年 10 月出版。

正在想（獨幕劇）

〔墨西哥〕尼格里原著，曹禺改編，作於 1939 年，載 1940 年 7 月《劇場藝術》第 2 卷第 6、7 期合刊。

越打越肥（獨幕劇）

歐陽予倩著，作於 1939 年，載 1940 年 8 月《十日文萃》新 1 卷第 4、5 期合刊。

三塊錢國幣（獨幕劇）

丁西林著，作於 1939 年，收入其劇作集《等太太回來的時候》，由重慶正中書局 1941 年 4 月出版。

等太太回來的時候（四幕劇）

丁西林著，作於 1939 年，收入其同名劇作集，由重慶正中書局 1941 年 4 月出版。

主要參考書目[*]

1. 陳白塵、董健主編：《中國現代戲劇史稿》，中國戲劇出版社，1989 年版。
2. 葛一虹主編：《中國話劇通史》，文化藝術出版社，1990 年版。
3. 黃會林：《中國現代話劇文學史略》，安徽教育出版社，1990 年版。
4. 田本相主編：《中國現代比較戲劇史》，文化藝術出版社，1993 年版。
5. 徐半梅：《話劇創始期回憶錄》，中國戲劇出版社，1957 年版。
6. 袁國興：《中國話劇的孕育與生成》，臺灣文津出版社，1993 年版。
7. 《中國古典戲曲論著集成》，中國戲劇出版社，1959 年版。
8. 李澤厚：《中國近代思想史論》，人民出版社，1979 年版。
9. 李澤厚：《美的歷程》，文物出版社，1981 年版。
10. 李澤厚：《中國現代思想史論》，東方出版社，1987 年版。
11. 余英時：《中國思想傳統的現代詮釋》，江蘇人民出版社，1989 年版。
12. 周寧：《比較戲劇學——中西戲劇話語模式研究》，上海社會科學院出版社，1993 年版。
13. 〔英〕李斯托威爾：《近代美學史評述》，上海譯文出版社，1980 年版。
14. 〔美〕衛姆塞特等：《西洋文學批評史》，中國人民大學出版社，1987 年版。
15. 〔美〕吉爾伯特等：《美學史》，上海譯文出版社，1989 年版。
16. 廖可兌：《西歐戲劇史》，中國戲劇出版社，1981 年版。
17. 金東雷：《英國文學史綱》，商務印書館，1937 年版。

---

[*] 本書目中的喜劇作品部分見《民國喜劇主要作品編目（1927～1939）》，此處不再重複列出，特此說明。

18. 王佐良：《英國文學論文集》，外國文學出版社，1980 年版。

19. 〔英〕埃文斯：《英國文學簡史》，人民文學出版社，1984 年版。

20. 〔英〕休‧亨特等：《近代英國戲劇》，中國戲劇出版社，1987 年版。

21. 黃嘉德：《蕭伯納研究》，山東大學出版社，1989 年版。

22. 梁實秋：《英國文學史》，新星出版社，2011 年版。

23. 王愛民、任何：《俄國戲劇史概要》，中國戲劇出版社，1984 年版。

24. 智量等：《俄國文學與中國》，華東師範大學出版社，1991 年版。

25. 〔前蘇聯〕斯捷潘諾夫：《果戈理的戲劇創作》，新文藝出版社，1958 年版。

26. 錢中文：《果戈理及其諷刺藝術》，上海文藝出版社，1980 年版。

27. 〔前蘇聯〕佐洛圖斯基：《果戈理傳》，天津人民出版社，1982 年版。

28. 〔法〕加克索特：《莫里哀傳》，中國戲劇出版社，1986 年版。

29. 〔法〕祁雅里：《二十世紀法國思潮》，商務印書館，1987 年版。

30. 〔法〕柏格森：《創造進化論》，湖南人民出版社，1989 年版。

31. 〔波〕科拉柯夫斯基：《柏格森》，中國社會科學出版社，1989 年版。

32. 〔法〕莫里亞克：《普魯斯特》，中國社會科學出版社，1989 年版。

33. 王利器輯錄：《歷代笑話集》，上海古籍出版社，1981 年版。

34. 陳瘦竹等：《論悲劇和喜劇》，上海文藝出版社，1983 年版。

35. 《古典文藝理論譯叢》第 7 輯，人民文學出版社，1964 年版。

36. 伍蠡甫主編：《西方文論選》，上海譯文出版社，1979 年版。

37. 胡範鑄：《幽默語言學》，上海社會科學院出版社，1987 年版。

38. 王瑋：《「笑」之縱橫》，上海社會科學院出版社，1988 年版。

39. 佴榮本：《笑與喜劇美學》，中國戲劇出版社，1988 年版。

40. 陳孝英：《幽默的奧秘》，中國戲劇出版社，1989 年版。

41. 潘智彪：《喜劇心理學》，三環出版社，1989 年版。

42. 閻廣林：《喜劇創造論》，上海社會科學院出版社，1992 年版。

43. 〔美〕賽弗：《喜劇》，霍普金斯大學出版社，1980 年英文版。

44. 〔法〕柏格森：《笑——論滑稽的意義》，中國戲劇出版社，1980 年版。

45. 〔英〕尼柯爾：《西歐戲劇理論》，中國戲劇出版社，1985 年版。

46. 〔法〕埃斯卡皮：《論幽默》，上海社會科學院出版社，1990 年版。

47. 〔美〕哈特：《諷刺論》，廣西人民出版社，1990 年版。

48. 〔加拿大〕弗萊等：《喜劇：春天的神話》，中國戲劇出版社，1992 年版。

49. 〔英〕波拉德：《論諷刺》，崑崙出版社，1992 年版。

50. 〔美〕莫恰：《喜劇》，崑崙出版社，1993 年版。

51. 張健：《中國現代喜劇觀念研究》，北京師範大學出版社，1994 年版。

52. 胡星亮：《中國現代喜劇論》，南京大學出版社，1995 年版。

53. 張健：《三十年代中國喜劇文學論稿》，河南大學出版社，1995 年版。

54. 張健：《幽默行旅與諷刺之門——中國現代喜劇研究》，中國人民大學出版社，1997 年版。

55. 張健：《中國喜劇觀念的現代生成》，北京大學出版社，2005 年版。

56. 張健：《中國現代喜劇史論》，北京大學出版社，2006 年版。

57. 張健：《喜劇的守望》，山東文藝出版社，2006 年版。

58. 呂澂：《美學概論》，商務印書館，1923 年版。

59. 陳望道：《美學概論》，啓智書局，1926 年版。

60. 范壽康：《美學概論》，商務印書館，1927 年版。

61. 《宋春舫論劇》第 1 集，中華書局，1923 年版。

62. 《宋春舫論劇》第 2 集，文學出版社，1936 年版。

63. 宋春舫：《蒙德卡羅》，中國旅行社，1933 年版。

64. 宋春舫：《凱撒大帝登臺》，商務印書館，1937 年版。

65. 郁達夫：《戲劇論》，商務印書館 1926 年版。

66. 向培良：《中國戲劇概評》，泰東圖書局 1928 年版。

67. 熊佛西：《佛西論劇》，北平樸社，1928 年版。

68. 熊佛西：《寫劇原理》，中華書局，1933 年版。

69. 馬彥祥：《戲劇概論》，光華書局，1929 年版。

70. 馬彥祥：《戲劇講座》，現代書局，1932 年版。

71. 朱肇洛：《戲劇論集》，北平文化學社，1932 年版。

72. 谷劍塵：《現代戲劇做法》，世界書局，1933 年版。

73. 袁牧之：《演劇漫談》，現代書局，1933 年版。

74. 丁伯騮：《戲劇欣賞法》，正中書局，1936 年版。

75. 章泯：《喜劇論》，商務印書館，1936 年版。

76. 田禽：《中國戲劇運動》，商務印書館，1944 年版。

77. 邵洵美編選：《論幽默》，時代書局，1949 年版。

78. 《洪深文集》第 4 卷，中國戲劇出版社，1959 年版。

79. 《洪深研究專集》，浙江文藝出版社，1986 年版。

80. 《徐訏全集》，臺灣正中書局，1980 年第 2 版。

81. 李健吾：《福樓拜評傳》，湖南人民出版社，1980 年版。

82.《李健吾劇作選》，中國戲劇出版社，1982 年版。

83.《李健吾戲劇評論選》，中國戲劇出版社，1982 年版。

84.《李健吾文學評論選》，寧夏人民出版社，1982 年版。

85.《李健吾創作評論選集》，人民文學出版社，1984 年版。

86.《李健吾散文集》，寧夏人民出版社，1986 年版。

87.《魯迅全集》，人民文學出版社，1981 年版。

88.《胡也頻選集》，福建人民出版社，1981 年版。

89.《林語堂全集》，臺灣德華出版社，1982 年版。

90. 陳白塵:《五十年集》，江蘇人民出版社，1982 年版。

91.《陳白塵研究專集》，江蘇人民出版社，1983 年版。

92.《陳白塵論劇》，中國戲劇出版社，1987 年版。

93.《陳白塵文集》，江蘇文藝出版社，1997 年版。

94. 董健:《陳白塵創作歷程論》，中國戲劇出版社，1985 年版。

95. 陳虹:《陳白塵評傳》，重慶出版社，1998 年版。

96.《王文顯劇作選》，人民文學出版社，1983 年版。

97.《袁牧之文集》，中國電影出版社，1984 年版。

98. 上海戲劇學院熊佛西研究小組:《現代戲劇家熊佛西》，中國戲劇出版社，1985 年版。

99.《袁昌英作品選》，湖南人民出版社，1985 年版。

100.《老舍研究資料》，北京十月文藝出版社，1985 年版。

101.《丁西林劇作全集》，中國戲劇出版社，1985 年版。

102.《丁西林研究資料》，中國戲劇出版社，1986 年版。

103.《余上沅戲劇論文集》，長江文藝出版社，1986 年版。

104.《焦菊隱文集》第 1 卷，文化藝術出版社，1986 年版。

105.《朱光潛全集》，安徽教育出版社，1990 年版。

106.《歐陽予倩全集》，上海文藝出版社，1990 年版。

107.《徐訏集:文學家的臉孔》，漢語大詞典出版社，1993 年版。

108. 林太乙:《林語堂傳》，中國戲劇出版社，1994 年版。

109. 宋春舫:《從莎士比亞說到梅蘭芳》，海豚出版社，2011 年版。

110.《中國新文學大系（1927～1937）·史料索引集》，上海文藝出版社，1989 年版。

111. 董健主編:《中國現代戲劇總目提要》，南京大學出版社，2003 年版。